臨床心理学
レクチャー

心理援助の専門職になるために

臨床心理士・カウンセラー・PSWを目指す人の基本テキスト

マリアン・コーリィ，ジェラルド・コーリィ著
下山晴彦 監訳／堀越　勝，堀越あゆみ 訳

金剛出版

BECOMING A HELPER, Third Edition

by

Marianne Schneider Corey and Gerald Corey

Copyright © 1998 by Brooks/Cole Publishing Company

ISBN 0-534-34794-0

Japanese translation published by arrangement with Thomson Learning through The English Agency (Japan) Ltd.

はじめに

　心理援助に関する本は，これまで多く出版されています。しかし，そのほとんどは，心理援助のための理論や技法，あるいは具体的な手続きを扱っているだけです。有効な活動ができる援助専門職になるための教育訓練過程で生じる問題に焦点を当てた本，あるいは他者を援助する際に援助者自身が課題として取り組まなければならない自らの人間的側面に焦点を当てた本はまったくといってよいほどありませんでした。そこで，私たちは，そのような事柄をテーマとした書物の執筆を思い立ちました。執筆に際しては，ヒューマンサービスの活動に関心をもつ学生，およびそのような活動を実際に始めたばかりの初心の実践家を読者として想定しました。具体的には，臨床心理学，カウンセリング，ソーシャルワークなどを専門とする学生や実践家です。

　したがって，本書は，心理援助の技能，そしてカウンセリングの理論と実践を学ぶ際に活用できるテキストとなっています。幸い本書は広く世の中に受け入れられ，第3版を数えるところとなりました。本書の第1版と第2版は，実習，現場研修，インターンシップのためのテキストとしてだけでなく，カウンセリングなどヒューマンサービスの入門書としても好評を得てきました。このことからも，本書がいかに心理援助の専門職になるための優れたテキストとして広く世の中に認められてきたかがうかがえます。

　私たちは，本書において援助者が抱える苦しみ，不安，不確かさに焦点を当てます。また，援助専門職に課せられる責務についても詳しくみていきます。援助者は，専門的な責務を果たす中で負担や緊張を感じることがあります。それが援助サービスを提供する際にどのような影響を与えるのかについても考えていきます。まず手始めに，なぜ心理援助の専門職を目指すのかという動機をテーマとする議論から本題に入ります。読者の皆さんには，援助専門職になりたいという，自らの欲求を正直な気持ちで見直してほしいと思います。そして，援助専門職に就くことによって一体何を得ようとしているかを真剣に考えてほしいと思います。

　学生は，往々にして，与えられる事柄を受動的に学ぶように躾られているものです。しかし，私たちは，学生の皆さんには自らが学ぶ教育訓練課程に積極的に取り組むことを強く望みます。例えば，担当事例のスーパービジョンからできるだけ多くのことを学ぶ姿勢をもつだけでなく，事例を担当することになる実習の

場を選択する段階から積極的に関わるようにしてほしいのです。そのために，私たちは，本書において皆さんが現場実習やスーパービジョンの経験の質を向上させるための具体的手段を説明するつもりです。

　さらに，本書では，援助過程の各段階を概観します。それぞれの段階における課題を遂行するのに必要な技能と知識を紹介しつつ援助過程を解説します。その際，技法の上達に主眼を置くのではなく，有効な援助を可能にする援助者の資質に焦点を当てます。援助専門職は，クライエントに自らの行動の見直しを求め，それを通して自己理解を深めるように促します。したがって，援助者自身も，クライエントに求めるのと同様に自分自身のあり方に目を向けるべきでしょう。そのような理由から，私たちは，読者の皆さんにも自分自身を見直してほしいと考えています。自己理解を欠く援助者は，クライエントの変化を援助するのではなく，逆にその変化の過程を邪魔する危険性があります。特に援助者自身が直面するのを避けてきたのと同種の問題にクライエントが取り組んでいる場合には，その危険性が高まります。

　初心者であれベテランであれ，心理援助の活動に携わる者は誰でも，抵抗，転移，逆転移，扱い難いクライエントといったテーマに共通して対処しなければなりません。また，倫理的問題に関する意識を高め，専門的な心理援助活動においては避けがたい倫理的ジレンマを解決する術を身につけなければなりません。これらは，援助専門職であれば誰もが直面する課題です。私たちは，現在議論の対象となっている倫理的問題を複数，本書の中で取り上げます。倫理的な問題に関する判断形成は，非常に複雑な作業を要します。読者の皆さんには，本書で例示した問題に取り組むことを通して，その複雑な過程に対処できる感性を学んでほしいと思っています。

　私たちはまた，援助専門職が抱く信念体系も検討します。援助者は，実にさまざまな信念や想定をもって実践に臨みます。その中には実践に役立つものもあれば，悪影響を及ぼすものもあります。この点に関連して価値観は，クライエントと援助者の関係の要を構成するものとなっています。そこで本書では，価値観が援助過程に与える影響の分析を重要なテーマとして取り上げます。その際，援助者の課題は，自らの価値観をクライエントに押しつけることではなく，クライエント自身が自らの価値体系を確認していくのを援助することであるとの，私たちの見解を提示します。

　以上が本書の内容です。コミュニティにおいて援助専門職が果たすべき役割，集団を通しての援助過程とその意義，生まれ育った家族における体験の重要性，

幼少期の人間関係が後の関係に及ぼす影響，援助専門職従事者の人生の過ごし方，特に人生の移行期への対処法，その時々に巡り合うクライエントの危機への対処法などについては，本書の姉妹編である『心理援助の専門職として働くために──臨床心理士・カウンセラー・PSWの実践テキスト──』（近刊）で扱うことにしました。また，姉妹編では，援助専門職に従事することによるストレスや燃え尽き症候群，さらに人間として，あるいは専門職としての活力をどのようにして保つのかといった点についても言及します。

　これら2冊は，援助専門職に就くことを考えている学生であれば誰もが参考にできる本です。ただし，私たちはカウンセリングを自らの専門としているので，本書の中には特にカウンセラーとしての考え方や取り組み方が織り込まれていると思います。したがって，カウンセリングを通して人間援助に携わろうとする方には，特に有益な本になると思います。私たちは，できる限り個人的に読者に語りかけるように本書をまとめました。著者としては，本書が読者の皆さんの考え方や行動を少しでも発展させるための刺激になればと願っています。そのために，それぞれの章の最後に皆さんの学習を促進するための課題を載せました。自らの学習目標に近づくための手段のひとつとして利用していただければ幸いです。

マリアン・コーリィ
ジェラルド・コーリィ
Marianne Schneider Corey
Gerald Corey

目　次

はじめに …………………………………………………………………… 3

第1章　心理援助の専門職は，あなたに向いているでしょうか　10

1. この章のねらい ……………………………………………………… 11
2. 援助専門職を目指す，あなたの動機を調べましょう ………… 13
   援助専門職が抱く典型的な欲求／援助専門職の欲求と動機がどのように影響するのか／自分自身の援助動機を探る
3. 著者が援助専門職になるまで …………………………………… 22
   著者（マリアン・コーリィ）が援助専門職を考え始めた頃
4. 援助専門職は誰にでも向くというものではない ……………… 26
   援助専門職になることに適さないあり方
5. "望ましい援助専門職"のあり方とは …………………………… 30
   効果的な援助ができる援助者のあり方／自分自身の特性を評価し，査定する
6. 専門課程の選択と職業の決定 …………………………………… 34
   援助専門職になるためのコース選択／各専門分野の利点と弱点／職業選択の際に考慮すべき要因
7. 復習のために ……………………………………………………… 45
8. これからすること ………………………………………………… 47

第2章　教育訓練における学習をより効果的にするために　49

1. この章のねらい ……………………………………………………… 50
2. 教育訓練を意味あるものにするために ………………………… 52
   教育に投資する／積極的に学習に取り組む／知識と技能と自己を統合する／卒後研修

3. 現場実習を最大限に活用する ……………………………………… *60*
   実習を経験することの意義／多様性への挑戦

4. スーパービジョンを役立てる ……………………………………… *69*
   学ぶことに対して謙虚であれ／自己表現ができるようになる／不適切なスーパービジョンに対処する／グループ・スーパービジョンの価値／スーパービジョンとカウンセリング

5. 復習のために ……………………………………………………… *86*
6. これからすること ………………………………………………… *88*

第3章　援助過程を構成する諸段階　　*90*

1. この章のねらい …………………………………………………… *91*
2. 援助の理論 ………………………………………………………… *92*
   援助のために何に焦点を当てるか／あなたの考え方が援助活動に及ぼす影響／自分の思い込みに挑戦することを学ぶ／私たち（著者）の援助過程に関する見解／理論的志向性／実践へと導く地図としての理論／援助への統合的アプローチ

3. 援助のための関係とは，どのようなものか ……………………… *107*
   援助の諸段階

4. 援助の第1段階：問題を明確化する ……………………………… *110*
   援助の雰囲気をつくる／コンテクストを理解する／信頼関係を確立する／問題の焦点を絞るのを援助する／問題への直面化を行う／自己開示を適切に用いる

5. 援助の第2段階：目標設定を援助する …………………………… *126*
6. 援助の第3段階：目標を実行するのを援助する ………………… *129*
   行動方略を定め，その実効性を評価する／実行プログラムを実践する

7. 援助の第4段階：終結 …………………………………………… *133*
   援助技能を発展させるのには時間がかかる

8. 復習のために ……………………………………………… *136*
9. これからすること ………………………………………… *137*

第4章　初心者が直面する問題　　*140*

1. この章のねらい …………………………………………… *141*
2. 初心者が抱く心配と恐れ ………………………………… *142*
3. 転移と逆転移 ……………………………………………… *144*
   転移の問題を扱う／転移を効果的な援助に活用するには／逆転移の問題に対処する
4. 難しいクライエントに取り組む ………………………… *158*
   理解と敬意をもって抵抗を扱う／難しいクライエントと抵抗に関する質問項目：理解と関係形成のために／一般的にみられる抵抗の種類／難しいクライエントとは，どのようなタイプか／抵抗に効果的に取り組むために
5. 復習のために ……………………………………………… *181*
6. これからすること ………………………………………… *182*

第5章　援助専門職が直面する倫理的問題　　*184*

1. この章のねらい …………………………………………… *185*
2. 倫理的問題に関する質問項目 …………………………… *186*
3. 倫理に基づく判断 ………………………………………… *187*
   専門職綱領と倫理的判断／倫理的判断の形成モデル
4. 自らの能力を知り，クライエントをリファーする …… *195*
   いつ，どのようにして他にリファーするか
5. クライエントの権利 ……………………………………… *197*
   終結するか否かを判断する／インフォームド・コンセント／守秘義務／警告し，保護する義務／クライエントの自律性を尊重する

6. クライエントとの専門的関係を維持する ……………………… 212
   専門的関係と個人的関係との二重関係／過去のクライエントと友達になる／物品やその他の贈与を受けること／性的な魅惑に対処する／現在のクライエントとの性的関係／過去のクライエントとの性的関係／スーパーバイザーや教師との二重関係／自分自身の倫理に反する行動に気づく／倫理に反する同僚の行動
7. 倫理的基準と法的基準 …………………………………………… 235
8. 援助専門職の不正行為 …………………………………………… 236
   不正行為として訴えられる理由／不正行為による訴訟を防ぐ方法／注意事項
9. 復習のために ……………………………………………………… 241
10. これからすること ………………………………………………… 243

第6章　価値観と援助関係　　　　　　　　　　245

1. この章のねらい …………………………………………………… 246
2. 援助活動において価値観の果たす役割 ………………………… 246
3. 価値観を提示することvs.押しつけること …………………… 249
   援助関係における価値観に関しての見解／自らの価値観を表明すること
4. 価値観に関するクライエントとの不一致 ……………………… 253
5. 価値観の不一致が生じやすいテーマ …………………………… 255
   同性愛者の問題／家族の問題／性役割の問題／宗教と精神世界の問題／中絶の問題／セクシュアリティの問題
6. 復習のために ……………………………………………………… 273
7. これからすること ………………………………………………… 273

引用・参考文献一覧 …………………………………………………… 275
索　　　引 ……………………………………………………………… 288
監訳者あとがき ………………………………………………………… 291

第1章

心理援助の専門職は，あなたに向いているでしょうか

▶▶▶ この章で考えてほしいポイント

1. あなたは，援助専門職のどのようなところに魅力を感じていますか。どのような人との出会いが援助専門職に就くことを考えるきっかけとなっていますか。

2. あなたが援助者になろうとする動機は，どのようなことですか。

3. 援助専門職になることによって，あなたの，どのような欲求が満たされるのでしょうか。そのような欲求は，あなたの援助能力を高めるのに，どの程度役立つものでしょうか。あるいは，あなたの援助能力を低めることになるものでしょうか。もし低めるとしたら，それはどの程度でしょうか。

4. これまでの人生において，自分自身がカウンセラーなどの援助を必要とした時のことを考えてみて下さい。その時，あなたが最もしてほしかったことは，どのようなことでしょうか。実際にしてもらったことの中で，役に立ったこと，逆に妨げになったことは何でしょうか。

5. 効果的な援助者の特質とは，どのようなものでしょうか。援助者の特徴として最も大切であると思うことをいくつか挙げてみて下さい。

6. 援助者として逆効果をもたらすような態度，信念，行動とは，どのようなものでしょうか。援助を求めて来談した人と効果的な関係を形成するにあたって重要となる特性を3つ挙げてみて下さい。

7. あなたは，現在の時点で自分自身が援助専門職に就く準備がどの程度できていると思いますか。援助専門職養成の大学院を受験する場合，あるいは援助専門職の求人に応募する場合には，"あなたは，どのような人間なのか"ということが問われます。つまり，あなた自身の能力，性格，心構え，価値観，信念などが問われることになります。あなた自身の人間としてのあり方は，援助専門職を目指す過程で，どのような意味をもつでしょうか。自らの人間としての特質が，援助専門職になるためにどのように役立ち，あるいはどのように不利に働くのかを考えることが求められます。

8. 援助専門職の教育訓練課程には，さまざまな種類があります。あなたの関心と資質に最も適しているのは，どのような種類の教育訓練課程でしょうか。自らの職業選択の目標を達成する手段として，あなたは教育訓練課程をどのように考えていますか。

9. 援助専門職には，さまざまな職種があります。現時点で，そのような職種の中からひとつを選択できるとしたら，あなたは，どのような職種を目指しますか。あなたが特に魅力を感じるのは，どのような仕事でしょうか。あなたが最も援助したいのは，どのようなクライエントでしょうか。ヒューマンサービスの活動として，あなたが最も意義あるものとみなし，満足を得ることができるのは，どのような仕事でしょうか。

1 この章のねらい

　心理援助の専門職（helping profession. 以後，援助専門職）を生涯の仕事として選ぼうとする時，皆さんは，きっといろいろなことを考えるでしょう。
　「自分に合っているだろうか」「自分のもっている知識だけで，他者を助けることができるのだろうか」「訓練課程で学んだことを実際の現場で使えるようになるだろうか」「この仕事で本当によいのだろうか。最終的に満足できたと思える仕事なのだろうか」。
　本書は，援助専門職に就くことに関する，このような疑問に答えるためのものです。本書は，あなた自身に焦点を当てます。つまり，あなたができる限り優れた援助者になるために，人間として，また専門職として必要な事柄に焦点を当てます。さらに，あなたが援助の専門職としての仕事を始める際に必ず直面することになる現実を重視します。仕事に就く前にその現実を知っておけば，援助専門職として実践の場で求められることに対して，適切な対応ができるからです。
　人は，さまざまな動機によって援助専門職になろうとします。本章では，あなたが援助者になろうとする動機について考えることから始めます。援助専門職になるということは，他者に何かを与えることであると同時に，あなた自身がそこから何かを得るということでもあります。したがって，援助専門職になることによって，あなた自身が何を与えて何を得るのかを具体的に考えていくことにします。援助をする過程において，あなた自身とクライエントの両者の要求が共に満たされることになれば，それは理想的です。しかし，実際には，理想どおりには行か

ないものです。援助専門職になることは紆余曲折の道のりを経るものであることを示すために，著者である私たち自身が援助専門職に就いたばかりの頃の話も披露したいと思います。

また，本章では，効果的な援助専門職はどのような特性を備えているのかについてもみていきます。私たちは，完璧な援助者像というものが存在するとは考えていません。しかし，他者の援助をする際に，あなた自身が備えているさまざまな特性の中で，何が役立ち何が妨げになるのかを探ってほしいと思います。そのような自己探索を促進する刺激として，援助過程に関わる特性を提示します。

援助専門職になるための教育課程には，さまざまなコースがあります。そのため，ほとんどの学生は，援助専門職に就くという，自らの職業選択の目標を達成するためには，どのような教育訓練課程が最も適しているのかに関心をもち，それについての情報を求めてきます。そこで，本章では，それらの教育課程の違いについて見ていくことにします。また，学生は，さまざまな種類の援助専門職がある中で，いずれかひとつの職種を選択するわけですが，そのような職業選択の際に重要となる要因についても探っていくことにします。

読者の中には，自らの進路をすでに決定している人もいると思います。しかし，本書を読むにあたっては，ぜひ自らの進路選択をすでに決まってしまったものとせずに，幅広い選択肢に対して開かれた態度で臨んでほしいと思います。皆さんがどのような援助専門職に就いたとしても，その職域内でさまざまな職種を経験することになるでしょう。また，ヒューマンサービスの専門職に就いている人の多くは，人生のそれぞれの転機において職種を変更するということもあります。例えば，初めて就いた職種が地域の相談機関においてクライエントに直接会う仕事であっても，その後に教育プログラムの運営をする仕事に移るというのは，よくあることです。

最後に，本書で用いる用語について確認しておきたいことがあります。援助専門職には，臨床心理士，スクールカウンセラー，家族療法士，ケースワーカー，牧会カウンセラー，コミュニティのメンタルヘルス従事者，リハビリテーションカウンセラー等，さまざまな職種があります。本書では，このような幅広い実践専門職を包含する用語として，援助専門職とヒューマンサービス専門職（human-service professional）という用語を互換性のあるものとして用います。読者の皆さんは，この点にご留意下さい。

2 援助専門職を目指す、あなたの動機を調べましょう

　援助専門職を自らの職業として選ぶにあたっては、なぜそのような職業を選択するのかという、自分自身の動機を調べることから始めるのがよいでしょう。その際、援助専門職を選択することによって、自分自身のどのような欲求を満たそうとしているのかを、できる限り自分に正直に見直すことが大切となります。将来、援助専門職となった場合に、あなたの動機や欲求は、あなたとクライエントの双方にとって役立つものになることもあれば、逆に妨害となることもあります。同じ欲求や動機であっても、あなたの援助のあり方によって、効果的な働きをする場合もあれば、逆に効果を減じる働きをする場合もあります。

　本章では、皆さんが自己を振り返るための項目を以下に提示します。それを参考として、自分自身に問いかけてみて下さい。例えば、以下のような問いに対して、あなたはどのように応えるでしょうか。

- 援助専門職になる動機づけに関わる自己の欲求の中で、自分自身で認めたくないような欲求があるだろうか。
- 自分自身の欲求と、自分の援助を必要とするクライエントの欲求の双方を共に満たすには、どうしたらよいだろうか。
- クライエントを犠牲にしてまで自分の欲求を通したいという場合があるとすれば、それは、どのような欲求だろうか。
- 自分の欲求の中には、強く求めても実際には満たすことができないようなものはないだろうか。

援助専門職が抱く典型的な欲求

　私たちは、これまで援助専門職を目指す多くの学生や実習生を教えてきました。そのような学生や実習生が援助専門職になろうする動機は、さまざまでした。以下に、彼（女）らの間で見られた動機の中で、典型的なものを示します。私たちは、学生が動機となっている自らの欲求に気づき、それを受け入れ、そしてそのような欲求が他者との関わりのあり方にどのような影響を及ぼしているのかを意識するように指導してきました。

　他人に影響を与えたいという欲求　皆さんは、おそらく、援助専門職となることで、自分が関わる相手の生活や人生に意味ある影響を与えたいと思っていることでしょう。すでに援助専門職として働いている者の多くは、世の中をよりよいものにしたいという利他的な願望をもっていること、そしてそのような自己の

欲求が援助専門職であろうとする動機となっていることは認めます。しかし，学生や実習生が「自分の欲求を満たすために援助専門職に就くことを選びました」といった発言をすることは稀です。

とはいえ，学生や実習生であっても，自分が何か意義ある存在であり，他者の問題解決の手助けをする力を備えていることを確認したいという気持ちをもってもよいわけです。学生や実習生は，自分たちが世の中を劇的に改善できる能力がないことを認めながらも，それでも，この世の片隅で少しでもよいから何らかの影響を与える者になりたいと願うものです。ただし，担当したクライエントが変化しようとせず，相談を拒否するといったことがあれば，世の中の役に立ちたいという自らの欲求が挫かれる体験をすることになります。その点で，人間としての価値を全面的に他者の生活や人生に影響を与えたいという欲求と結びつけて考えるべきではないといえるでしょう。

恩返しをしたいという欲求　援助専門職になることを選択するにあたって，自分が影響を受けた人のようになりたいという願望が重要な役割を果たすことがしばしばあります。あなたの人生に非常に強い影響を及ぼす特別な人物が存在するといった場合もあるでしょう。そのような人物としては，例えば学校の先生やカウンセラーなどが考えられます。1回であってもカウンセリングを受けた経験があれば，それがカウンセラーになる決意につながったということもよくあります。この他，影響を及ぼす人物として，祖母，叔父，親なども考えられます。いずれにしろ，自分自身が受けた心理療法に強い影響を受け，それをきっかけとして自らもセラピストになるための教育を受けるようになったと述べている専門家は，私の知人も含め数多くいます。

他人の世話をしたいという欲求　援助専門職になろうとする人の中には，幼い頃から援助者の役割を担ってきた人がいます。あなたがそのような人であれば，あなたは，幼い頃から家族の問題に関わり，他の家族のことを気遣う世話役であったでしょう。仲間や友人にとって，あなたは，悩みを打ち明けやすい相手だったでしょう。あなたは，周囲の人たちがあなたのことを"根っからの世話役"であると言うのをしばしば耳にしてきたことでしょう。

あなたは，このような経験の中で早くから自分自身のあり方を決めてきたわけです。そのような経験と，その中で選びとってきた自らのあり方を前提として，世話役としての自己の能力をさらに磨くために援助専門職の訓練を受ける決心をしたということもあるでしょう。それは，幼い頃からの世話役としての体験を資本として，自らを援助専門職とすることに投資するようなものです。

あなたは，あなたにとって大切な人を世話する役目だったわけです。そのようなあなたにとっての落とし穴は，あなたの欲求を気にかけてくれる人が誰もいなかったこと，そしてその結果として，あなたは自分の欲することを他者に伝え，それを求める術を学んでこなかったということです。他者の面倒を見ることに忙殺され，自分自身が世話をしてもらうことに気が回らなかったのでしょう。あなた自身，自らの語りに耳を傾けてくれ，そして自らの置かれた状況を理解してくれる他者を必要としていたのです。しかし，そのことをし忘れたのです。もし，あなたが他者の助けを必要としている時に，その助けを求める方法を学ばないまま援助専門職に就いたならば，私生活においても，また職業生活においても，簡単にバーンアウトの状態に陥ることになるでしょう。感情的に燃え尽き，疲れ果て気力が出なくなります。

　本書の草稿を読んだ臨床心理士は，自らが教えている臨床心理学コースの学生33名のうち，約半数がアルコール依存者をもつ家族の中で「救援役（rescuers）」という役割を担ってきたと述べていると報告してくれました。彼の見方によれば，この学生たちは生まれた時に「救援役」として雇われ，成長する過程において日々家族の安定を保つための訓練を受けてきたということになります。私たちの学生の中にも，アルコール依存者のいる家族の中で「仲裁役（peacemaker）」を果たしてきた人がたくさんいます。彼（女）らは，アルコール依存者のアダルトチルドレンということになります。このようなあり方は，必ず問題視しなければならないというものではありません。しかし，こうした経験をもつ援助者は，自らの対人関係のあり方を自覚し，私生活においても職業生活においても，どのように動けばよいのかを学ぶことが大切です。

　ここに描かれたパターンがあなたにも当てはまるとしたら，幼い頃からの自らのあり方を改めて見直すことが役立つでしょう。幼い頃から自分自身の欲求を気にかけずに，他人の世話に気を配ることをしてきた自分のあり方を，ここでもう一度見直して下さい。あなたの助けを必要とする人が何人もいるとしましょう。そのような場合，あなたは，常にそのすべての人の求めに応じることができなければならないと考えてしまいませんか。そのようなあり方をしているならば，すぐにでもあなたのエネルギーは，枯れ果てるでしょう。あなたは，他者に与えるものが自らのうちに何も残っていないことに気づくことになります。

　セルフヘルプの欲求　自分自身の個人的問題を解決するために援助専門職になるという場合もあるでしょう。例えば，あなたがアルコール依存者をもつ家族に育ったとしたなら，幼い頃に体験した苦しみや受けた心の傷が癒されていな

いかもしれません。援助専門職に就いた場合，あなたは，きっと同じような悩みをもつクライエントに出会うでしょう。虐待児を専門とする援助職の中には，自らも幼児期に虐待を受けた経験をもつ者がいます。また，夫に虐待を受けた経験をもつ女性の中には，同じように虐待を受けている女性を助けるためにカウンセラーになる人もいます。多くの場合，他者を助けることへの関心は，自らの人生の苦難に取り組むことを契機として発展してくるものです。

　ここで重要なのは，専門的職業を選択する際の動機は創造力の源泉になり得るということです。"自分自身の体験に取り組むために援助専門職を選択する"という動機づけを創造力に結びつけるためには，必ずしも自分の問題を解決して適応していなければならないというわけではありません。ただし，自らの個人的課題を意識していることが必要です。ロロ・メイが述べているように，他者を癒すことができる者は，自らの心理的苦悩の経験があるからこそ癒しが可能になります。問題のない適応的な援助者ではなく，傷を負った経験をもつ者であるからこそ，自己探求の途上にある他者に真の意味で付き添い，心の傷を癒すための援助ができるのです。自らの問題に効果的に取り組んだ経験がある援助者ならば，同様の問題を抱えて来談したクライエントを理解し，共感を示すことができるでしょう。

　しかし，このような動機づけは，援助者にも，またクライエントにも逆効果をもたらすこともあります。配偶者から虐待を受けた体験のある女性が，カウンセラーになる場合を考えてみましょう。その女性は，自分の問題を解決できずに葛藤を抱えています。そのような場合，問題の渦中にあるクライエントの女性たちに，自分の関心に基づく忠告を次から次に与え，援助者の求める一定の方向に強制的にクライエントを導いてしまうことがあります。特に援助者がクライエントの家族力動に巻き込まれてしまった場合には，自己の内に未解決の問題を抱えているだけに，クライエントを虐待する夫に強く反発し，必要以上に夫に敵意を抱いてしまうことが生じてきます。

　必要とされたいという欲求　援助専門職になろうとする者で誰かに必要とされたいという欲求をもたない者はいないと言っても過言ではないでしょう。むしろ，必要とされる者でありたいという，自らの欲求を否認することがあれば，そのことのほうが問題となります。クライエントが「おかげでよくなってきました」と言うのを聞く時，あなたは，報われたと心の中で思うでしょう。あなたは，援助専門職として，クラエイントに希望を与え，クライエントは，それに感謝を表しているのです。あなたは，他者の求めに応えられることに価値を置き，そして実際に他者に求めに応じていくことで大いなる満足を得るでしょう。

私たち援助専門職は，必要とされる者でありたいという欲求を満たせる時，専門職として最も報われたと感じます。必要とされたいという欲求やありがたく思われたいという欲求をもっていることは，援助専門職として恥ずかしいことではありません。したがって，そのような欲求をもっていることを否認しないで下さい。
　ただし，このような欲求が常にあなたの心の中心を占めることになれば，事態は異なってきます。そうなると，あなたの必要とされたいという欲求がクライエントの欲求を覆い隠し，クライントが求めていることを見えにくくしてしまいます。例えば，クライエントにいつ電話してもよいと伝え，クライエントの依存性を増長させてしまう援助者がいます。そのような場合は，クライエントが援助者を必要としているというよりも，援助者がクライエントを必要としている事態といえるでしょう。
　他者のために何かをし，その行為に対して感謝をされたいという気持ちをもつことは，何もおかしなことではありません。むしろ当然のことです。しかし，感謝や評価を受けないと自分の価値を感じることができないとしたら，そこには危険が潜んでいます。自分自身の人間としての価値をクライエントに必要とされることによってしか感じられないならば，それは，非常に足元の危うい不安定な自己評価となります。
　実際には，クライエントはなかなか感謝を示してくれないものです。それだけではなく，援助専門職の場合，いくら働いても勤務先からよい評価やフィードバックを得ることはあまり期待できません。逆に，勤務先の期待に沿った成果をあげていない場合には，容易に非難されることになります。どんなに一生懸命働いても，勤務先の組織は，あなたにそれ以上の仕事をするよう求めてくるでしょう。このような状況の中では，他者からの評価で自分の価値を判断するだけならば，結局何をしても自分は十分なことはできないと感じるようになります。
　援助者の中には，他者に必要とされることが嬉しくて仕事に励む人がいます。そのような人にとって，仕事が自らの人生そのものとなります。しかし，仕事を通してしか，必要とされたいという自らの欲求を満たすことができないとしたら，それは，非常に危ういことです。もし仕事ができなくなれば，その人は，生きている目的や意味を失うことになります。
　お金を得たいという欲求　援助専門職に就いている者の中には，仕事から金銭的報酬を得ることに喜びを感じるようになる人もいます。しかし，私たちは，常に学生に対して「お金儲けを目的とするのならば援助専門職以外の職業を探すように」と言っています。通常，援助専門職に就きたての頃は，多額の報酬は期

待できません。そのため，多くの援助専門職は，自分たちが貢献している割には，それに相当する金銭的報酬を得ていないと感じています。

　豊かな生活をしたいという気持ちをもつことに対し罪悪感を抱く必要はありません。例えば，あなたが，自分の生活を犠牲にし，無償の行為として他者の援助に尽くしたとしましょう。そのような場合には，経済的収支を合わせるために，生活を切り詰めなければならないといったことが生じてきます。その結果，あなたは，自分は何のためにクライエントに尽くしているのだろうと，自分のしていることに怒りを感じるようになります。したがって，自らの生活を大切にすることは必要です。ただし，お金儲けを目的とした動機は，援助専門職とクライエントの関係作りの妨げになることがあります。クライエントの一人ひとりからいくら報酬が得られるかが第一の関心事であるような場合には，通う必要のないクライエントにも来談を続けさせるということが起きてきます。

　<u>地位や名声を求める欲求</u>　高収入を求めると共に，名誉を得ることを望んで援助専門職に就くという場合もあるでしょう。しかし，施設や公的機関に勤務する援助専門職の場合，援助サービスの利用者は，社会的に恵まれない人々です。あなたがそのような場で働くとするならば，執行猶予を受けている人，中毒状態にある人，貧しい人，本人の意思に反して相談機関に送られてきた人などを相手として仕事をすることになります。このようなクライエントを対象とすることを考えるならば，あなたがそれなりの地位や名声を得るのに値したとしても，そこで，それを得ることはできないでしょう。実際問題，援助専門職として働く限り，社会があなたの地位や名声を認めるということはないかもしれません。したがって，あなた自身の名誉は，他の人によって与えられるものとしてではなく，自分自身で自らのうちに見出していくことが重要となります。

　逆に，クライエントや同僚から尊敬を受け，それによって自らの名誉を得ることができる環境で働くという場合もあるでしょう。もし，あなたがしっかりと仕事をし，素晴らしい成果をあげてきたならば，自らに与えられた名声を享受してもよいと思います。自分に誇りをもち，しかも謙虚でいることは可能です。

　しかし，あなたが地位や名声を得たことによって高慢になったとすれば，周囲からは，近付き難い人物と感じられることになるでしょう。そして，クライエントは，あなたの態度に嫌気がさすかもしれません。あなたは，クライエントがよくなったのを見て，実際以上に自分の功績であると思う傾向があるかもしれません。あなたを崇拝するようなクライエントが出てきた時，鼻高々となるかもしれません。崇拝されるほどに持ち上げられると，次には落ちるしかないことを覚え

ておいて下さい。安定した自尊心は，自分の中にあるもので，他人の評価を土台に出来上がるものではないのです。

他者に答えを与えたいという欲求　私たちの学生の多くは，他人にアドバイスや"正しい答え"を与えたいという，強い欲求をもっているようです。例えば，そのような学生は，友だちに悩みを打ち明けられた時に，"正しい答え"を提供できないと自分が不適格であると感じるようです。しかし，実際には，その友人は"何をすべきか"を教えてもらうよりも，自分の話をじっくりと関心をもって聴いてもらうことを求めているのかもしれません。したがって，あなたは他人に影響を与えることによって満足を感じるかもしれませんが，あなたの答えは必ずしも相手にとって最適とは限らないのです。

援助専門職としての目的は，方向づけをしてあげることと，クライエントが取るべき行動方針をクライエント自身で見出す手助けをすることです。もし，アドバイスや答えを提供したいという，あなたの欲求が妨げとなって他者との間で援助的な関係を形成できないということがあれば，クライエントに次のように伝えることをお勧めします。それは「私は，すぐに回答を出したくなる悪い癖があります。実際には，私の出した答え以外にもさまざまな可能性が考えられます。ですから，あなたにとって最適な答えは，あなた自分自身の中で探す努力をしてほしい」とクライエントに伝えることです。

相手をコントロールしたい欲求　他者にアドバイスや答えを与えることに関連する欲求として，相手を支配したいという欲求があります。人はほとんど誰でも，自分をコントロールしたいという欲求，そして時に他者をコントロールしたいという欲求を持ち合わせています。適度のコントロールは，私たちに安心と健全さをもたらします。しかし，それが過度になると生活の中に自然な自発性が失われます。例えば，予定表や計画に過度に縛られてしまうと，臨機応変に自由な生活を組み立てていくことができなくなります。

他者の思考，感情，行動を過度にコントロールし，支配したいという欲求をもつ人がいます。このことに関連して次のような質問を自分自身に問いかけてみて下さい。

「人はもっと革新的（あるいは保守的に）であるべきだと思いますか」「人が怒っていたり，落ち込んでいたり，不安な様子をしていたりするのを見て，そのような気持ちになるべきではないと言いたくなりますか。そして，その人の気持ちを切り替えさせようと一生懸命になりますか」「自分とは関係ないにもかかわらず，身近にいる人の振舞いに口出しをしたくなりますか」。

これらの質問に正直に答えることによって，自分が友人，家族，仕事仲間の態度，信念，感情，行動をコントロールしたいという欲求をもっていることに気づくかもしれません。あなたがコントロールしようとすればするほど，相手はあらゆる方法でそれに抵抗しようとするでしょう。援助者の中には助けるふりをして，実際には他者をコントロールしようとしている人もいます。結局，あなたの援助の目的は，他者の人生をコントロールすることにあるのでしょうか，それとも他者が自分自身の人生を適切にコントロールする力を再獲得する方法を教示することにあるのでしょうか。その点をしっかりと考えて下さい。

援助専門職の欲求と動機がどのように影響するのか

　援助専門職の欲求とクライエントの欲求が共に満たされることが理想といえます。上記の欲求や動機は，クライエントが幸せになるために有利に働く場合もあれば不利に働く場合もあります。したがって，これらの欲求は，不適切なものというわけではありません。また，必ずしも効果的な援助の妨げになるというものでもありません。

　しかし，あなたが自分自身のもっている欲求を意識していないとしたら，知らず知らずのうちに，その欲求に基づいて援助のための介入のあり方を決めてしまう危険性が強くなります。もし，あなたが，無意識の中にある葛藤を解消するために，他者の問題に注目しているとしましょう。そのような場合，あなたは，クライエントを利用して自分の欲求を満たす可能性が強いでしょう。さらに，自らの欲求を満たすことに心を奪われ，それを優先させるならば，あなたは，問題を引き起こすことになるでしょう。

　例えば，あなたのコントロールしたいとする欲求があまりにも強い場合，他者が自分で判断すべき事柄を，常に先回りして決定してしまいます。それは，クライエントの自立性や自由な態度の発達を妨げるといった悪影響を及ぼすことになります。クライエントを犠牲にして自らの欲求を満たすような援助者は，本来ならばクライエントが受けてしかるべき上質の援助を提供することはありません。むしろ，質の悪い援助を与えてそれでよしとしています。また，あなたが，クライエントの示す問題の一つひとつすべてに答えを与えたいという強い欲求をもっていたとしましょう。そのような場合，アドバイスを与える行為は，クライエントにとって最も望ましい利益をもたらすことにはつながりません。むしろ，ただ単に他者に答えと忠告を与えたいという，あなたの欲求を満たすためだけのものとなります。

　もう一度，前節で論じた欲求について，あなた自身にひきつけて見直しをして

みて下さい。その際，あなたが他者の援助をするにあたって，それぞれの欲求がどのような影響をもつのか考えてみて下さい。それぞれの欲求が，どのような好ましい影響をもち，どのような悪影響を及ぼすのか考えてみましょう。もし，あなたがまだクライエントに会う仕事を始めていないならば，悩みを抱えた友人や家族と話している場面を思い起こしてみて下さい。他者がどのような行動をとるべきか迷っている時，あなたは，その人にどのように接してきたでしょうか。もし，自分自身の欲求を否認したり，自分の欲求を満たすことに拘ったり，他者を犠牲にして自分の欲求を満たそうとした場合，どのような問題が起こるでしょうか。そのことを，できる限り具体的に考えてみて下さい。

自分自身の援助動機を探る

あなたは，なぜ，援助専門職を職業として選択しようと考えているのでしょうか。ここでは，援助専門職を目指すあなた自身の動機を探ってみましょう。以下の点を自問し，できる限り自己に正直な答えを見出すように努力してみて下さい。

- これまで自分は，なぜ援助専門職になろうしたのかを真剣に考えたことがあっただろうか。
- 援助専門職になることに関わる，自分の欲求や動機をどれくらい意識しているだろうか。
- 自分の欲求を満たすだけでなく，自分が援助する相手の欲求を併せて満たすことができるだろうか。
- 自分自身の欲求をもつことに罪悪感を覚えたり，申し訳なく思ったりすることがあるだろうか。
- 私利私欲ない援助者になることを理想と考えていないだろうか。
- 私生活において，自分のことは常に後回しにして他人の世話ばかりしていないだろうか。
- 他者に純粋な関心をもちながら，その一方で自分自身の成長に関心をもつことができるだろうか。

通常，ただひとつの動機によって人が動かされるということはありません。むしろ，複数の欲求や動機が絡み合っているものです。しかも，それは，時と共に変化するものです。当初の動機や欲求が変化しても，援助専門職になりたいという願望は変化せずに残っていることもあります。個人の成長というのは，常に進行している過程です。したがって，援助専門職であろうとする，あなた自身の動機を，ある一定期間を置いて繰り返し見直すことをお勧めします。それは，自己を知るための貴重な機会となるでしょう。

3 著者が援助専門職になるまで

　本書は，次の2点で個人的経験に重きを置いています。まず，読者の一人ひとりが自らの個人的経験を豊かにするために本書を活用することが執筆の前提となっています。それが第1点です。それに加えて，必要に応じて私たち著者が自らの個人的経験や意見を交えて本書を執筆しています。それが第2点です。例えば，本節では，著者のひとりであるマリアン・コーリィが援助専門職になろうとした自らの動機や，援助専門職という仕事をずっと続けてきた理由を紹介します。それは，進路選択にあたっては，個人的動機や経験がいかに影響を与えるものであるのかを例示するためです。援助専門職になる道のりは，常に平坦というわけではありません。不安や不確かなことを数多く含むものです。

　私たちは，初心者の頃に比較して現在の時点では，それなりの自信をもてるようにはなっています。しかし，仕事を始めた頃の試行錯誤と，そのときの苦しみを忘れたわけではありません。本章では，これまで，援助専門職になるためにはさまざまな恐れや疑念に直面するということを示してきました。私たちも，今に至る過程において恐れや疑念に直面し，苦しみながらそれに取り組んできました。そこで，そのような私たちの試行錯誤の歴史を示し，それを読者の皆さんと共有することは意味があると考えました。少なくとも，読者の皆さんが恐れや疑念に直面した場合，援助専門職になることをすぐに諦めてしまわないように勇気づけることができればと思っています。

　現在でも，私たちは，なぜこのような仕事をしているのかを自分に問うことがあります。援助専門職として，さまざまな活動をしながら，自分は相手に何を与え，相手から何を得ているのかを考えることがあります。

著者（マリアン・コーリィ）が援助専門職を考え始めた頃

　私は，カウンセリングを学問として学ぶずっと以前から援助者としての役割をとっていました。8歳の頃にはすでに，兄弟姉妹の求めに応じて，生れたばかりの弟の面倒を見ることを全面的に請け負っていました。弟の世話ばかりか，他の家族メンバーや親戚の者の世話までしていたのです。

　私の家族は，ドイツの小さな村でレストランを経営していました。そのレストランは，私たちが住んでいる家の一部で，そこは近所の人々の溜まり場となっていました。人々は食事をするというよりも，むしろ社交のためにレストランを訪

れていました。人々は，何時間も座っておしゃべりをしていました。私は，その人たちの話をよく聴くように言われていました。さらに，人々の話の中にいることを通して私自身，いろいろなことを学びました。例えば，人と話す時は自分の個人的な話を何度も繰り返さないほうがよいこと，他の村の人には噂話をすべきではないことです。結局，私は，子どもの頃からとても重要な3つの技術を自然と身につけてきていました。それは，注意深く聴くこと，共感的な理解，秘密を守ることの3つでした。やがて，いろいろな人々が私のことを話しやすい相手とみるようになり，次第に個人的な問題も私に話すようになりました。

　子ども時代から青年期に至るまで，私は，人から好かれ，尊敬されていると感じていました。私は，苦難な状況に陥っている人々に対して，特に同情を覚えました。例えば，精神病を発症した女性のことを思い出します。彼女は，裸で2階の窓の脇に立ち，冷やかしの見物人に向けて衣類や家具を窓から投げつけていました。それを見て私は，とても悲しくなり，子ども心に「彼女はとても不幸だ」と思ったものです。また，"飲んだくれ"と呼ばれていた2人の村人に，私は特別な関心をもっていました。彼らがなぜ酒を飲むのか非常に不思議に思っていたことを思い出します。

　私はいつも，人が他者に見せる表面を越えて，その背景にあるものを知ることに関心がありました。そして，人々が変わろうと努力をしさえすれば，ただ表面に見えているのとは違った自分になれるはずだと確信するようになりました。私のこの信念は，私が生まれ育った文化の考え方とは異なったものでした。「仕方ないさ。運命だから。何をしても変わらない」というのは，周囲の人たちの考え方でした。

　私は，これまでの人生において夢を実現しようと，多くの苦難を乗り越えてきました。その結果，クライエントが限界を感じた時にも簡単に諦めてしまわないように励まし，限界に挑戦するように援助し，成果を上げてきました。援助専門職の活動を通して，危険をおかしても新たなことに挑戦する人，不確実なことに耐える人，他と異なっても自分自身でいようとする人，そして自分で選択した人生を精一杯生きている人の手助けができた時に大きな満足感を得たのです。私のしたことに対してクライエントは，感謝を示してくれます。その感謝のことばを聞くことは，私にとって嬉しいことです。しかし，そのような場合，私のしたことはほんの少しであるということをクライエントに伝えます。つまり，カウンセリングで私がしたことがクライエントの変化に役立っている側面はあるにしろ，それは，変化を引き起こした要因のほんの一部に過ぎないからです。クライエン

ト自身の懸命な努力こそが，変化の最大の要因であるわけです。

　私は，生活する中で友人，家族，コミュニティと関わり，何らかの手助けをしています。現在の私にとって，それは，クライエントに対する手助けと同様に無理なくできることです。個人的事柄であっても，また専門職としての仕事に関する事柄であっても，私にとって他者の手助けをすることは自然な行為となっています。しかし，他者に何かをしてあげることと自分が何かをしてもらうことのほどよいバランスを見つけることはなかなか難しいといえます。私は，他者に手助けを与えるという点に関して，自分はよい"与え手"であると思ってきました。それに対して自分がしてほしいことに気づき，それを「お願いします」と他者に頼むことは苦手であり，その点に関してはなかなか変化できないでいます。

　私は，援助を与える専門職として自己の職業を発展させてきました。そこで，自分の職業発達の過程を，私が影響を受けた文化的背景，そして幼い頃から身につけてきた家族内での役割と比較して検討してみることは興味深いことです。私は，自分の弟妹を世話する役割を自然に受け入れてきました。ところが，専門として援助を学び，実際に援助の活動を始める段になって，私には，それが自然な役割として感じられなくなりました。私は大学の行動科学部に所属し，授業の一環として最初の実践経験を始めました。しかし，その過程で，私は自信を失ってしまったのです。

　初期実習で，私は大学のカウンセリングセンターに配属されました。ある日，面接予約のためにひとりの学生が来談しました。スーパーバイザーに，その学生を担当するように言われた時に，どれだけ自分がすくみ上がったかを忘れることができません。スーパーバイザーによれば，その時の私はいかにも自信ありげに見えたとのことでした。しかし，それは，私が実際に感じていたこととはまったくかけ離れていました。私がそのクライエントを伴って面接室に歩いて行く時に頭をよぎったのは，「まだ準備ができてないのに，どうしよう」という思いでした。

　「一体何をしたらいいのかしら」「もしも彼が何も話してくれなかったらどうしよう」「彼を援助する方法が見つからなかったらどうしよう」「ここから逃げ出したい！」といった心配が次から次に浮かびました。自分のことに気をとられ，クライエントの気持ちを考えることなどできませんでした。例えば「この面接では，彼との信頼関係はどのくらい築けたか」とか「彼がもっている恐れとは一体どんなものか」といったことを考える余裕すらなかったのです。

　私は，クライエントのことよりも自分のことが気になっていました。必要以上の責任を取ろうとしていました。"間違ったことをしてはいけない"というプレ

ッシャーで押し潰され，クライエントを傷つけはしないかと心配ばかりしていました。私は，変化することに向けての責任をカウンセラーとクライエントが分けもつということを理解していませんでした。そのため，クライエント自身が責任をもって判断するということを認めることができなかったのです。カウンセラーである私のほうが，クライエントよりも一生懸命になってしまうことがしばしばでした。今にして思えば，私のほうが，クライエントが欲する以上のことを望んでいたと思います。私は，援助専門職として自信がなく，不安でした。そのため，クライエントを傷つけてしまうのを過度に恐れていたと思います。私は，クライエントを傷つけてしまうことがとても心配で，面接の結果がひどく気になることをスーパーバイザーに話しました。すると彼女は，「あなたは，カウンセリングでできること以上に，クライエントに強い力を及ぼせると思っているのかもしれませんね」と言いました。

また別な機会に，私は，スーパーバイザーに自分がこの専門職についていることに疑問を抱いていることを打ち明けました。自分の周囲には苦悩を抱えている人が数多くおり，そのことを考えて胸がつぶれる思いがしていました。そのため，自分は援助専門職として何も役に立っていないと伝えました。その時，私はとても感情的になり，失望していたのを覚えています。ところが，スーパーバイザーは，笑顔で私に応えたのです。その笑顔を見て，私は驚きました。「私は，君がそのような失望を感じるのを，むしろ喜ばしいことだと思っていますよ」とスーパーバイザーは言いました。「もし，君が自分のあり方に疑問を抱かず，自分の感情に直面しようとしなければ，私はそのことのほうが心配ですね」と続けました。今から考えてみると，自らの苦悩を直視しなければ，私は，万能感をもった，恐れ知らずのカウンセラーになっていたかもしれません。スーパーバイザーは，自らの現実を直視することの重要性を私に伝えようとしていたのだと思います。

カウンセラーとして働き始めた時，私は強い不安を抱えていましたし，そのことを強く意識していました。現在，私はクライエントと面接し，相手の世界に共感することを難なくこなせるようになっています。もちろん，不安がまったくないわけではありません。しかし，恐る恐るカウンセリングをしているという段階ではありません。また，私はカウンセラーとして，カウンセリングの進行についての責任を負っていますが，すべての責任を負うべきとは思っていません。そして，クライエントよりも一生懸命になるということはなくなりました。

かつて私はカウンセラーになることを諦め，その代わりにドイツ語の教師になることを考えた時期がありました。当時の私は，何年も経験を積んだ専門家たち

と自分を比較していました。また，彼（女）らと同じだけ効果を上げるべきだと考えていました。結局わかったのは，私が極端に非現実的なことを望んでいたということでした。なぜなら，経験のある人々と同レベルの技術をすぐにもてるようになることを求めていたからです。その時の私には，自分自身に学ぶことや基本的な手ほどきを受けることに耐える余裕がありませんでした。

　現在の私が専門として活動は，初期段階にある援助専門職の教育です。私が指導している初心の援助者は，クライエントとの面接を始めた時に，私が経験したのと同じ問題に直面します。そうした学生たちは，どれだけ私がものを知っているか，どれだけ簡単にクライエントへの介入を思い付くかといった点にばかりに焦点を当てているようです。それと同時に彼（女）らは，自分の知識の乏しさに直面し，またクライエントにどのように応えるべきかがわからずに苦しんでいる自らに失望しているようです。そのような学生たちに，私は，自分の初心者時代の経験を話します。また，自分は特別な専門家ではなく，単にカウンセリングの技能を多少知っているだけの人間にすぎないということも伝えます。そのような私の話を聞くことで，学生たちはずいぶんと気が楽になるようです。私としては，学ぶ過程において初心者は必ず困難に直面するものであり，時には自信を失うこともあるということ，そして学ぶことには終わりがないということを，何にも増して学生に伝えたいと思います。

4　援助専門職は誰にでも向くというものではない

　以上述べたように，本書の著者である私も，過去に援助専門職としての自分の適性に疑問をもったことがありました。そして，今でも時々自分がこの仕事に合っているか考えることがあります。もし，あなたが援助専門職を選択すべきかどうか悩んでいたとしても，そのこと自体は問題だとは思いません。もし，あなたが，最終的に援助専門職に就くかどうかを決めないままでいるならば，自分に自信をなくす時はいつか必ずやってきます。この仕事について期待で胸を膨らませることもあれば，逆にひどく失望してがっかりしてしまうこともあるでしょう。

　大切なのは，そのように揺れ動く感情を受けとめる余裕をもつことです。最初に経験したことだけに基づいて，自分一人で援助専門職を選択するか否かを決断してはいけません。常に教師やスーパーバイザー，そして仲間から得られるフィードバックに対して開かれた態度でいることが重要となります。「あなたは，この領域には向いていません」と言われることもあるかもしれません。もし，あな

たが援助専門職になることについて何らかの意見をもっている人があれば，意見をよく聞いて，その人の言わんとするところを充分に考えてみることをお勧めします。そのような意見を聞くのは，確かに辛いことです。手厳しい意見をもらうと，すぐに相手が自分を嫌っているからだと結論づけてしまいがちです。しかし，本当にあなたのことを思っての意見かもしれません。そのような意見をもらった時には，根拠となる理由を聞くと同時に，その人が考えている解決策を聞き出すことも大切になります。

　最終的に援助専門職が自らに適しているかどうかを決定するのは，あなた自身です。しかし，決断を下す前に，スーパーバイザー，仲間，友人，その他，あなたをよく知っている人々にしっかりと相談して下さい。他者から受けたアドバイスを参考として，あなたが自己のあり方を変えることができるとしたら，それは素晴らしいことです。意固地にならず，成長のために必要とされる努力を惜しみなくできるなら，弱点さえも財産になり得ると気づくことになるでしょう。

　援助専門職になることを断念しようと思う時が出てきます。そのような気持ちが最も強くなるのは，学んだことを現場で実際に適用する時です。教室から現実世界に飛び込んだ時が，一番の難関になります。おそらくあなたは，教室で上手くいくことが，現実の援助現場ではそれほど上手くいかないことを経験するでしょう。教室では初めから協力的な仲間たちとロールプレイなどを通して練習します。しかし，臨床現場では，あなたが必死に努力しても，一切反応がないようなクライエントにも出会います。それまで学んだ理論や技術を実際の状況に適用する方法を体得するには，時間と経験が必要になります。そのことを肝に命じておきましょう。

　実践を始めた当初は，援助への試みが何か薄っぺらな，わざとらしいものに感じるものです。わざとらしさが気になるのは，おそらくクライエントよりもあなたの方かもしれません。繰り返しになりますが，学んだことを適用し，援助者としての専門的役割を果たすことができるようになるまでには時間がかかります。したがって，初心者の時代には，じっくり時間をかけ，余裕をもって活動に取り組むことが何よりも大切となります。

援助専門職になることに適さないあり方

これまで，援助専門職になることについて迷ったとしても，簡単には諦めないように勧めてきました。しかし，あなたのあり方や性格が援助専門職を目指す者として相応しくない場合もあります。そこで，あなたのあり方や性格が援助専門職になるのに適したものか否かについてチェックしてみましょう。以

下，他者を援助する職業に就いた場合に望ましい結果を生み出さないと思われる特徴や態度について考えていきます。

　次に挙げる自己判定のための項目にできるだけ正直に答え，自分の特性を査定してみましょう。下記の項目について，4＝最も当てはまる，3＝ほぼ当てはまる，2＝やや当てはまる，1＝ほとんど当てはまらない，で記入して下さい。項目の中には，一読していささか極端に思える記述もあるかもしれません。そうであっても，各項目の内容があなたにあてはまるか否かについて，できるだけ率直に答えるように努力して下さい。

____1．自分の人生には，ほとんど問題がない。だからこそ，自分は他者の問題解決を援助する立場にある。

____2．私の生き方は正しい。したがって，私の価値観を受け入れるならば，クライエントは幸せになる。

____3．自分には宗教上の強い信念がある。それを他者に受け入れさせることが私の任務である。

____4．私は宗教を信じておらず，宗教団体にも属していない。宗教を信じる人は皆，神経症だと思う。

____5．自分の目指す援助は，クライエントに何をするべきか教えることである。したがって，カウンセラーはクライエントの投げかける質問にはすべて完璧に答えるべきだ。

____6．私は，クライエントが，寂しさ，悲しみ，罪悪感といった感情を表現するのに耐えられない。なぜなら，そのような感情を表現しても，それは自己満足に過ぎず，何も状況は変らないからである。

____7．私は，人間は基本的には悪であると思っている。したがって，人間は信用できない存在であり，矯正していくことが必要である。

____8．私の人生は辛い道のりだった。しかし，私はその辛い人生を生き抜いてきた。したがって，他者もそのようにすべきだと思う。

____9．時として私は，他者に敵意をもち，遠回しに皮肉を言ったりする。

____10．私は，学習の場で自分から積極的に発表することをせず，仲間，教師，スーパーバイザーから意見をもらうことをできる限り避けてきた。

____11．私にとって最も大切なのは，学位や資格を得ることである。資格をとる過程は楽しいものではないが，最終目標に辿り着くために必要不可欠な手段である。

____12．教師やスーパーバイザーから新たに学ぶことはないと思う。

____13．自分には人を脅す傾向がある。人を恐がらせて楽しんでいる面がある。

____14. 私は苦悩している人を見るのが辛い。そのような苦悩をなるべく早く取り去り，楽しい気持ちにさせてあげたい。
____15. 私にも悩みがある。しかし，その悩みを自分から他者に話すことはなく，助けを求めることもしない。自分自身の苦しみは，援助者としてクライエントの苦しみに関わることによって癒される。
____16. 常に，自分の欲求をクライエントの欲求よりも大切なものと考える。
____17. クライエントが私を必要とするよりも，私の方がクライエントのことを必要としている。そのため，私はクライエントの依存心を強め，援助者である私に依存するように仕向けている。
____18. クライエントの心的世界に入り込み，共感することは難しい。私は，自分の目で実際に見ることができるものだけを現実とみなす傾向がある。
____19. クライエントの話を聞いていると気持ちが沈んでくる。自分とクライエントを過剰に同一視し，クライエントの問題を自分のこととして感じてしまいがちである。
____20. カウンセリングとは，他者にとって必要なものである。私自身がこの種の心理的援助を求めることはまずない。
____21. 私はとても傷つきやすく，容易に自信を失ってしまう。そのため，他人からの批判に過敏に反応してしまう。
____22. 自分はすぐに防衛的になり，反対意見には嫌悪感を抱いてしまう。
____23. 私は常に安全な人生を送ってきた。そのため，ある一定の限られた枠内でしかものを考えられない。
____24. 私は，自分と異なる価値観をもつ人を受け容れることができない。
____25. 私は，常に状況をコントロールしていたいという気持ちが強い。そのため，自分や他者をコントロールできないと感じると不安になる。

　以上の質問項目に一通り答えた後に，自分の特性として"当てはまる"，あるいは"ほぼ当てはまる"と思われた項目を，もう一度読み返してみましょう。皆さんには，自分の査定結果を知って落胆してほしくありません。むしろこの結果を，自分自身を変えていく，ひとつのきっかけとして利用してほしいと思っています。その場合，1学期間というように期間を限定し，その間に援助専門職になるのに相応しくないと思われる態度や性質のいくつかを変えるように努力してみるのもよいでしょう。
　例えば，あなたは苦悩を抱えた人の話をじっくり聴くのが苦手で，すぐに励まして元気づけようとする傾向があり，それが援助専門職になるために問題となっ

ているとしましょう。そのような場合，誰か身近な人が悩んでいるのに接した時，意識的にこれまでと異なった反応をする努力をしてみるのもひとつの方法です。もし，あなたの人生があまりに限定されたものであり，それが問題であると感じているならば，意識的に多様な経験ができる状況に自分をもっていくこともできます。また，あなたには自分自身を抑えて他者の価値観に合わせてしまう傾向があり，そのことにあなたが気づいたとしましょう。そのような場合，あなたの周囲には，あなたとは根本的に異なる生き方をしながら生産的な人生を送っている人がいるでしょう。そのような人のあり方から何かを学ぶ努力をしてみてはどうでしょうか。さらに，あなたは，自分はあくまでも他者を援助する立場であると考えているとしましょう。そのような場合，あくまでも援助は他者にとって必要なものであり，自分が必要とするものではないというあなたの考えは，本当に正しいのでしょうか。そのことをもう一度考え直してみることはできるはずです。何よりも大切なのは，自分自身に対して真に正直になること，そして自己を見直すことから逃げないことです。

5 "望ましい援助専門職"のあり方とは

"理想的な援助者"の特徴について考えてみることは，有益です。しかし，有能な援助者であっても，それらすべてを満たしているとは限りません。もしあなたが，以下に述べる"援助者の理想像"を鵜呑みにし，そのような援助者になろうとするならば，挫折し，欲求不満に陥ることは間違いありません。そうではなく，理想像を参照とすることで自らの補強する部分を見出すならば，あなたはより優れた援助専門職になることができるでしょう。すでにもっている技術については，それを磨き，その上に新しい技術を身につけていくことができます。知識を統合することによって，あなたの能力はさらに高められます。クライエントの人生に触れることによって，あなた自身も個人的な変化を遂げることができます。そして，望ましい援助専門職としてあり方と能力を身につけることになるのです。

効果的な援助ができる援助者のあり方

以下において，援助専門職として効果的な援助を行うために必要と思われる特徴について見ていくことにします。人々に大きな変化をもたらすことができる援助者とは，全体としてどのようなあり方をしているのでしょうか。ここでは，そのような援助者の特徴を一つひとつ取り上げてみます。下記の特徴から，有効な援助活動ができる援助者は，全体としてどのようなあり方をしているのか

を考えて下さい。

- 自分自身に対して正直であり，自らの長所と短所を客観的に把握できている。それが理想である。そして，人間としてのあり方こそが，援助をするにあたって最も有効な道具となることを理解している。
- 自分自身の人生や生活においてできないことや望まないことをクライエントに求めてはならないことを理解している。
- 学ぶことに対して開かれた態度と基本的な好奇心をもっている。自分の知らないことが何であるかを理解しており，欠けている知識を補うために積極的な努力をする。教育には終わりがなく，継続的な学習が必要であることを認識している。
- 他者と健全な関係を形成する対人関係技能をもち，それを援助の関係にも活用できる。
- 援助する相手を純粋に思いやり，相手にとって最も望ましい援助を提供できる。クライエントにとって望ましい援助をするために，クライエントが示すさまざまな考え方，感じ方，行動に対処できる。また，クライエントの求めに応じて，適切な援助を適切なタイミングで提供できる。
- 変化することは容易ではないということをよく理解しており，クライエントが変化に向けて苦しんでいる時にその過程に寄り添うことができる。クライエントの気持ちを共感的に理解できる。つまり，自分の見方を押しつけることはせず，クライエントの視点で現実を見ることができる。そして，必要な時に必要な支援を提供する。クライエントの潜在的な可能性を考慮し，クライエントが現実に直面することが必要と判断されたならば，その時にはクライエントとしっかりと向き合う。
- クライエントは，しばしば将来を悲観的に考え，自己の可能性を限定されたものとして思い描くということを理解している。そして，少しでも将来に夢をもつようにクライエントを勇気づけ，その夢を実現するような動きを始めるように援助することができる。そこで重要となるのが，クライエントの可能性を見出し，それを信じることである。自らの将来に絶望しているクライエントは，彼らの可能性を信じる援助者によって勇気づけられ，少しずつ希望をもてるようになる。クライエントは，援助者に助けられ，次第に自らの将来に可能性を見出すようになっていく。
- クライエントが自らの目標に向けての動きを開始できるように，多くの資源を引き出し，環境を整えるようにする。クライエントの変化に向けてさまざまな方策を柔軟に適用できる。個々のクライエントに特有な状況に合わせ，適切な介入法を用いるようにする。
- 自らとは異なる民族的，文化的背景をもつクライエントに対して尊敬の念をもち，それぞれの文化を尊重する。ひとつの狭い型にはめようとはしない。

- 自らが何らかの問題に直面し，苦悩を抱えていたとしても，そのことで他者への援助が妨げられることはない。自らの個人的問題をくどくどと話すことで，クライエントに重荷を感じさせるようなことはしない。ただし，必要に応じて，クライエントがさらに深く自己自身を探っていく際の助けとして，自らの経験を語ることはある。
- 身体的，精神的，心理的，社会的，宗教的な意味において自分自身を大切にできる。クライエントに勧めることは，自分自身でも実行する。何らかの問題に直面したとしても，その問題に対処することができる。
- 自らの生き方を見直し，自己の信念や価値観を批判的に吟味することができる。自らの欲求や動機を自覚しており，人生の目標に合致した自己選択ができる。他者の受け売りではない，自らの経験に根ざした人生哲学をもっている。
- 重要な他者との間で意味ある人間関係を形成できる。そして，そのような他者が少なくとも数名はいる。
- 健全な自己愛と自尊心をもっている。自己愛や自尊心といっても，自己を大切にするという意味であり，横柄な態度につながることはない。

　以上，一連の特徴を挙げました。しかし，これは，完成されたものではありません。また，ここに描かれた理想的な援助者像に完璧に合致する人など存在しません。そうであるならば，なぜ，上記のような項目を列記したのかといった疑問をもつ読者もいるでしょう。もちろん，理想的な援助者像を列挙して読者を圧倒しようとしたというわけではありません。

　ここでは，考慮に値するいくつかの特徴を読者の皆さんに提示することが目的でした。上記項目を参考とすることで，多くの項目の中で自分に欠けている特徴は何かということを見直すことができます。また，技能の点で未熟な援助者は，訓練を通して技能を身につけることができます。さらに，クライエントの人生や生活に関わることを通して，より効果的な援助活動を実践できるようになることも可能です。

自分自身の特性を評価し，査定する

　あなたは，援助専門職になるために，大学院の専門課程を受験した経験があることと思います。その際，それまでの学業成績，人間的成熟度，専門能力の発展可能性などの観点から評価を受けたことでしょう。また，大学院に入学した後にも，学生として評価を受けることになります。例えば，カウンセラー養成の大学院課程であれば，ある時点で学生の習得度を正式に査定する制度を備えています。

　このように皆さんは，援助専門職になる過程でその都度，評価を受けることに

なります。以下において，この評価について考えてみることにします。ここでは，資質に問題がある学生を見つけ出す手段として評価や査定についての議論をするつもりはありません。しかし，皆さんには，自分自身の特性を客観的に評価し，査定することに挑戦していただきたいと思います。なぜならば，あなたが援助専門職として活動するのにあたって，あなたの人間的特性が活動のあり方を大きく左右することになるからです。

　皆さんは，"自分は援助援助職に向いているのか"という疑問をもつことがあると思います。この疑問に答えるためには，自分自身を正直に見直すことが必要となります。そこで，皆さんには，自己を見直すための鏡として本書を利用していただきたいと思います。以下に，特質，性格，態度，価値観，信念に関する項目を挙げます。これは，ある大学院の援助専門職養成課程が入学志願者の人間性の発達度を査定するために用いている項目です。おそらく皆さんは，大学院に入学する段階にあるか，あるいはすでに大学院の教育訓練課程に属し，そこで人間的特性に基づいて評価を受けている段階にあると思います。以下に挙げた項目に示された特性を基準として自分を見直してみて下さい。具体的に，どれほど自分のことがわかっているのか，また現時点において，どの程度適切に対人関係が機能しているのかを客観的に評価してみて下さい。

- **感受性**：他者や他者の幸せに関して，どの程度関心がありますか。
- **人間性**：対人関係において，どの程度相手を尊敬し，ありのままの姿で付き合えますか。
- **共感能力**：他者の求めに対して配慮と理解をもって応えることが，どの程度できますか。
- **柔軟性と許容力**：他者からの意見を素直に受け止めて，自分の態度や行動を変えることが，どの程度できますか。
- **統合性**：人間関係において自分と相手の双方を互いに尊重することが，どの程度できますか。
- **模倣能力**：適応的な行動や問題対処の仕方を観察し，模倣して取り入れることが，どの程度上手にできますか。
- **洞察力**：専門的資源と個人的経験に基づいて適切な情報を認識し，それを理解し，抽象化し，一般化する能力をどの程度備えていますか。

　援助専門職養成の大学院課程の多くは，自己探求のための体験学習を訓練プログラムの一部として組み込んでいます。学生は，そのようなプログラムを通して，自己の人間的特性が対人関係においてどのように現れるのかを身をもって気づ

ていきます。また，実習やインターンシップにおける研修会などで，自らの人間関係のあり方を見直す機会を得ることができます。人間関係のあり方は，クライエントと援助的関係を形成する際に影響を及ぼすものであるので，実習や研修会では，特に焦点を当てて見直されることになります。

もし，あなたの属する訓練課程において人間的成長のためのプログラムが用意されていなければ，大学以外の場でそのような機会を求めることを勧めます。なぜなら，"人間としてのあなた"と"援助専門職としての活動"は，相互に関わり合っているものであり，両者の関係はとても重要であるからです。本書の大部分は，この人間的特性と専門的援助活動がどのように関わり合っているのかをテーマとしています。

援助専門職になるということは，一筋縄ではいかない難しい職業選択をするということです。そのような職業選択に備えるための最善の策は，自分自身の人間存在としての豊かさをしっかりと吟味すること，そして，自分自身の人生経験を援助専門職として成長発展していくために活用できるようになることです。それが，本書の大前提となっています。

6 専門課程の選択と職業の決定

援助専門職に就くことを考えている学生は，時として援助の仕事を理想化するという罠にはまります。そのような学生は，援助活動の肯定的側面だけを取り上げ，頭の中で自分が人々を助けている輝かしいイメージを膨らませます。相談に来る人たち全員を実際に助けることができると考えます。また，カウンセリングを求めない人にまでも援助の押しつけをしようとすることもあります。

確かに，理想や目標を追い求めることは，人々に変化をもたらす援助専門職には必要なことかもしれません。しかし，援助専門職について非現実的な姿を思い描いてしまうことも，しばしば起こります。バランスの取れた見方を維持するためには，現実吟味をする必要があります。自分の見方の現実性を吟味するためには，臨床現場で援助者として働くさまざまな職種の人々と話すことが役立ちます。例えば，いつも1週間をどのように過ごしているのかについて尋ねてみるのもよいでしょう。職業として援助専門職を選び，それを続けている動機についても尋ねてみましょう。特に仕事から得られる報酬，その人の課題や要請されている事柄について詳しく訊くこともしてみましょう。

実習を始めると，自らの内で抱いていたアイデアや期待を仕事の場という現実

世界で試すことになります。それは，援助専門職を自らの職業と考える動機や欲求を見直すよい機会となります。さまざまな臨床現場で実際の活動を観察し，さまざまなクライエントと接することによって，あなたは多くのことに気づくでしょう。少なくとも，援助専門職になることに関するあなたの欲求が，実際の仕事に就いた場合，どの程度満たされるかということが見えてくるでしょう。

　読者の皆さんの中には，現在の時点で援助専門職になることを最終的に決定していない人もいるでしょう。例えば，あなたが短期大学の人間関係学のコースに在籍しているとするなら，卒業と同時に援助職に就くことが最善の選択か否かについて迷うかもしれません。人間関係の仕事といっても幅広く，職業訓練，社会福祉関係，精神保健関係，保護観察官など，さまざまな職種が存在します。薬物依存など特殊な問題を扱う訓練を受けて資格を取得した人は，薬物中毒やアルコール問題を扱う場所に就職するかもしれません。一般に言えることですが，教育レベルが高いほど，仕事についての選択肢も増えてきます。しかし，とりあえず短期大学卒業後，経験を積むために仕事に就きたいと考えることもあるでしょう。そのような場合，ある程度経験を積んでから，学士号や修士号を取得する必要性を感じるようになることもあります。

　大学生であれ大学院生であれ，どのような課程に進むかを選択する際にはある程度の不安を経験するものです。この点に関して，学生の皆さんには，消極的にならないでほしいと思います。自らの関心を大切にして，積極的な探索をすることをお勧めします。こうしなければならないといった完璧な指針や絶対的な選択というものはありません。いくつもの大学や大学院から専門課程に関する案内書を集め，教授や学生に相談してみましょう。また，すでに援助専門職として仕事をしている人たちから直接話を聞いてみましょう。それによって，視野を広げることができます。その際，その人たちに，その仕事をするために必要な特定の教育経験や実践経験についても尋ねてみましょう。実際に進学課程を選択する段階では，次のようなことを自分に問いかけてみましょう。「その教育訓練課程は，自分がやりたい仕事に必要なものを与えてくれるのだろうか。その課程が目指している内容は，自分の価値観に合致しているだろうか。自分は，その課程に入学してうまくやっていけるだろうか」。

　もし，あなたが大学の選択科目で援助職に関する初級クラスを取っており，援助の領域には関心があるが，実際に援助職の仕事を選択するかどうか迷っているとしたら，どのようにするのがよいでしょうか。そのような場合は，続けて関連する授業や実習を含んだクラスを履修することで，さらに興味が湧くかどうかを

探ることができます。なお,援助職の領域にさほど関心があるわけでもないのに,とりあえず授業を取り続けているといった学生もいます。そのような学生は,途中で止めることを挫折と考え,進路変更をためらっているのです。また,援助職の領域から他の領域に進路変更することを考えながらも,そうすると卒業のために必要な科目が増えてしまうので,進路変更を躊躇している学生もいます。こうした学生たちは,長期的にみて進路選択に失敗してしまうことが多いのです。なぜなら,自分が真にやりたいことを追求していないからです。

　もし,あなたが,実際には興味がもてない課程に身を置いていると気づいたなら,そこから出ることを考えた方がよいでしょう。ただし,あなたが興味をもてないのは何であるのかを検討しておくことは重要です。つまり,あなたが興味をもてないのは,特定の授業や必須科目であるのか,それとも所属する課程全体なのかを見極めることが大切です。私の指導している大学院生のひとりは,「自分は援助専門職に関心があるのに,それとは関連のない授業を受けさせられている」と不満を言っていました。彼女は,研究法の授業や研究費申請書の書き方の授業が必須科目になっている理由が理解できなかったのです。しかし,彼女が実際の仕事に就くのに際しては,そのような授業を履修したことが大いに役立ったのです。結局彼女は,課程在学中には,そのような授業の価値が見出せませんでしたが,後になってその存在意義を知ることになったのです。

援助専門職になるためのコース選択

「自分にとって,どのような専門分野を専攻するのが最もよいのでしょうか」と,学生に尋ねられることがしばしばあります。ヒューマンサービスの領域における援助専門職にはさまざまな分野があるので,学生は,どのコースを専攻するのかを決定することになります。「自分は,どのような職種を目指すべきか。臨床心理士か,ソーシャルワーカーか,精神医療技術者か,夫婦・家族療法家か,あるいはカウンセラーか」といった判断を迫られることになります。これらの職種では,援助において焦点を当てる活動は,それぞれ異なっています。しかし,いずれも他者と協働するという点では共通しています。

　私たちは,学生に「自分の専攻分野を決定するにあたっては,さまざまな選択肢についてじっくりと検討することが必要です。いくつかの専門分野に関する文献を読み,それぞれの可能性を考えた上で専攻分野の選択をしましょう」と伝えます。専攻分野の選択に際しては,"何をしたいのか""時間的に,専門課程の学業にどのくらい打ち込めるか""どこに住みたいか""他にどのようなことに関心があるのか"といった事柄が主要な決定要因として関わってきます。"専門職と

して完璧な職業"などといったものはありません。それぞれの職業には、それぞれ長所と短所があることを理解しておく必要があります。

　大学の学部レベルの課程では、公共機関においてヒューマンサービスの仕事に携わる人々の教育をしています。例えば、薬物依存やアルコール中毒に関わる公共機関の活動従事者の教育訓練は、学部の課程で行われます。こうした人々は、一般的に有資格の臨床心理士やソーシャルワーカーなどの指導の下で、特定の役割や機能を果たします。

　大学院修士レベルについては、ほぼ4種類の教育訓練課程があります。学生は、その中から自己に適した進路を選択することになります。それは、カウンセリング、リハビリテーション・カウンセリング、夫婦・家族療法、ソーシャルワーカーになるための4つの課程です。

　大学院博士レベルでは、一般的に認可された4種の教育訓練課程があります。それは、臨床心理学、カウンセリング心理学、臨床社会福祉学、カウンセラー教育学の4種の専攻課程です。各専攻は、それぞれ独自の専門的展望をもち、援助専門職として異なる役割と機能に焦点を当てた教育訓練プログラムを提供しています。(訳注：日本の場合については、「監訳者あとがき」を参照のこと。)

　どのような種類の援助専門職であっても、その専門分野の中にはさまざまな仕事があります。したがって、あなたがどのような専門分野を選択するにしても、その中でさまざまな職種に就くことも可能です。例えば、あなたが臨床社会福祉学の専門課程を専攻したとするならば、その結果として多様な仕事を経験することになるでしょう。卒後すぐの段階では、直接クライエントに対応する活動に従事することになります。具体的には、ケースの査定、カウンセリングなどと共に、コミュニティに働きかける活動もします。その後、活動指針を作成する仕事、クライエントを擁護する仕事、新企画の経費申請書を作成する仕事などを担当することが期待されるようになります。また、直接クライエントと関わる仕事だけでなく、実習生のスーパービジョンをする仕事、コンサルタントとしての仕事、プログラムの企画運営の仕事など、間接的なサービスに従事することもあります。

　当初は、カウンセリングやケースワークといった直接的サービスから始め、経験を経るに従って仕事の種類が広がっていきます。そして、ある時点で組織や企画の運営の仕事といった間接的サービスにも積極的に関わっていきたいと思うようになるかもしれません。このような点を考えるならば、皆さんの目の前には大きな可能性が広がっているといえます。したがって、皆さんは、ぜひ自分自身の将来を狭く閉じたものとみなさないようにして下さい。一度、仕事を選択したな

らば，永遠にそのままでいなければならないといった思い込みに囚われてしまわないようにしましょう。"正しい決断"を下そうとして過度に不安になっている学生に，しばしば出会います。そのような学生は，まるで，ただひとつの仕事しか自分には許されていないと思い込んでいるようです。しかし，実際はそうではありません。援助専門職のような職業は，経験を積むに従ってその範囲が発展していくものです。したがって，皆さんには，仕事の内容は年齢と共に発展変化するものと考えてほしいのです。新しい種類の仕事を任された時には，新しい可能性が広がりつつあると考えるようにして下さい。

各専門分野の利点と弱点

専門分野の選択に関して学生から質問を受けた時に，どのように答えるのかという点に関して，同僚の意見を聞き，その要点を以下に整理してみました。ここでは，米国において学部を卒業した後，修士課程に進学した際に専攻する分野として臨床心理学／カウンセリング心理学，夫婦・家族療法，ソーシャルワークを挙げ，それらの比較を行います。まず臨床心理学／カウンセリング心理学の概略を簡単に説明し，次に夫婦・家族療法とソーシャルワークの両者を比較的詳しく解説します。

臨床心理学とカウンセリング心理学の分野　臨床心理学とカウンセリング心理学は，厳密には異なる分野です。しかし，職業的機能に関しては，両者を区別する厳格な境界線はありません。そこで，援助専門職としての職業選択という観点からは，両者をまとめて説明するほうがわかりやすいといえます。

皆さんは，修士課程を修了し，さらに資格を取得することで，自らを夫婦・家族療法士，ソーシャルワーカー，カウンセラーと称することができます。しかし，自らを"心理士"と呼ぶことはできません。臨床心理学とカウンセリング心理学はいずれも，資格を取得するためには，博士の学位を必要とします。臨床心理士は，中度から重度の心理的混乱を示す人々の査定，診断，介入を担当します。また，クライエントに面接し，事例研究を行います。カウンセリング心理士は，比較的健康度の高い人が発達的問題の解決することや，より効果的に機能できるようになることの援助を担当します。また，クライエントが個人的事柄に関する選択，教育に関する選択，職業に関する選択をする際に，必要な情報を収集し，活用するのを手助けし，適切な判断ができるように援助します。

臨床心理士とカウンセリング心理士をまとめて専門職心理士（professional psychologist）と呼ぶことがあります。多くの専門職心理士，つまり臨床心理士とカウンセリング心理士は，個人，カップル，家族，グループを対象として心理療法を行うと共に，心理学の教育と研究も併せて行います。また，専門職心理士

は，介入および実践プログラムの効果研究を重視し，その研究成果に基づいてクライエントが変化に向けての行動計画を発展させるのを援助します。

夫婦・家族療法の分野　夫婦・家族療法の専門性は，主に人間関係のあり方に介入することに関連しています。家族システムの観点からクライエントをアセスメントし，介入します。夫婦・家族療法の修士課程に所属する学生は，理論の授業に加えて，アセスメントと介入に関するさまざまな授業を履修します。さらに，スーパービジョンを受けながら，子ども，成人一般，夫婦・家族といった幅広いクライエント層を対象にした実習を行います。私たちが指導する教育訓練課程では，資格をもつ複数の家族療法士の協力を得て家族カウンセリングの訓練プログラムを運営しています。そのような家族療法士に，専門職になるための留意点を尋ねてみました。以下，そこで得られた情報を整理して示します。

- 資格を取得することで，さまざまな可能性が開かれる。しかし，どのような資格を取得するかよりも，その人がそれまでに何を学んできたかのほうが重要である。つまり，大学院課程と現場研修において何を学び，そして人生経験として何を学んできたのかが，何にも増して重要となる。夫婦・家族療法の専門課程では，通常，理論を臨床に適用すること，そしてできる限り多くの臨床経験を積むことの重要性を強調する。
- 夫婦・家族療法は，提唱されてまだ日の浅い，発展しつつある分野である。開拓者精神をもち，夫婦・家族療法の新たな地平を切り開くといった気概をもっている人物であれば，この分野に進むのに相応しい。革新的，自立的であって，自分のことを理解ができており，システムズ・アプローチの考え方に基本的に賛同している人が，この分野で成功を収めている。
- これまでは，伝統的に精神医学の分野，そしてソーシャルワークの分野に属する者だけが，高齢者問題，ターミナルケア，愛する者を喪失した人の援助などの活動に従事してきた。しかし，状況は変化しつつあり，家族療法士もそのような活動に関与する機会が増加している。学生は，自らの関心に従って，専攻分野を選択することが何よりも重要である。伝統的な枠組みにとらわれずに，関心のある分野に進むことを勧める。
- 夫婦・家族療法の問題点は，あらゆる地域をカバーする国家資格がないことである。地域によっては，この分野の資格がないところもある。加えて，夫婦・家族療法の資格は，他の資格ほど権威がないとみなされることがある。
- 夫婦・家族療法をしていると，20年も前に援助した子どもや青年が家族と共に訪ねてくることがある。そのような再会ができることが，この分野で仕事をしていて得られる最大の喜びである。そのような時には，何かに貢献してきたというこ

とを実感できる。それは，感無量の体験である。家族生活とは，人類の文明発展の証でもある。家族の成長に貢献できたと感じることは，家族という文明を生きている自分の居場所を実感することでもある。

ソーシャルワークの分野　社会福祉は，人間の内面の動きだけに注目するのではなく，環境との関連で人間を理解しようとします。ソーシャルワークの修士課程（MSW）では，ケースワーク，カウンセリング，コミュニティへの介入，社会政策と計画，研究と開発，経営と管理といった幅広い領域に対応できるように教育を行います。通常，カウンセリングでは個人を対象とするのに対して，ソーシャルワークでは個人を超えたレベルでの社会的変化を引き起こす技術の習得に焦点が当てられます。

ソーシャルワークの活動では，個人，カップル，家族，集団の問題をアセスメントし，介入します。ソーシャルワーカーは，環境的要因が個人あるいは家族の問題に深く関与しているとみなします。大学院での授業に加えて，スーパービジョンを受けながらの2年間のインターンが専門職になるための条件となっています。ソーシャルワーカーとしてクライエントに直接関わるサービスに携わるにせよ，社会環境に働きかけることでクライエントに間接的に関わるサービスに携わるにせよ，ソーシャルワーカーとして働くためには，上記の条件が前提となります。このようなソーシャルワークの学習について，大学院課程にインストラクターとして関わっているソーシャルワーカーは，以下のような点を指摘しています。

- 自分が学んだソーシャルワークの専門課程の教育は，広範囲に及ぶものであった。そのため，個々の心理療法の技法について詳しく学ぶ時間がなかった。当時，自分はセラピストになりたかったので，学生としてこの点については不満が強かった。しかし，現在は，政策立案や研究の方法について学んでおいてよかったと思う。
- ソーシャルワークの修士課程修了後の職業選択の幅は，非常に広い。行政，政策の立案，政策の実施などの領域を含む，実に多様な選択肢に開かれている。
- ソーシャルワークには，さまざまな活動がある。そのため，ソーシャルワークの活動の範囲内であれば，職種を変更することは比較的容易にできる。その際，新たに訓練を受け直す必要はない。実践活動から研究活動，政策立案活動，教育活動への変更も可能である。
- 社員援助プログラム（EAP：Employee Assistance Programme）は，1990年代に新たなメンタルヘルスの活動として発展した。企業は，心理的に健康な社員を雇用するために投資することの意義を認識しつつある。したがって，この領域における仕事は増加すると考えられる。

- 仕事の種類が多いことが，ソーシャルワークの利点である。ソーシャルワーカーは，自らの技能を活用して，福祉機関，企業，コミュニティの組織，臨床実践といったさまざまな領域で働くことができる。
- 資格を有するソーシャルワーカー（LCSW）は，安定した仕事に就く機会が多い。現在，カウンセラーの仕事は減少傾向にあり，有資格のカウンセラーであっても職探しに苦労することがある。しかし，ソーシャルワーカーの資格をもっていれば職探しに困ることはない。ソーシャルワーカーの資格を有していることで就職の選択肢が広がる。子ども，家族，グループ，コミュニティ，経営など，さまざまな領域で援助専門職としての仕事に就くことができる。有資格のソーシャルワーカーは，全国レベルでしっかりと保護されており，歴史的伝統のある確立された専門職である。あなたが有資格のソーシャルワーカーであれば，ある機関から他の機関へ，またある地域から他の地域に移動することは，比較的容易にできる。

職業選択の際に考慮すべき要因

職業決定は，突然それだけで生じる出来事ではありません。さまざまな出来事が関連して生じてくる発展的な過程です。通常，人は，いくつも進路選択の段階を経て職業決定に至ります。現場の実践家や大学の教員から情報を得ることは，進路選択の過程で自らが目指す専門職の方向性を定める上で助けになります。しかし，職業決定をする際には，他者の意見にばかり頼っていてはいけません。

また，現代という時代においては，ある領域に特化した職種に専門を限定するよりも，幅広い範囲の領域に対応できる職業を選択することが賢明といえるでしょう。さまざまな問題に対応して多角的な介入ができれるならば，それだけ就職の機会が増加するといえます。すでに特定領域の専門職になっている場合であっても，市場の原理に従って変化する要請に対応できる柔軟性が必要とされます。

自身の能力を活かして充実した職業生活を送るためには，どのような進路を選択すればよいのかという判断は，最終的には，あなた自身が行わなければなりません。その際，職業についての意思決定過程に関わる，以下の要因を考慮するようにして下さい。それは，自己概念，興味，能力，価値観，職業的態度，社会経済的地位，両親の影響，人種的自覚，性別，身体的・精神的・情動的・社会的ハンディキャップなどです。ここでは，そのうち5つの要因，すなわち自己概念，達成動機，興味，能力，価値観について詳しく検討します。将来の専門分野としていくつかの選択肢を考慮している場合には，これらの要因についてぜひ検討してみて下さい。

自己概念　ある職業発達の研究者は，職業の選択は自己概念を実現することで

あると述べています。例えば，貧弱な自己概念の人は，意義のある重要な職業に就いている自分を想像することはないでしょう。そのような人は，高い志を抱くことはありません。その結果，達成度は低くなります。むしろ興味をもてず，喜びも感じられないような仕事を選び，それを続けます。なぜならば，自己概念が貧弱なため，自分にできる仕事はせいぜいこれくらいだと思い込んでいるからです。

したがって，職業選択は，その人が自分自身をどのように見ているのかを公に表明することであるといえます。CaseyとVanceburg（1985）は，人が自己をどのように見るかは，他者がその人をどのように感じ，扱うかと深く関連していることを，次のように表現しています。「自己知覚は，私たちが自分自身をどのように表現するかを決定します。私たちは，自らが示す態度によって他者の称賛，関心，さらには批判をも引き出すことになります。したがって，他者が私たちに対して抱く見方は，私たちが自己をどのように評価しているかを正確に反映しています。つまり，他者の見方というのは，私たちが自分についてはっきりと，あるいは微妙なニュアンスとして相手に伝達していることをそのまま反映したものなのです」。

　達成動機　目標を設定することは，職業決定のプロセスの中核を成す部分です。もし，あなたが目標はもっていたとしても，それを追い求めるエネルギーや持続性をもち合わせていなければ，目標は具現化されないでしょう。それまで成し遂げてきた事柄に沿って，さらに目標を達成していきたいと望むことが，重要な役割を果たします。そのような目標達成の欲求をもつことによって，あなたの動機を行動計画として具体化する動きが生じてきます。

したがって，職業選択をするにあたっては，あなたのエネルギーが最も強く引き出される領域を見出すことが肝心です。これまで何かを成し遂げたということがあれば，それをもう一度見直してみるのもよいでしょう。これまでにしてきたことで，何か誇れることがあれば，それについて考えてみましょう。現在，あなたがしていることで，今後に向けて発展性のあるものは何かありませんか。それは，自分自身にとって重要なことなのでがんばってみようという，気持ちの動きが出てくるものでしょうか。将来やってみたいと夢見ていることはありませんか。目標，欲求，達成動機などについて考えてみることは，職業選択の方向性を明確化し，焦点化していくために有効な方法です。

　関心　関心のあり方を探ることは，進路の計画を立てる上で広く用いられている方法です。どのような職業領域に関心があるのかがはっきりしてきたならば，次にその関心に当てはまる職種を見つけていくことができます。そして，自分の

能力に見合った仕事は何かということに焦点を絞っていきます。

公共機関でボランティアとして働くことは，自分の関心と能力を試すのに最も適した方法です。職業センターに行って情報を得ることや適性検査や職業カウンセリングを受けることなども役立つでしょう。確かに，どのような関心をもっているかということは，職業選択にあたっては大切な事柄です。しかし，それと同時に，あなた自身が，その仕事で成果をあげるために必要な能力をもち合わせているのかどうかという点も，併せて考慮しなければなりません。

能力　能力や適性は，職業の意思決定プロセスにおいて最も重要な意味をもつ要因です。能力とはある活動を遂行する力であり，適性とは学習のための能力を意味します。あなたが援助専門職になるために大学院課程に入学する必要があるならば，そこでは能力が重要となります。能力に関しては，これまで自分が関わってきた活動で成功したと思われるものについて考えてみるとよいでしょう。また，これまでの活動経験の中で，やってみてよかったと思えたのは，どのような種類の活動であったのか思い出してみるのもよいでしょう。さらに，自分の適性を具体的に把握するためには，学業における得意な分野と不得意な分野を見直してみるのがよいでしょう。あなたは，学業に対してどのくらい積極的でしょうか。概念を理解する速度はどれくらいですか。どの程度，知識を活用できるでしょうか。どの程度の学位まで学業を続けるつもりでしょうか。修士課程までのつもりですか。あるいは博士課程まで進むつもりですか。

価値観　自分自身の関心や能力が，選択しようとしている職業にどの程度合致しているのかについて検討を終えたなら，次は，あなたにとって，その職業がどのような価値のあるものか探ってみましょう。選択しようとしている職業があなたの価値観に合致するものかどうかを調べるために，まず自分自身が何に価値を置いているのかを探り，確認し，それを明確化していくことが必要となります。

職業についての価値観は，あなたが職業生活において何を達成したいと思っているかに関連しています。この職業的価値観は，あなたのもつ価値観全体の中でも重要な位置を占めています。特にあなたが，人間としての価値を職業生活に置くということであれば，職業は人生の意義と深く関わってきます。つまり，職業選択は生きる意味とも関わってくるので，自らの職業的価値観を知ることは，非常に重要なのです。

そこで，皆さんが自分自身の職業的価値観を探るための参考資料として，職業的価値観の例をいくつか挙げてみます。以下に示す例の中で，あなたはどのような事柄に価値を置くのでしょうか。確認してみて下さい。例えば，他者を援助す

ること，人に影響を与えること，意味を見出すこと，名声，地位，勝負，友情，創造性，安定性，何かを知ること，冒険，肉体的挑戦，変化と多様性，旅行の機会，道徳性，自主独立などです。

　ある職業的価値観は，ある特定の職業と関連しています。したがって，自分自身の職業的価値観を確認することは，自らに適した仕事を選択することにつながります。以下に，職業的価値観に関する自己査定の項目を示します。職業に関する，あなた自身の価値観を明確化する手段として活用して下さい。

　職業生活を送るにあたって，あなたは，以下の項目として示す内容にどれほどの価値を置くでしょうか。それぞれの項目ごとに，その重要度を決定し，当てはまる番号を選択して下さい。4＝最も重要である，3＝重要だが最優先ではない，2＝まあ重要である，1＝まったく重要ではない。

＿＿1．高収入：高給や金銭的収益を獲得する機会を得ること。
＿＿2．権力：他者に影響を与え，指導し，管理する機会を得ること。
＿＿3．名誉：他者からの尊敬や称賛を獲得する機会を得ること。
＿＿4．仕事の安定：失業や経済的変化に左右されない安定性を得ること。
＿＿5．多様性：仕事としてさまざまな事柄を経験する機会を得ること。
＿＿6．達成感：自己の目標を達成する機会を得ること。
＿＿7．責任：責任をもって自己と他者を引き受ける機会を得ること。つまり，信頼に値することを示す機会を得ること。
＿＿8．独立性：厳しく時間を管理された職業生活とは異なる，自由で独立した職業環境を得ること。
＿＿9．家庭生活：仕事だけでなく，家族ともいられる時間を得ること。
＿＿10．関心：自己の関心のある領域に合致した仕事をすること。
＿＿11．人々への奉仕：他者の人生に変化を与える活動に従事する機会を得ること。つまり，他者の自己救済を援助すること。
＿＿12．冒険：刺激的な職業生活を送ること。
＿＿13．創造性：新たな発想を得て創造的な活動をする機会を得ること。
＿＿14．内的調和：仕事を通して心の平安と充実感を得ること。
＿＿15．チームワーク：共通の目標に向けて他者と協働する機会を得ること。
＿＿16．知的挑戦：創造的思考によって高度な問題解決に挑戦する機会を得ること。
＿＿17．競争：他者よりも優れていたいという欲求を満たすこと。
＿＿18．昇進：昇進の機会を得ること。
＿＿19．継続した学習：新しい知識を学習する機会を得ること。

____20. 習慣化された仕事の構造：日々，パターンとして決まりきった仕事に従事すること。

　自己査定の結果，上記項目の中で得点が高かった上位3つの価値観を確認してみて下さい。それらは，あなたが就きたいと思っている仕事において必須の事柄となるものです。このような質問項目に答えることを通して，あなたは，何を学ぶことができるのでしょうか。また，上記質問項目以外に，あなたが価値を置いている事柄はあるでしょうか。このようなことをさらに明確化していくために，次のような事柄について自問してみて下さい。

- 私は，さまざまな立場の人々と協力して働くことを好むだろうか。
- 私は，自分が問題に直面した時に，他者に助けを求めることができるだろうか。
- 私は，自分が他者に求めることを，自分自身の生活においても実行することに価値を置いているだろうか。（自分の生活において価値を置いていないことを他者に実行するように求めていないだろうか。）
- 私は，どのような気持ちで，問題を抱えている人に助けを申し出るのだろうか。
- 私は，企画を実行するために組織作りをしたり，人々をまとめたり，リーダーとなって人々を指導したりすることに関心があるだろうか。
- 私は，自分自身で活動を企画し，それを実現するために働くことに価値を置くタイプだろうか，あるいは，他者が企画した活動に参加し，他者の指導の下で働くことに価値を置くタイプだろうか。

　以上，援助専門職に関連した進路選択をする際に考慮すべき事柄について見てきました。職業選択にあたっては，その人の価値観と関心が互いに深く関連し合ってきます。したがって，自らの価値観と関心を知ることは，最も満足できる領域の仕事を見出すのに役立つことになります。

7　復習のために

　各章の終わりに，その章のポイントとなる事柄を一覧として示します。それらの要点は，私たちが本書で伝えたいメッセージをまとめたものです。各章を読み終えたなら，時間をとり，あなたにとって最も意味のある中心的問題とそのポイントを書き出すことをお勧めします。

☐ 援助専門職は，誰にも適しているといった職業ではない。本当に自分に相応しいのかどうかという問いを自己自身に投げかけ続けてほしい。

- ❏ 何らかの援助専門職に就くことを目指しているならば，簡単に諦めないでほしい。学習の過程で自己の能力や適性に自信を失うこと，あるいは挫折を経験することを覚悟して臨んでほしい。
- ❏ "理想的な援助者像"なるものは，実際には存在しない。しかし，有効な援助活動は，援助専門職として相応しい多くの行動や態度を身につけることによって可能となる。したがって，理想的なあり方に到達できないとしても，援助専門職としての自己自身のあり方を常に問い直していく姿勢によって，理想的なあり方に近づくことは可能である。
- ❏ 援助専門職になろうとする動機を探ることは，大切である。援助専門職は，仕事をすることを通して自らの欲求を満たしていく。クライエントと援助者の双方が援助的関係から満足を得ることは可能である。
- ❏ 他者から必要とされる者でありたい，名誉や地位を得たい，自分の独自性を確認したいといった欲求などが援助専門職に就くための動機となる。そのような欲求は，有効な援助活動ができる専門職になるために役立つ場合もあれば，その逆に作用し，援助専門職としての活動を阻害する要因になる場合もある。
- ❏ 大学院の教育訓練課程を選択する際には，自らの関心に従って判断することが重要となる。事前に，関連するボランティアを経験したり，授業を取ってみたりして，その内容を確認しておくことが望ましい。
- ❏ 職業を選択する際には，自己概念，関心，能力，価値観，職業への態度，社会経済的地位，両親からの影響，民族アイデンティティ，性別，身体的／精神的／情動的／社会的ハンディキャップ等の要素を考慮することが重要となる。
- ❏ 現場の専門職や大学の教員から，メンタルヘルスの仕事に関する情報を積極的に収集しておくことが望ましい。どのような職業が自分に適しているのかを最終的に決めるのは自分自身であるということを自覚しておいてほしい。
- ❏ 職業選択を，ある一時期に直面するだけの一過性の課題と考えないでほしい。その後の人生の過程において，さまざま職種を経験する可能性があり，その点で職業選択は一生涯続く課題であると考えておくことが望ましい。
- ❏ 職業生活の初期には，さまざまな困難に直面するものである。その時期を乗り切らなければならないことを自覚してほしい。したがって，援助専門職としての仕事をスタートさせる段階では，忍耐強く，そして無理をしないことを心がけてほしい。完璧な人や完璧な援助者であろうとする必要はない。

8 これからすること

　各章の終わりに，私たちは読者が実際に行動を起こすことができるように具体的な提案をします。それらは，その章での重要ポイントを実現させるための行動を示すものです。その章を一読したならば，そこから何らかの行動計画を導き出すことをしてほしいと思います。もし，あなたが各章から導き出した行動をひとつでも実行することができれば，ただ読んだだけではなく，読んだことを反映する過程を実際に踏み出すことになるのです。

1. もし，あなたが大学生で，大学院の専門課程への入学を考えているならば，できる限り複数の大学院を選択し，その大学を訪問し，教員や学生と話すことをお勧めします。もし，あなたが大学院の専門課程に在籍しているとしたら，援助専門職が勤務する公共機関のいくつかと連絡を取るか，また学会などに参加して今後どのような仕事の可能性があるかについて調べてみましょう。もし，あなたが専門の資格を取ることに関心があるならば，早い時期に受験資格やその他の条件に関連する情報を収集するために適切な機関に連絡を取ることをお勧めします。

2. 援助専門職として仕事をしている人に，援助専門職を選択した動機，そして援助専門職を続けている動機を聞いてみましょう。その人は，クライエントを助けることから何を得ているのかを知ることも大切です。

3. あなたが将来就きたいと思う職種で仕事をしているメンタルヘルスの専門職に会って話してみましょう。面談の前に，関心をもっている事柄について調べ，質問項目を作っておきましょう。面談をして出てきた大切なポイントを書き出し，その結果をクラスで発表などして，仲間と分かち合いましょう。

4. 大学の就職課や職業適性を査定する機関に行くと，コンピュータを用いた職業適性検査などをしてくれるサービスがあるものです。そうしたサービスを用いて，職種を特定していくとよいでしょう。こうしたプログラムは，自分に適した特別な職業を見分けるのに役立ちます。

5. 自分のための活動課題，あるいはプロジェクトを考案しましょう。実際に自分で行動を起こすための道筋を見つけるのです。読み終わった各章から，自分自身に適用できる道筋を考えてみましょう。今，実際に行うことのできる活動を決め，それを積極的にやってみましょう。例えば，この章を読んだ後には，

自分が援助専門職を考えるに至った欲求や動機について考えましょう。援助専門職になることを決めたきっかけとなるような，人生の重要な転機について思いを巡らせてみましょう。

6. 私たちは，あなたがこの本を読むことと並行して，ノートをつけることを強く勧めます。自由な記述スタイルで結構ですから，ノートをつけてみましょう。正直に，そして自分のことをよく知るために，各章で示される問題に対する自分の考えを明らかにするために，援助専門職として働くことに対する自分の考えや気持ちを探るために，ノートをつけることは役立ちます。各章の終わりに，ノートをつける際に参考になるトピックが提示してあります。この章では，以下の事柄を考えてみましょう。

- 援助専門職になりたいという主な動機を書いて下さい。仕事を通してどのように自分の欲求を満足させることができるでしょうか。
- 援助専門職とは，どのような人のことを意味するのでしょうか。あなたが，そのような援助専門職としてのあり方を形作るのに影響を受けた要因は何かについて書いてみましょう。この仕事を選ぶのにあたって，あなたのモデルとなったのは誰でしょうか。あなたがこれまでに援助を受ける側になった経験があるなら，それはどんなものだったでしょうか。
- 理想的な援助者の特徴とはどのようなものかについて，しばらくの間考えてみましょう。援助専門職となった時に役立つ，あなた自身の長所はなんでしょうか。あなたが援助専門職として，将来行なおうとしている理想は，どれほど実現可能なものでしょうか。
- 教育訓練課程に関する進路選択に対しては，どのように考えていますか。あなたが職業を選ぶ際に考える必要となる要素を書いてみましょう。

7. 各章の最後に学習を深めるための参考文献を示します。それぞれの話題に関する入門的文献を以下に示しますので確認して下さい。引用文献および参考文献のリストに関しては巻末に示してあるので，参照して下さい。

援助専門職が直面する問題全般に関しては，Kottler (1993, 1997) が，援助専門職としてのアイデンティティの発達，倫理基準，援助過程で必要となる基本技能，カウンセリングの方法，援助専門職の教育訓練といったテーマに関しては，KatterとBrown (1996) が参考となります。援助技法と面接の基本技法については，HutchinsとCole Vaught (1997)，Doyle (1992) が概説しています。この2書は，援助過程で必要となる技法を学ぶ上でも参考になります。

第2章

教育訓練における学習を
より効果的にするために

> ### ▶▶▶ この章で考えてほしいポイント
>
> 1. あなたは，自分自身の学習スタイルを知っていますか。自分の学び方を変えようと思っていますか。もし，そうならば，どのように変えようと思っていますか。
>
> 2. 自分が学んでいる教育訓練課程を意味あるものにするためには，何をしたらよいでしょうか。大学や大学院の授業を最大限に活用するためには，どのようにしたらよいでしょうか。
>
> 3. 臨床現場での実習において多くのことを習得するためには，どのようにしたらよいでしょうか。
>
> 4. スーパービジョンにおいて，より多くのものを学ぶためには，どのようにしたらよいでしょうか。もし，あなたが，現在受けているスーパービジョンに満足できていないならば，どのような対策をとるのがよいでしょうか。
>
> 5. もし，あなたが大学院の授業と実習において満足できる成果をあげることができず，自分の能力に自信を失っているならば，それにどのように対処したらよいでしょうか。自信喪失を改善し，学習の機会を有効に活用できるようになるためには，どのようにしたらよいでしょうか。
>
> 6. もし，実習先の臨床現場になじめないとしたら，どのようにしたらよいでしょうか。なじめなくても，その臨床現場で実習を続けることによって，何か学ぶ事ができるでしょうか。
>
> 7. 指導教員やクラスメイトとの話し合いにおいて，できる限り多くのことを学ぶためには，どのような心構えが必要でしょうか。臨床現場での実習において経験する困難に，どのように対処し，どのように立ち向かったらよいでしょうか。
>
> 8. スーパーバイザーから，指導の一環として個人的にカウンセリングを受けることに関して，どのように考えますか。このような方法の長所と短所は，どのようなものでしょうか。

1 この章のねらい

　援助専門職の教育訓練課程においては，授業や実習に積極的な姿勢で臨めば臨むほど，多くのものを学習することができます。本章では，このような教育訓練に臨む学習態度をテーマとします。学生の中には，教員やスーパーバイザー，あるいは大学組織といった，自分以外のものに対して，受動的な態度で不平不満を並べたてる者がいます。しかし，どのような教育システムにも，何らかの問題はあるものです。したがって，そのような問題点を乗り越え，自らが受ける教育から最大の成果を得るにはどのようにしたらよいのかを考える方が，長い目で見れば得策といえます。不平不満を言っていても，事態は変わりません。そのようなことにこだわるのではなく，むしろ教育を通して自らを成長させることに責任をもって積極的に取り組むことが大切です。

　組織というものは，限界があるものです。したがって，あなたが教育訓練の組織に属しているならば，その限界に直面せざるをえません。そこで，そのような組織において，どれだけ創造的に学習を進めるかということが，挑戦すべき課題になります。つまり，限界がある中で，自らが目標としていたことを諦めずに，また自己の可能性を犠牲にすることなく学習に取り組むことが，あなたの課題になるわけです。

　ところが，学生だけでなく援助専門職に就いている者でも，「このような限界がなかったならば，自分たちはもっとよい仕事ができたのに」と不平を言っているのをよく耳にします。以下に，そのような不満として一般的に語られる事柄を挙げてみます。あなたも，それに類する不平不満を述べていないでしょうか。各項目を読みながら確認してみて下さい。

学生の不満：「もし…がなかったら，私は，もっといろいろなものを学ぶことができているだろうに」
- 面倒見の悪い，やる気のない教員
- 長時間の仕事やアルバイト（忙しくて，勉強する時間をもてない）
- 大学に通うことに非協力的な家族
- 勉強の妨げになる家事
- 創造性をだいなしにする教育システム
- 読み書きしなければならない膨大な論文（勉強する時間がもてない）

- やる気のないクラスメイト
- くだらない必修科目や成績争い
- 教授が求める過大な達成課題

援助専門職の不満：「もし…がなかったら，私は，もっと精力的によい仕事をしているだろうに」
- バーンアウトして疲れきってしまっている同僚（一生懸命仕事をしても報われないことを示し，やる気を消失させる雰囲気を蔓延させている）
- 冷酷な独裁者のような仕事場の上司
- 経済的原理によってコントロールされている医療システム
- 言うことを聞かないクライエント
- 公共事業の資金不足
- すべての事務仕事，官僚的な要求，そして職場の政治
- 多すぎる仕事の負担
- 仕事を終えて帰宅した私にいろいろと要求する家族
- 自分の支えにならないスーパーバイザー

　このような事柄に関しては，上記内容以外にも多くのものが考えられるでしょう。要するに，自分がよい仕事ができていないと感じた場合，その理由として自分以外の要因を探そうとすれば，いくらでもそのような理由をひねり出すことができるのです。しかし，"自分以外の何か"に焦点を当て続ける限り，あなたは他の誰か，あるいは他の何かが変わるまで，事態を改善することはできないでしょう。確かに，学業や仕事に意味を見出そうとするあなたの努力を妨害するものとして，そういった外部要因があることは認めます。しかし，あなたの挑戦すべきことは，自らの努力を妨害する外部要因を挙げつらうことではなく，そのような障害を避け，いかに自分の目標を達成するかということなのです。

　外在的な要求や限界がある中で，あなたは，それからどれだけ自由になれるでしょうか。自由を獲得するためには，自分ができないことに囚われていてはいけません。むしろ，責任をもって，自分ができることに取り組むことが求められます。そこで本章では，読者の皆さんが自己の課題に勇気をもって取り組むことができるように援助したいと思います。その場合，皆さんが取り組むことになる課題とは，適切な教育課程を選択すること，実習を意味あるものにすること，スーパービジョンを充実したものにすること，卒後研修を継続することです。

2 教育訓練を意味あるものにするために
―― 教育組織との付き合い方を学ぶ ――

　どのような組織であっても，その中で活動する際には，現実的に対処しなければならない問題というものが必ずあります。教育組織において現実に対処しなければならない問題は，成績，課題，科目，評価です。学生の立場からすれば，評価してほしくないと思うこともあるでしょう。また，成績評価が不公平だと感じることもあるでしょう。しかし，教育組織は，学生を評価し，成績をつける機関として厳然と存在しているのです。さらに言えば，教育課程を修了した時点で成績づけがなくなると考えるのも間違っています。専門職に就いたとしても，活動を見直し，それを評価する作業は，どの段階でもなされるものです。例えば，あなたのスーパーバイザーは，あなたを評価し，昇進や昇給させてよいかどうかを決定します。また，あなたがすでに援助専門職として活動しているならば，あなたはクライエントによって評価されることになります。あなたに対するクライエントの評価は，相談を継続するか中断するかによって示されているのです。

　大学内における学生としてのあり方と就職後の専門職としてのあり方はまったく別物であると考えている学生がいます。しかし，学生としての振舞いの特徴は，間違いなく職業人としての振舞いに持ち越されます。例えば，あなたは，きちんと時間どおりに授業に出席することができないとします。そのような場合，あなたは就職後も，仕事の約束をしても時間を守れないという習慣を持ち越すことになります。公共機関の中でそれなりの地位を得るためには，競争に勝ち残らなければならず，それ相当の努力が必要となります。専門職の世界も現実社会の一部を占めています。そして，現実社会は，市場原理に基づく競争社会としての側面が強いといえます。したがって，あなたが専門職の世界で身を立てていくことを望むならば，競争社会における身の処し方を学ばなければなりません。もし，あなたが，職場において期待されていなかったり，手を抜いているのにもかかわらず大目に見られていたりということがあるとするならば，それは大切にされているというわけではないのです。要するに，現実社会の中で相手にされていないというだけのことなのです。

　ヒューマンサービス関連の専門課程に所属する学生の中には，教員と親しくなれば課題を減らしてもらったり，よい成績を付けてもらえたりするのではないかと期待する者がいます。ヒューマンサービス関連の専門課程の指導に当たる教員

は，概して親しみやすく，学生のことを気にかけ，人間味のある接し方をすることが多いようです。しかし，そうした関係に対して，どこで一線を画したらよいのかがわからない学生がいます。そのような学生は，それなりに親しい間柄になることで，教員との境界線が取り除かれ，学生として負わなければならない責任も消えると誤って思い込んでしまうのです。したがって，教育方法として人間性尊重のアプローチをとる場合には，適切な評価基準とそこで期待される人間関係のあり方を示し，両者をバランスよく組み合わせることが求められます。そして，学業評価に関する基準を発展させることは，学生に現実社会に出て行く準備をさせることにつながります。学生は，専門課程における評価を経験することを通して，厳しい就職状況にある現実に対応する術を学ぶことができるのです。

このように専門課程における教育は，その後の職業生活におけるあり方につながっています。そこで，ヒューマンサービス関連の援助専門職に就いている人々に，現在携わっている仕事の準備という点で，大学や大学院での教育訓練課程がどのような意味をもっていたのかについて尋ねてみました。また，自らが所属した教育訓練課程をよりよいものにするために，学生としてどの程度のことができたのかについても，併せて尋ねてみました。以下に得られた回答の一部を示します。

- 私にとって大学での勉強は，その後に従事することになったカウンセリングと計画書作成の仕事の準備をするよい機会となりました。私は，所属するクラスの学生代表を務めており，教育課程についていろいろと意見を述べる権限が与えられていました。それが，仕事に就く準備をする，よい機会となりました。自分の意見が取り上げられ，自分の発言が役立ったと感じました。
- 組織を動かす行政関連の授業がもっと充実していればよかったと思います。自分には，教育課程の改善に向けて意見を述べ，組織変革に貢献する能力があったと思います。しかし，そのような機会が与えられませんでした。
- 私は，教育と訓練に関しては，実践的で応用の効くものに最も価値を置きます。学習したことを自分自身の問題と関連づけて考えるように指導する教員の授業は，印象に残っています。例えば，大学院の社会福祉の授業では，自らの家族を題材として授業が組み立てられていました。ただ単に家族に関する理論を学ぶだけではなく，学んだことを具体的な問題に適用するような指導がなされました。また，行動療法の授業では，毎週実際の事例が提示されました。心理社会的な問題に対する介入の経過が具体的に提示され，それを分析し議論する機会が与えられました。この他，自分たちの仕事について話し合うといった授業もあり，非常に有益でした。
- 大学院の教育訓練課程での学習は，私にとってひとつの挑戦でした。結果的に，

そこでの経験は，援助専門職に就くためのすばらしい基礎を与えてくれたと思います。私は，教育訓練課程のカリキュラムから多くのことを学びました。また，それを通して，自分自身と自分の能力に自信をもつことができました。
- 大学での教育課程は，自分自身を見直す，よい機会を与えてくれました。私は，立ち止まり，自分はどのような人間で，将来どのようなことがしたいのかを考えました。学部の授業は現実に適応できるものではないと不平を言う学生は多くいます。しかし，幸運なことに，私が属した教育課程はそのようなことはありませんでした。

教育に投資する

教育訓練課程に入学した当初，習得しなければならないことの多さに圧倒されたということがあった思います。自分が専門的にやりたいことを実現するためには，永久に大学に残って学び続けなければならないと感じることもあるでしょう。しかし，楽しみながら学習や実習に取り組み，その経験から何かを身につけていくならば，意外と早く教育訓練課程の修了に至るものです。「もう修了の時期になってしまった」と驚くこともあるくらいです。

そのような経験ができるか否かの鍵は，自分自身の生き方と結びつけることによって責任をもって教育訓練課程に関わることができるかどうかにかかっています。教育訓練課程のカリキュラムをあなた自身の個人的目標および職業的目標に結びつけることができ，そこに意味を見出し意欲的に関わることができるならば，あなたは，時間の経過を早く感じるほどに充実した学生生活を送ることができるのです。そこで，自らが受ける教育を意味あるものにするために，どのくらいの時間とエネルギーを費やす準備があるかを考えてみましょう。そうすることによって，自分の教育を投資と考えることができるようになります。そして，その投資から最大限の成果を導き出すためには，何をしたらよいのかについての判断ができるようになります。

投資の効果は，コストと利益の比によって評価されます。まず考えなければならないのは，教育投資のコストは，お金だけではないということです。時間や体力もコストに含まれます。次に，投資をすることによって得る可能性のある利益についてみていきましょう。そこには，あなたが投資したことで得たいと望んでいるものも含まれます。そして，コストと利益を比べることになります。投資のコストと利益の比率評価は，基本的には，あなたが注ぎ込んだもの（コスト）が，その見返りとして望んでいるもの（利益）に見合うだけの価値があるか否かを問うところにあります。あなたが，自らのお金や時間，さらにはエネルギーを学業に注ぎ込むことの見返りとして期待していることは何でしょうか。少なくとも教

育訓練課程に入ることで，あなたは，多くの時間をそこに注ぎ込むことになります。そのように多くの時間を奪われるのにもかかわらず，あなたは，積極的に教育を受けることによってどのような見返りを得ることができるのでしょうか。

とにかく一番大切なのは，自分の学習過程に責任をもつことなのです。自己責任という，学習過程における自分自身の役割を正しく理解することのできない学生は，自らの失敗の責任を他人に押しつけようとするでしょう。例えば，あなたは，自分の教育に満足できていないとしましょう。そのような場合には，自らの学習過程を生き生きしたものにするために，どのくらい投資をする覚悟があるのかを考えてみましょう。それが，自らの学習に関する自己責任を引き受けることです。もし，あなたが以前受けた教育に満足できていないなら，今こそが自分自身を見つめ，この経験からもっとたくさんのものを得るためにどのくらい投資する意志があるかを問う絶好のチャンスとなります。あなたは，誰かが自分のために何かしてくれるのを待っているということはありませんか。どのくらいの覚悟をもって自分が満足していないことの改善に取り組むことができるでしょうか。

あなたが，本書をテキストとして用いている授業を受けているとしましょう。その授業の形態がどのようなものであれ，あなたは，本書を活用することによって，その授業に積極的に関わり，そこから多くを学ぶことができます。本書のテーマと自分自身の人生の進路を関連づけ，自らの職業選択に積極的に取り組んでいくことができます。もちろん，本書のテーマと自らの進路を密接に結びつけずにおくこともできます。本書をどのように利用するかは，あなたの判断にかかっています。例えば，本章で提案されている考え方を取り入れて，授業のあり方を違ったものにしていくこともできます。現在受けている教育のどうような面が問題なのかに気づきさえすれば，自分の学び方を変えることができるのです。ただし，その判断をするのは，あなた自身なのです。

積極的に学習に取り組む

私たちのほとんどは，自分を取り巻く世界から情報を収集することに多くの時間を費やしてしまいます。私たちは，自分の外側にある知識を吸収することが，すなわち学ぶことだと考えがちです。確かに学問的な知識を得ることは，援助専門職になるための基礎を与えてくれます。しかし，自分自身について知ることや自分らしく人生を精一杯生きる方法を学ぶことも，同様に重要なことなのです。したがって，教育訓練課程から何を得ることができるかは，あなたが自らの学習過程をどのように導くかという，あなた自身の積極性にかかっているのです。そこで，以下において，あなたが自己の学習過程に積極的に関わるための指針を示します。学習に対して

積極的な姿勢をもてるようになるために役立てて下さい。

1．準備　多くの学生は，授業で用いられる本を読むことはつまらない課題だと考える習慣がついています。そのような学生は，条件反射のように，授業のための読書はつまらないと考えます。そして，試験を乗り越えるために我慢してテキストを読んでいます。

しかし，あなたが自己の学習過程に積極的に関わろうとするならば，それとは異なる読み方をすることができます。例えば，その本の中で自分に対して特別な意味をもつ部分を選びながら読むこともできます。読んだ感想などをページの片隅に短く書き留めておき，授業で自分の意見を出せるように準備をしておくとよいでしょう。また，授業に先立って，本書で示されているテーマがあなた個人にとってどのような意味をもつのかについて考える時間をとることも重要です。そのような準備は，あなたの学習経験を豊かなものにするのに役立つでしょう。

2．不安を扱う　自分について学ぶことには，必ず不安が伴います。不安は，恐れに対する反応です。学生が自分について考える際に経験する恐れとしては，次のようなものがあります。

- 自分自身を正直に見つめることで大変な問題を見つけてしまうという恐れ
- 未知への恐れ
- 他者，特に自分の指導者の前で恥をかくことへの恐れ
- 非難されたり笑いものにされたりすることに対する恐れ
- 自分の信じる価値観を話したり表現したりすることへの恐れ

このように，さまざまな恐れがあります。したがって，自分のもつ恐れのすべてを取り除こうとするよりも，自分の恐れとどのように付き合っていくかが重要となります。自分の恐れと直面するためには，自分自身について知りたいと純粋に願うと共に，勇気をもってその作業に取り組むことが必要となります。自分に直面する作業を経験して初めて，他者の人生に変化をもたらす人間に成長していくことが可能になります。自分の恐れに向き合うことが，援助専門職としての成長に向けての大きな一歩を踏み出すことになるのです。

3．リスクを負う　もし，あなたが援助専門職に就くという進路を選択し，その教育過程に深く関わるようになるとするならば，あなた自身の人生のあり方が多少混乱する可能性が出てきます。なぜならば，援助専門職の教育過程に深く関わることは，あなたの人間的なあり方そのものが対象となることだからです。したがって，教育過程に入った後に，自分の価値観，信念，行動が変化している

ことに気づくということもあるでしょう。

そのような変化は，ある種のリスクを伴います。そこで，あなたは，そのリスクに備えることが必要となります。あなた自身としては，援助専門職の教育訓練の副産物として自分が変化していくことを好ましく思うかもしれません。しかし，あなたの変化を好ましく思わない人もいるでしょう。そして，あなたが変わっていくことに脅威を覚える人は，あなたが古い習慣化したあり方を捨てて新たなあり方に踏み出そうとすることに強く抵抗するでしょう。

4．信頼関係を築く　援助専門職に向けての進路を意味あるものにするためには，周囲の人々との信頼関係が必要となります。そして，そのような信頼関係を築くことができるかどうかは，あなた次第なのです。もし，クラスメイトなどの周囲の者と信頼関係を築くことができず，授業中の議論において積極的に発言できないならば，クラス外で指導者と会って，相談するのがよいでしょう。

5．自己開示　他者に対して自己開示することは，自分をより広く深く知るためのひとつの方法です。そして，それは，同じ教育訓練課程に所属する仲間に自分を知ってもらうための効果的な方法でもあります。その際，他者に対してどの程度心を開くかを自分自身で決めることが重要となります。そうすることによって，自己開示しつつ同時にプライバシーを保持することが可能となります。

自分の考えを表現したり，自己の人生経験から学んだことを他者と分かち合ったりすることは，普段することではありません。したがって，それは，気持ちのよいものではないかもしれません。しかし，気持ちを切り替えて自分の考えや感情を表現する努力をしてほしいと思います。適切な自己開示の程度というのは，教育訓練課程のそれぞれの段階によって異なっています。したがって，それぞれの段階に適した自己開示をしていくことが重要となります。

6．聴くこと　援助のための基本技能のひとつとして，他者の話の全体をしっかりと聴いて，そのメッセージの核心に応えるということがあります。この聴くという技能を上達させるためには，どう答えるかをすぐに考えずに，まずは相手の話をじっくり聴くことが肝心です。相手の言うことを理解する第一歩は，聴いたことを勝手に判断せずに，注意深く聴くということです。積極的に聴く，つまり傾聴するとは，相手の伝えようとするメッセージのすべてを聴き，そして理解したことを相手に伝え返すことによって構成されます。したがって，傾聴するためには，語られたことに対して急いで解釈や分析をしてはいけません。そうではなく，相手の語ることに心を開き，そして相手は何を伝えようとしているのかを丁寧に注意深く考え続けることが，傾聴の前提になります。

7．授業以外の場での練習　教育訓練課程における学習の成果を最大にするためには，学んだことを日常生活において適用する方法を考えてみることが有効です。具体的には，変化する方向を定め，そこに向けて新たな行動を試していく手順を事細かに決めます。そして，自分自身に対して，あるいは協力してくれる他者に対して，その手順を踏んで新しい行動を試してみることを約束します。その後に，実際に日常生活で練習をしてみるのです。

知識と技能と自己を統合する

援助専門職になるためには，自分が知っていること，自分ができること，そして自分がどのような人間であるかということを統合する必要があります。知識があるだけでは十分ではありません。しかし，知識がなくては，効果的な援助者になることはできません。もし，技能の習得ばかりにかまけて理論や知識を無視するならば，その技能はほとんど使い物にならないでしょう。さらに，技能や知識を活用する能力は，援助過程における人間関係についての感受性と密接に関連しています。したがって，援助技能を適切に活用するためには，自分自身とクライエントの関係を理解していなければなりません。自分のことがわかっていない援助者は，せいぜい技巧に長けた技術屋さんでしかありません。そのような人は，クライエントに変化をもたらすことができるかどうか疑問です。援助は，技術（technique）を越えるものです。それは，援助者自身がどんな人間であるかを表現するという意味で，芸術（art）なのです。

そこで，すでに援助専門職として働いている人々に，仕事をする上で最も大切な知識や技能はどのようなものであると考えているのかを尋ねてみました。それは，援助専門職全体を包括する，正式な調査研究といったものではなく，個人的に尋ねたといった類の調査です。しかし，ここで得られた回答は，何が教育において最も役立つかに関する考え方を提示するものとなっています。

今回質問をした援助専門職のほとんどの人が，インターンシップや実習の重要性について意見を述べています。スーパービジョンを受けながら研修や実習を経験することが，援助の"仕事の仕組み"を知るために非常に役立ったとのことです。また，そのような経験を通して，援助の仕事の中で生き残る術をも学ぶことができたとの意見もありました。さらに，ほとんどの人が援助専門職として必須の技能として，カウンセリングの技能，教育指導の技能，コミュニケーションの技能，さまざまな職位の行政職と交渉する能力，企画書の作成能力，組織運営の技能，危機介入の能力，ネットワーキングの能力など挙げていました。

この他，多くの人が自己探求の体験をすることの重要性について意見を述べて

いました。特に自己理解を目的としたグループ・ワークに参加する体験，あるいは対人関係能力の発展を目的としたグループ・ワークに参加する体験の重要性が指摘されました。このような体験は，自己自身を見直し，自らの感情や問題と向き合う，よい機会となります。それと共に，クライエントと人間的に関わるためには何が必要なのかということを実践的に学び，実際の援助活動に向けて準備をする機会にもなります。

援助専門職の中には，ヒューマンサービス関連の教育訓練課程の運営業務に携わっている人もいます。そのような人もまた，自分自身を見つめること，そして対人関係のダイナミックスを理解することが組織運営の手段として重要であると述べています。組織運営の職務に就いている人々は，他者と効果的に協働することができなければ，教育訓練課程の課目を発展させ，それらを適切に調整して組織を運営していくことができないと指摘しています。

卒後研修 専門課程を終了後も学習を継続する方法を見つけることは，非常に重要です。新しい動きについていく努力をしなければ，あなたの知識や技能はすぐに時代遅れのものになってしまいます。最近，援助専門職の間で話題となっている事柄としては"虐待の実態""摂食障害""ゲイやレズビアンの問題""子ども，老人，配偶者への身体および心理的虐待""エイズ""法的および倫理的問題"といったテーマがあります。援助専門職として自覚をもち続けるためには，常に実践活動の中に身を置くと共に継続研修に参加し続けることが求められます。援助専門職としての教育は専門課程を修了した時点で終わるものではないということを，ぜひ忘れないで下さい。そして，日々お決まりになっている仕事に埋没せずに新しい方法を学び，既定の枠組みを超える新しい試みに挑戦してほしいと思います。

援助専門職の多くは，資格や認定を更新するために継続研修を受けるように義務づけられています。しかし，単に義務として定められた最低限の研修を受けるのではなく，自分自身でさらに深く学びたいと思う領域を特定し，それに関連する教育研修を積極的に受けるように計画することをお勧めします。例えば，ある特定の特徴を示すクライエントや新しい技法に関する専門研修コースやワークショップに参加することで，自分自身の専門能力をより深化発展させることができます。

書物を読むことも，援助専門職に関する最新情報を得るためのよい方法です。興味のある分野の専門誌や専門書だけでなく，異文化に関わる小説やノンフィクションを読むことも，継続的な教育として重要な意味をもちます。おそらく，学問の最新の動向を学ぶために最もよい方法は，互いに学び合い，教え合う意欲の

ある専門職同士のネットワークに参加することでしょう（Kreiser, Domokos-Cheng Ham, Wiggers, & Feldstein, 1991 を参照のこと）。

そのような専門職の仲間は，現場で出会う問題に対して新しい見方を取り入れる刺激になると共に，新しい見方を学ぶ際の支えにもなります。Borders (1991) によれば，援助専門職の仲間同士のコンサルテーション・グループは，技能の向上，概念の理解を深めること，他者との関係を築く技能の向上，教育的フィードバック，自己観察などをもたらしてくれます。現場で働く援助専門職にとって仲間同士のコンサルテーション・グループは，専門性に関して継続的な成長を支える機会を提供してくれることになります。また，援助専門職同士のネットワークは，仕事における否定的感情や客観性の喪失の原因を見つけ出し，それに対処する際に役立ちます。なお，学生にとっては，援助的雰囲気をもった仲間（ピア）同士のコンサルテーション・グループは，互いに助け合って学ぶ場を提供するものとなります。それは，何らかの問題に直面して考え込んでいるのは自分だけではないことを知る場となります。

3 現場実習を最大限に活用する

臨床心理学，カウンセリング，夫婦・家族療法，ソーシャルワークといった援助専門職の大学院教育においては，実習とインターンシップ（現場研修）がその中核に位置しています。ほとんどの大学院において包括的な実習をカリキュラムとして取り入れており，それが教育訓練課程の中心部をなしています。実習は，理論と実践の架け橋となります。インターンシップなど現場での実習は，学生が援助実践として期待していたことと現場の組織で実際に求められていることを比較する機会になります。また，学生は，現場実習における実践経験において実践技能を直接学ぶ機会が与えられます。具体的には，書類の作成，組織の政策や運営，さまざまな問題を抱えた幅広い範囲のクライエントへの援助などの技能を，実際の活動を通して学びます。このような現場実習において目的となっていることは，以下のような事柄です。

- ヒューマンサービスの活動で用いられているさまざまなアプローチや方法に関する知識を提供する。
- 学生の自己理解を進展させ，専門職としての意識を確立させる。
- 個人，家族，コミュニティ，関連する社会組織についての社会文化的理解を進展させる。

- 文化の多様性に関する認識を深め，多様な文化を尊重する態度を育成する。さらに，文化の多様性に関する理解を実践の場で活用する方法を教える。
- コミュニティにおける援助組織の役割に関する理解を進展させる。また，組織内における職種間の関係についての理解も進展させる。

　正式に実習やインターンシップに参加する以前に，理論，専門的知識，さまざまな技能を学習しておかなければならないことは，言うまでもありません。大学での学習，現場での実習，技能訓練，人間的成長が組み合わさることで，教育訓練課程が有効に機能するのです。ところが，さまざまな理由から実習やスーパービジョンを適切に活用できない学生がいます。そこで，実習経験を最大限活用するための方策を以下に示します。

実習を経験することの意義

ヒューマンサービス関連の教育訓練課程を修了した人の中には，現場研修で作ったつながりで現在の仕事を見つけたため，多様な職場を経験していないという人が比較的多くいます。実際のところ，修了生のほとんどは，もっと多くの実習を経験したかったと報告しています。現場研修において幅の広い経験ができなかったことを，とても残念に思っていると述べている人もいます。

　そこで，もしあなたの所属する教育訓練課程においてそれが許されているならば，実習現場を選択する際には，できる限り多くの現場を訪れることをお勧めします。実習が許される可能性のある援助機関や組織がみつかったならば，実習申し込みの用件が書かれた書類を入手し，それをしっかり読んだ上で実習生採用面接に臨むようにして下さい。（訳注：米国では，学生が個別に実習施設を訪問し，採用面接を受け，実習現場を決定するシステムになっている。学生が個別に契約した実習施設で長期間の研修を受けることをインターンシップという。スーパービジョンは，インターンシップをしている実習施設の援助専門職から受けることになる。）

　以下において，実習からできる限り多くのことを学ぶためにはどのようにしたらよいかについて，いくつかの提案をしています。参考にして下さい。

- 初めから，ある特定のクライエントだけを対象とすることにし，それと関連する現場のみを選択することはしないようにしましょう。いろいろな種類の実習場所を探しましょう。自分の適性がどこにあり，最終的にはどういうクライエントの援助をするのがよいのかを見出すために，自分のもっている枠を広げましょう。そうすることで，インターンシップを通して，自分がやりたいことだけでなく，

自分がやりたくないことも見つけるでしょう。当初「カウンセリングをやりたい」と思っていた学生でも，実習後には，将来は組織運営の職や大学で教育職になることの方が自分にはしっくりくると気づく人もいます。

- 参加する実習現場での仕事内容に関する研修やワークショップに参加しましょう。それらのワークショップに参加することは，特定のクライエントに関する最新情報の入手のために役立ちます。また，将来自分が関わる専門分野を決める上でも有益な情報が得られます。

- 実習先の現場を自分に適合させようとするのではなく，自分をその場に適合するように努力しましょう。その場で出会うスタッフやクライエントから何かを学ぶことに関してオープンになりましょう。さまざまなことを学ぶ可能性があります。その可能性は大きいのですから，何を学ぶか，あるいは自分にとって何が役立つのかを事前に決めてしまわないようにしましょう。その機関や組織における規則などについても可能な限り学びましょう。そのためにミーティングに参加したり，周囲の人々に質問したり，積極的に話し合ったりしましょう。現場実習で学ぶことは，単にクライエントとの関わりだけではないのです。現場でのさまざまな活動に幅広く注意を払い，一緒に働く人々と話すことによって，より豊かな学習が可能となります。

- 実習に携わることは，感情的にも身体的にも厳しい負荷がかかることでもあります。それを忘れないようにしましょう。クライエントとの関わりを通して，以前には目を背けていた自分の過去の一断面を見ざるをえなくなることもあります。さらに，さまざまなことに敏感になり，自分の生き方に関しての不安が高まる場合もあると覚悟しておきましょう。

- 訓練には限界があることを認識しましょう。訓練として決められた枠内でできることをやり，そしてスーパービジョンを受けるようにしましょう。あなたが教育訓練課程のどの段階にいるにしろ，学ぶことにはきりがありません。したがって，大切なことは，自らの能力に関して自信喪失せず，また過信せずに謙虚に実習に臨む姿勢を忘れないことです。つまり，自分の能力に対する疑いと自信との間で微妙なバランスを保って実習を続けることが肝心です。

- スーパービジョンを受けながら，さまざまなタイプのクライエントに会うようにしましょう。その際，それぞれのクライエントに適した介入方法を柔軟に用いるように努めましょう。ひとつの特定の理論にクライエントを当てはめることのないようにしましょう。理論は，クライエントの行動を理解するのを助ける道具です。異なった背景をもったクライエントには，それぞれ異なったコミュニケーションのアプローチが必要です。そのことを肝に命じましょう。介入のための技術を学ぶことは大切です。しかし，適切な方法でその技術が適用されなければなら

ないのです。
- なじめない実習現場に割り当てられたとしても，それを時間の無駄だと見限ってはなりません。例えば，薬物依存者復帰センターに行って，そこが気に入らなかった場合でも，少なくともそうした仕事は自分には適さないことを学んだことになります。一度現場を与えられたなら，そこから何かを学ぼうとする姿勢を忘れないようにしましょう。その仕事の，どのような側面が自分をやる気にさせないのかを探って突き止めるようにしてみましょう。とにかく時間だけ消化し，単位さえ取ればよいと自分に言い聞かせないようにしましょう。その代わりに，目の前の仕事を意味深いものとするためにはどうしたらよいかを考えてみて下さい。どのような現場であっても，そこから何らかの学習する手立ては必ずあるものです。そこでなされる経験がどのようなものであっても，それは，将来待ち受けている状況に対処する予行練習という意味合いもあります。したがって，なじめない現場での実習であっても，それを将来に向けて準備するための資源として活用する姿勢を忘れないようにしましょう。
- 地域コミュニティにおける"つながり"を作りましょう。職場の面接室に限定されずに，それを超えてコミュニティに広がる援助体制を形成するために地域にある資源を活用する方法を学びましょう。地域コミュニティにおける援助体制を形成する方法を学ぶためには，現場で働く他領域の専門職と話したり，同僚の実習生がもっている地域でのつながりについて尋ねたりすることで，人間関係のネットワークを発展させることが役立ちます。この種のネットワークを作ることは，就職の機会を広げることにもつながります。
- 実習日誌を書きましょう。観察したこと，経験したこと，気になったこと，活動をしてみて個人的に感じたことなどを記録しましょう。日誌をつけることは，自分自身を継続して見直すために絶好の方法です。また，またクライエントとの間で行なってきた作業を記録するための優れた方法でもあります。
- 新しい試みをすることにオープンでいましょう。例えば，あなたが家族を扱ったことがなければ，積極的に家族カウンセリングのセッションを見学してみましょう。あるいは，可能ならば家族カウンセリングをしているスーパーバイザーと一緒に仕事をしてみましょう。新しい試みをした場合，完璧な成功を納めなければ自分は惨めな失敗者だと考えるのはやめましょう。失敗したとしても，そこから何かを学ぶことができるといった，ゆったりとした気持ちで新しい試みに取り組みましょう。そして何よりもスーパービジョンを受けることが大切となります。
- 授業で学習したことを実際場面で実践し，体験する手立てを探ってみましょう。そのような例として，すでに援助専門職として働いているある女性の場合をとりあげてみます。彼女は，大学院の授業で異常心理学を学んだことを実習で体験で

きたと述べています。彼女の現場実習は，授業で用いられているテキストで解説されている症状を示す患者が入院している施設で行われました。彼女は，このインターンシップにおいて，授業で学んだ概念を実際のものとして体験し，それを実際場面で活用できるものとすることができたのです。そこで彼女が学んだ大切なことは，患者の多くは診断分類にピッタリと当てはまるとは限らないということでした。

- 学生は，実習に対してさまざまな期待をもつものです。しかし，その期待を修正する心構えをもって現場に入りましょう。あなたは，実習先では新入りの実習生のひとりでしかありません。したがって，初めからクライエントを扱う責任を与えられると期待してはなりません。まずは見学者として現場での仕事を観察することから始めます。その後，次の段階として，例えばカウンセリング・グループのリーダーの補佐役としてリーダーの隣りに座らせてもらうことになります。

- 他の実習生と協力し，互いの能力を組み合わせて有効な活動を構成できないか探ってみましょう。あなたの創造力を生かす何らかの活動ができないか考えてみましょう。例えば，あなたに音楽の才能があるなら，実践活動の中に音楽を組み入れる方法を探してみるのもよいでしょう。もし同僚の実習生がダンスや振り付けの才能があるならば，それらを結びつけて新しい介入方法を工夫することができるかもしれません。

- 正規の仕事をするように実習に取り組みましょう。実習で割り当てられる活動は，常勤職として雇われた場合に任される仕事と重なる側面が多分にあります。したがって，実習には責任のある態度で臨み，約束やミーティングの時間を厳守し，ベストを尽くすように心がけましょう。無給であっても無責任に仕事をしてよいということではありません。初めは無給のインターンシップであっても，その後有給のポジションとなる場合もあります。

- 参加した実習現場の仕組みをできるだけ多く学んでおきましょう。その機関の決まり事，活動の運営方法，スタッフ管理の仕方などについて質問し，知識を得ておきましょう。将来のある時点で行政組織などの管理運営の仕事に携わる可能性もあるからです。

- 自発的に考え，行動しましょう。そして，積極的にさまざまな活動に参加するようにしましょう。ただ単にスーパーバイザーや他の職員の指示を待ち，その人たちが決めたことに従っているだけでは，実習として満足する成果を得ることができないでしょう。

多様性への挑戦

これまでにも提案してきたように，実習の場所として，さまざまな種類のクライエントや仕事に挑戦できるような現場を探すのはよいことです。自分に似たクライエントや，どう対応すればよいかわか

っているクライエントばかりを対象とする施設での実習では，学ぶことは限られてしまいます。例えば，子どもと関わる仕事がしたいと考えていたとしても，あえて高齢者を扱う実習現場を選んでみるのも意味のある挑戦です。多様な人々と関わることによって，自分の関心方向の適切さを試すと共に，新しい関心領域を開発することができるのです。初めから特定のクライエントや問題を専門として狭く絞ってしまうと，多様な学びの可能性を閉ざしてしまい，ひいては就職口の幅も狭めてしまいます。

　いずれにせよ現場研修では，実習の一部として現場で訓練やスーパービジョンを受けることになります。したがって，実習の現場に入る前に，その領域の一人前の専門家になっている必要はありません。例えば，女性相談機関で研修を受けるとしても，レイプの被害者を援助するための専門家になっている必要はないのです。特別なクライエントとの関わり方は，先輩やスーパーバイザーから学ぶことになります。ですから，まず何よりも大切なのは，さまざまな事例に共通して応用できる基本的な知識や技能を身につけておくことです。初めから，ある限定されたクライエント層や特殊な問題の対処法を学ぶ必要はありません。まずは基礎的な知識や技能を身につけ，さらにそれを土台に専門的技能を獲得していくことになります。そこでは，基礎的技能や知識を土台にして，新たに専門的技能を学んでいこうという開かれた姿勢が重要となります。

　異なる経験をもつ他者を援助する　同僚のカウンセラーから次のような話を聞きました。彼が身体麻痺をもつクライエントに「あなたの気持ちは，よくわかりますよ」と伝えたところ，相手はカチンときて怒り出したそうです。そのクライエントは「どうして私の気持ちがあなたにわかるのですか。あなたは，ここから歩いて出ていくことができるでしょう。でも，私にはそれができないんですよ」と，カウンセラーにくってかかったとのことです。カウンセラーは返答に窮してしまったのですが，後から考え直して次のように応えることもできたと考えたそうです。

　それは，「あなたがおっしゃることは，もっともです。確かに私は，あなたの状況を完全には理解していません。私は，そのような若さでバイク事故のために動けなくなったあなたの口惜しさと辛さを想像することはできます。でも，あなたのような状況になったことはありません。ですので，正確には，あなたが何を考え，感じているかはわかりません。そこで，少しでも私があなたのことを正確に理解できるように，助けていただければと思います。私があなたのお役に立つにはどうしたらよいのかを教えてほしいと思います。それを通して，身体麻痺であ

る苦しい気持ちを乗り越えるのを援助できたらと思います」というものでした。

　現場で研修をしている実習生の中には，他者の援助をするためにはその人と同じ人生経験をしていなければならないといった誤った信念をもち，それに固執する人がいます。例えば，ある男性カウンセラーは，妊娠すると将来やりたいと思っていることができなくなると悩んでいた女性の担当となりました。しかし，彼は，自分にはそのような青年期の女性のカウンセリングをする能力がないと考えました。というのは，彼は，自分にはそのような経験がないので，カウンセリングはできないと考えたからです。また，自分と民族の異なるクライエントの援助をすることができないと考えるカウンセラーもいます。あるいは，自分には心的外傷体験がないので，人生の途上で深い心の痛手を負った人に共感することができないと考えるカウンセラーもいます。

　こうしたカウンセラーは，クライエントの反応が少しでも挑戦的であったりすると，身を引いたり，言い訳がましくなったりするものです。この点に関しては，あなたとは異なる経験をもっているクライエントの問題解決にあたっても，あなた自身の経験を参考にできるということを知ってほしいと思います。あなたがクライエントと同じ問題をもつことがなくても，あなた自身の経験を参考として，クライエントの寂しさや拒絶される時の感情を確認していくことはできるでしょう。結局，クライエントとまったく同じ問題をもつことよりも，クライエントの世界を理解することの方が重要なのです。その際，クライエントはあなたとは異なる見方で世界を見ているということを，はっきりと理解することが肝心です。

　自分自身に対する疑問に挑戦する　実習生として現場で研修をしている学生は，時として自分のやっていることに自信をもてず，事あるごとに謝るようになったりします。また，できているにもかかわらず，それを正当に評価できなくなってしまう場合もあります。そこで，実習で必要となることに関して，どのような態度をとるのかを自覚しておくことが重要となります。そのことを知っている時には，どのような感情が湧いてきますか。逆に，そのことを知らない時には，どのような感情が湧いてきますか。そして，そのような感情にどのように対処しているのかを見直してみましょう。

　あなたに挑戦してくるクライエントがいたとします。あなたは，どのように対応するでしょうか。考えてみて下さい。初回面接でクライエントがあなたの年齢に驚き，「え！　あなたが私の助けになるんですか」と言ったとしましょう。そこには「あなたは，ずいぶんと若いですね。私の助けになるだけの経験があるのか心配ですねえ」という意味が含まれています。このような挑戦的なことばを聞

いたなら，あなたには恐れや不安の感情が生じてくるでしょう。このような時，あなたは内心どのようなことを呟くでしょうか。以下の表現のうち，あなたに当てはまるものを選んでみて下さい。

- クライエントの言い分も，もっともだ。確かに自分はクライエントに比べて若い。年齢差は大きい。自分は，本当にクライエントの状況を理解できるだろうか。
- 態度の悪いクライエントだ。頭にくる。まだ何も始まってもいないではないか。理解しようとする間もなく，クライエントから攻撃されてしまった。
- うーん，こういう対立は，気分が悪いな。でも，ここで引き下がりたくない。年齢が違っていても，人生を生きる苦しさという点では，お互い人間としてどこかに共通点があるだろう。そのことを伝えることはできるように思う。まあ，取りあえず，クライエントと人間関係を形成できるかどうか試みてみよう。
- クライエントは正しい。年上のクライエントに何かを提供できるなんて考えること自体おこがましいことかもしれない。おそらく自分は，他の職業を選ぶべきだったのだろう。

　援助専門職についている者は誰でも，ある時期やある状況において，自信を失ったり，自分の能力に疑問を抱いたりした経験があるものです。したがって，援助専門職になろうとしている自分自身に疑念をもったとしても，それですぐに諦めることはありません。スーパービジョンを受けながらの実習は，あなたに豊かで意味深い学習の機会を与えることを目的としています。あなたは，現場での実習を通して，特定の知識を学習すると共に，授業で学んできたことを実践活動として実行する技能を習得します。そこで重要となるのは，自分には能力がないのではないかと思う気持ちから逃げてしまわないことです。そのような現実はないかのように振る舞うよりも，それらの感情に直面する勇気をもってほしいと思います。

　実習の場所を選ぶ　もし選択の余地があるならば，実習の場所としては，スーパービジョンをできる限りきちんと受けられる施設を確保するように努力しましょう。上質の実習場所を確保するためには，場所選びの過程で，その施設についての情報を集めることです。情報を収集する際に，対象となっている機関や組織に尋ねる質問項目としては，以下のような内容が重要となります。

- そちらの機関あるいは組織が活動目標としているのは，どのようなことでしょうか。そちらでは，どのようなサービスが提供されているのでしょうか。
- これまでに学生を研修生として活用したことがありますか。もしあれば，その研修生が担当した活動は，どのようなものだったでしょうか。

- 現在，現場研修ができるとしたら，どのような活動を担当させてもらえるのでしょうか。
- 研修をする場合，特別な責任を負うということがありますか。
- そちらの機関に研修生として採用されるためには，何か特殊な技術などの必要条件がありますか。
- もし実習が許されたならば，どなたに活動報告をすることになるのでしょうか。また，私のスーパービジョンをしてくれるのは，どのような方でしょうか。どのくらいの頻度で直接スーパービジョンを受けられるのでしょうか。
- そちらの機関では，訓練やスタッフ研修の機会をもてるのでしょうか。もし，そちらの機関で実習することになった場合，実習前に何らかの訓練を受けることになるのでしょうか。あるいは，実習を受けながら訓練を受けるということになるのでしょうか。その場合，どのような訓練を受けることになるのでしょうか。
- そちらの機関の活動の中には，出張が含まれていますか。もし含まれているなら，出張旅費等は支払っていただけるのでしょうか。
- 何らかの問題が生じ，クライエントに対しての保障責任が生じた場合に備えて，保険などの準備があるのでしょうか。

　学生の中には，自分の都合や利便性を優先し，自分を試すことができないような施設を研修場所として選ぶ者もいます。しかし，研修を意味あるものとするためには，新しい場面で自分を試す，ある種の冒険ができる研修現場を選ぶことが必要です。そのためにも，適切なスーパービジョンが受けられる施設，またさまざまな問題をもつクライエントに会えるような施設を選ぶように積極的な努力をしてほしいと思います。

　学生の中には，すでに公共機関に雇われて援助職に携わっており，さらに専門的な教育を受けるために大学院に通っているという人もいると思います。そのような人は，現在の仕事を実習として使いたいと思うかもしれません。しかし，なるべくそこから出て，できる限り多様な学びの機会を得ることをお勧めします。これは，あなたの仕事先を現場研修の場と考えてはいけないと言っているのではありません。しかし，研修生として，さまざまな仕事を経験し，種々の役割を担い，またできるだけ広いクライエント層と一緒に仕事をするという経験が大切であることを強調したいのです。実習経験として，多くの異なった種類の仕事，また，いろいろなスーパービジョンを受ける体験をすることが何にも増して重要になります。仕事を実習代わりにして一石二鳥に利用しようとすることは，実習から最大のものを学ぶことにはつながりません。

　現場での研修が将来の就職に結びつくことはあり得ます。しかし，学位を取る

ためだけに，最も安易な近道を取らないことを望みます。通常，研修現場にはさまざまな経験ができる機会があります。とにかく自分にとって新しい訓練ができる場所を確保しましょう。そうすれば新しい知識と技能とを得ることができるでしょう。そして実践的であればあるほど，またスーパービジョンがきちんと受けられれば受けられるほど，優れた研修現場であると言えます。ただ単に単位を取るためだけに実習をするのではなく，自分を援助専門職として優れた実践家に成長させるために，実習経験を実り豊かなものにするような努力をできる限りしてほしいと思います。

4 スーパービジョンを役立てる

あなたは，スーパーバイザーにどのようなことを期待していますか。スーパービジョンを受ける際には，あなた自身の考えを明確にし，どのようなことを希望しているかについて，まず最初にスーパーバイザーと話し合うことが必要です。この節では，スーパービジョンへの取り組み方とその過程への積極的な関与の仕方についてみていくことにします。

学ぶことに対して謙虚であれ　自分は何でも知っているといった姿勢でスーパービジョンに臨むならば，あなたの学ぶ機会は限られたものになってしまいます。スーパーバイザーに対してだけでなく，教員，仲間，同僚，そしてクライエントに対しても，謙虚に学ぶ姿勢が大切です。自分の不完全さを認める勇気をもち，間違いを犯すことに対する恐れの虜にならないようにしましょう。間違いを犯すことに寛容に，そしてそれらのことをスーパーバイザーに包み隠さず話しましょう。失敗する勇気をもたなければ，何も新しいことは始まりません。

いずれにせよ実習生は，自分がすることに，またそれを"正しく"行っているかどうかについて自意識過剰になってしまうものなのです。しかし，実際には，実習生は，すべてを知っていることを期待されているわけではないのです。したがって，学習の一段階にいる実習生という立場を利用しましょう。自分自身が学びの途上にあることを認めましょう。完璧であろうとする非現実的な理想に自分自身を合わせようとする束縛から離れましょう。そのような束縛から自由になれば，クライエントを自分の大切な教師と見なし，さまざまなことを学ぶことができるようになります。

私たちが主催するグループリーダー訓練やワークショップに参加している学生

の中には，仲間やスーパーバイザーから無能と見られているのではないかと不安になっている人がいます。ワークショップが始まった時点で私たちは参加者にこう言います。「皆さんには，ぜひワークショップに積極的に関わってほしいと思います。ところで，あえて，このワークショップから多くのことを学びたくないという人がいれば，その秘訣をお教えしましょう。それは極端に自意識過剰になること，また自分の言動に対して極度に批判的になることです。普通，どのようなワークショップでも，そこには学ぶべき何かがあるものです。したがって，そこから何も学ばないためには，あえて自意識過剰や自己批判的になる必要があるのです。ここで行われるグループセッションが，皆さんにとって実りのないものであるならば，あえてそのようにしている特別な要因があるはずです。それが何なのか，探ってみる価値はあると思いますよ」。

　私たちがこのような提言をすると，参加者は，たいていほっとして，ずいぶんと気持ちが楽になったと言います。私たちは，「実習生が仲間やスーパーバイザーから見られ，評価されていることの大変さはよく理解できます」と伝えます。しかし，クライエント，スーパーバイザー，職場の同僚の視線から逃げることはできないのです。したがって，そのような事態に対処するためには，見られ，評価されることに関する自らの経験を語ることが大切になります。結局，その大変さを自分ひとりで抱えようとすればするほど，他者の評価に振り回されることになります。むしろ，その大変さを自己の体験として他者に語ることによって，そのような事態をコントロールすることが可能になります。実習生は，自分の抱える不安を皆で共有することが助けとなることに気づいていきます。逆説的ではありますが，実習生の不安は，自らが不安であるという事実に気づくことによって軽減されるのです。

　知らないことを「知らない」と言う　スーパーバイザーやクライエントとのやり取りの中でわからないことがあれば，それを認めることが大切です。クライエントに対して"わかりません"や"知りません"と応えることに引け目を感じるということはありませんか。そのような場合，次のように対応できます。これは，自らの妊娠についていろいろと思い悩んでいる女性のクライエントの問題への対応場面です。「その問題については，私としては，現在の時点ではっきりとしたことが言えないというのが正直なところです。あなたが未成年で妊娠し，そのことでとても不安になっており，どうしたらよいのかについて私の意見を求めていることはわかっています。ただ，私としては，妊娠に対して何らかの処置を提案してよいものかどうか，判断がつきかねているのです。それで，この問題に

ついては，スーパーバイザーに相談してきたいと思います。数日後に再度お会いして，その結果を含めてお話しをしたいと思いますが，いかがでしょうか」。

このようにして，あなたは自分の限界をクライエントに知らせることができます。それと共に，スーパービジョンを受けた後にクライエントが問題を解決するのに利用できる情報を伝える可能性を残しておくこともできるのです。

心の中の考えたことを表現する　学生だけでなく，すでに援助専門職として働いている人々にも，自己の考えを積極的に表現しない傾向があるようです。実際には，心の内でいろいろ考えているのにもかかわらず，それを表現しないのです。そこで，私たちが主催するワークショップでは，実習生に「自分の中で独り言を言わずに，それらを声に出して表現するようにして下さい」と励まします。

最近行ったワークショップにおいて，訓練のためのグループ・スーパービジョンのセッション中ずっと黙っている実習生がいました。スーパーバイザーが彼女にどうしたのか尋ねました。それに対して彼女は，「スーパーバイザーであるあなたがこのセッションにいらっしゃるのがとても気になっていたのです。そのために，自由に動けなくなっていました。自分の直感に従って行動できなくなっていました。何かしようとしても，いつもあなたがそれをどのように考えるだろうと思ってしまうのです。スーパーバイザーとしてのあなたが私を評価判断しており，私はあなたの期待に沿えないのではないかといつも恐れているのです」と応えたのです。そこで，スーパーバイザーは，彼女に「そのように考えていることを声に出して言うことが最も大切なのです」と伝えたのです。

また，これとは，逆の例もあります。訓練のためのグループセッションの間中ずっと次から次へと話し合いのテーマを提案し続けた実習生がいました。そこで，「なぜ，短いセッションの間にそんなにたくさんのテーマを提案したのですか」と尋ねたところ，その実習生は「このグループは，どうにも先に進まないように感じられたのです。グループのメンバーは，退屈そうにみえました。それで自分が何かしなければという責任を感じたのです。お互いの関わりを活発にするために，テーマを提案しました。それによってグループを活性化させたかったのです」と答えたのです。私たちは，その実習生に「グループについて観察し，考えたことを表現できたらよかった」と伝えました。彼は，自分が感じていた責任感やグループメンバーが退屈そうにしているということは認識していました。そして，その結果として彼は，グループに対してテーマを提案し続けたのです。しかし，その代わりに彼は，自分自身の感情を表現することを怠ったのです。彼は，自分自身の体験を大切にすることをせずに，グループを活性化するための短絡的な方策

を講じて，グループのメンバーを喜ばせようとしていたのです。結局そのような短絡的な方策は，グループの成長にとってもあまり役に立つことはないのです。

　もちろん，心の内で考えたことを表現することが大切であるといっても，思いついたことをすべて言わなければならないというわけではありません。例えば，スーパービジョン場面で，クライエントに対する内的反応をすべて表現しなければならないというわけはありません。ただし，スーパービジョンにおいては，事前に考えてきた題材ではなく，その場で思いついたり考えたりしたことを話題にし，話し合うことが，限られた時間を有効に使う方法になります。

　スーパービジョンの2側面に留意する　スーパービジョンには，大きく分けて2つの側面があります。ひとつは，クライエントのパターンに注目し，そのあり方との関連で生じてくる特定の問題への介入方法を教えることに主眼を置く側面です。もうひとつは，援助専門職として，そして人間としての実習生のあり方に注目し，クライエントとの関わりの中で実習生がどのような行動をとっているかに焦点を当てる側面です。適切なスーパービジョンとは，その両面を考慮に入れたものです。あなたが実習生であれば，クライエントを援助するモデルを理解しておかなければならないと同時に，真の援助的関係を形成するために，あなた自身についても理解しておく必要があります。

　もし，あなたが受けているスーパービジョンがクライエントの行動やクライエントに適用する特殊な介入技法のみに焦点を当てたものであるならば，それは，スーパービジョンとしては最も大切な側面を欠いていることになります。スーパービジョンで取り上げられなければならない最も重要な点は，援助者としてあなたがどの程度クライエントとカウンセリングの場を共有できているかを知ることです。もし，あなたがクライエントの問題にどう対応するかばかりにこだわっていると，クライエントとの関係作りから注意が逸れてしまいます。

　スーパービジョンにおいて何が役立つかというと，あなたとクライエントとの関係の質を明らかにできるということです。スーパービジョンでは，さまざまなクライエントとの関わりにおいて自分が何を経験しているかについて語ることができます。そして，クライエントについてだけでなく，あなた自身についても知ることができるのです。

　真似ではなく，学ぶ　スーパーバイザーや教師のやり方を真似ばかりしている実習生をしばしば目にします。そのような実習生は，真似をしようとしすぎるあまりに，自分自身の進歩を限定したものにしてしまっています。尊敬するスーパーバイザーを注意深く観察し，そのやり方を自分のものとして取り入れたくな

るのはわかります。それは，重要なことです。しかし，簡単に他人の物真似になってしまうことには気をつけなければなりません。スーパービジョンから最大のものを学ぶために，さまざまなスタイルを試すことが必要となります。さまざまなスーパービジョンのスタイルを比較することで，どのようなスタイルが自分に合っていて，どのようなスタイルが合わないのかを常に評価できることが重要となります。そのような比較を通してあなたは，「人間的に，また理論的に，何が一番自分の考え方に合うのか。自分のスーパーバイザーのもつ理論や，理論の適用方法に関して，自分と合わないところはないのか」と自分自身に問いかけることができるのです。

他人に注意を払いすぎると，自分自身の個性に対して目が曇ってしまいます。したがって，たくさんのスーパーバイザーや教師たちから自分にとって有益なものだけを取り入れるように心がけましょう。誰かのクローン人間にならないようにすることが大切です。そのためには，バランスをとることが必要となります。他者からは学びましょう。しかし，他者と同じになる必要はありません。自分の内なる声に耳を傾け，内からの働きかけを真剣に受け取るようにしましょう。そうすれば，外部の権威ばかり気にすることはなくなるでしょう。

自己表現ができるようになる

実習現場に入った場合，その施設でどのような活動をし，どのようなことを学びたいのかをはっきりさせましょう。そして，それに基づいて自分が必要とするスーパービジョンを受けましょう。受け身になって何をすべきかを指図されるのを待っていてはいけません。自分が何を学びたいか，どんな技能を身につけたいかを考えましょう。実習をする場合，米国では一般的に，実習生と対応機関のスーパーバイザーがお互いに書類に署名をし，契約を結びます。この契約には通常，週あたりの実習時間，実習生の行う活動，学習の目標，訓練の機会，実習生に求められる事柄，スーパーバイザーの役割に関する詳細な説明が記載されています。

スーパーバイザーとの契約に同意する前に，あなたがその機関に貢献できると思われる事柄について具体的に伝えておくこともできます。また，スーパーバイザーとの共同作業の中で，自分が経験したいことや実習を修了するまでに学びたいことを詳しく説明しておくとよいでしょう。望むものがいつも得られるとは限りません。しかし，そうすることによって，望むものを手に入れるチャンスはずっと大きくなるはずです。

スーパービジョンを受ける過程において自己表現の技能（assertion skill）を学ぶことが重要なテーマとなります。自己表現ができるようになることは，クラ

イエントや同僚との関係の中でも重要な意味をもってきます。自己表現をすることは，必ずしも自己主張をして他の人々を蹴散らしてしまうといった攻撃的なことではありません。むしろ逆に，あなたが適切な自己表現をせずに，組織の中で自分のやり方を無理やり押し通すということがあれば，他の人々はあなたに対して過度に防御的になるでしょう。また，自己表現が適切にできない場合には，いたずらに権威に反抗したり，退屈そうに見せたり，あるいは約束や会合に遅れたりすることで，何かを伝えようとすることも生じます。このような遠回しの攻撃は，何も役立ちません。自己表現をせずに受動的な方法で抵抗を示すことは，学習のための多くの機会を自ら閉ざすことになってしまうのです。

　スーパービジョンにおける自己表現の意味を考える上では，スーパーバイザーも同じ人間であるという気づきが助けとなります。スーパーバイザーといえども，自らが負っている責任の重さに身動きがとれなくなっている場合もあります。クライエント数が増加し，仕事の負担が大きくなり，スーパービジョンに時間を割く余裕がなくなることもあるでしょう。そうなると，スーパーバイザーは，約束していた定期的なスーパービジョンができなくなります。しかも，スーパーバイザーになることを喜んで引き受けたわけではない人もいます。援助専門職としての通常の仕事に加えて実習生の面倒を見ることが条件となっているため，やむなく引き受けている場合もあるのです。スーパーバイザーになるための訓練も最低限度しか受けておらず，手探りで指導している人もいます。

　スーパーバイザーが置かれている，このような苦しい立場を理解できるなら，スーパーバイザーとやり取りをする土台を築きやすくなるでしょう。まずお互いに隠し立てしない，開かれたコミュニケーションの雰囲気が前提となります。そのような雰囲気の中で，今自分は助けを必要としているという気持ちをスーパーバイザーに丁寧に伝えればよいのです。つまり，そこにおいて，実習生としての自分の気持ちを伝えるという自己表現が重要な意味をもってくるのです。

　あなたが難しい事例を抱えて困っているならば，次のように伝えることができます。「スーザンについては本当に行き詰まっています。この何週間かというもの，スーザンと私はどうにもこうにも動きが取れなっています。私としてはいろいろな提案をしてみたのですが，彼女は聞く耳をもたないのです。彼女は，そんなことをしても問題解決の役には立たないといって，その理由を並べたてます。それなら面接するのを止めましょうと提案すると，今度は怒り出します。どうしたらいいのかわかりません。この事例にどう対処していいのかについて，私としてはいくつか選択肢を考えています。そのことを一緒に考えてほしいのです。そ

のための時間をとっていただけないでしょうか」。スーパーバイザーが忙しすぎて約束に遅れてくることが多かったとしましょう。そのような場合，それについて単に不平を言っているだけなら，欲求不満がつのるだけです。しかし，上述のようにハッキリと具体的に，そして根気強く自分の気持ちを伝え，表現するならば，スーパービジョンの時間をもてることになるでしょう。

　スーパーバイザーができる限りベストを尽くそうとしていることも考慮に入れましょう。スーパーバイザーも実習生のためにできることはしてあげたいと思っているはずです。ですから，スーパーバイザーのところに行き，お願いしたいと考えていることを正直に伝えましょう。スーパーバイザーの建設的な対応を引き出すためには，遠慮してスーパーバイザーがやる気になるまで待っているよりも，まずは正直に自分の気持ちを表現してみることです。スーパービジョンについて陰で不満を言うのではなく，自分が何を求めているのかを率直に表現できる技能を学ぶことは，実習経験を実り豊かなものにすることにつながります。少なくとも，スーパービジョンを活用する目途を立てることができます。

　残念なことですが，実習やスーパーバイザーとの関係であまりよい経験ができていない学生が多いのも事実です。ヒューマンサービスの教育訓練に関する学会でテネシー大学のTricia McClamは，実習現場における効果的なスーパービジョンについて次のような発表をしています。彼女は，15人中9人の学生が最初の実習経験を否定的に評価していたと報告しています。研修先のスーパーバイザーとどのような関係を結ぶかが学生の評価を肯定的か否定的かに分ける要因になっていたようです。その点でスーパーバイザーが学生の学習の鍵となる役割を担っているのは確かです。ただし，スーパーバイザーがすべての面で理想通りに対応してくれるというわけにはいきません。スーパーバイザーとどのようなコミュニケーションをとり，どのような関係を築くかの責任の一端は，学生の側にもあるのです。

　自らの受けたスーパービジョンを肯定的に評価した学生は，スーパーバイザーについて次のような感想を述べています。「スーパーバイザーは，私の話をいつでも聞いてくれた」「私のケースに関わってくれた」「私のスーパーバイザーは，スーパービジョンにおける私の役割を明確にしてくれた。スーパーバイザーとして実習生に期待すること，そして実習生として私がスーパービジョンに期待してもよいことを明確にしてくれた」「スーパーバイザーは援助的で，状況に応じて柔軟に対応してくれた」。

　一方，スーパービジョンに否定的な評価をした学生の感想は，次のようなもの

でした。「私のスーパーバイザーは，忙しすぎてスーパービジョンどころではなかった」「一学期を通じて，たった2回しかスーパーバイザーと会って話せなかった」「スーパーバイザーは，約束を守らず，きちんとしてなかった」。

　学会発表においてMcClamは，学生が実習を有意義なものにするためには，実習を開始するにあたって，学生に期待されている事柄は何で，誰がその学生の援助と指導を担当するのかが明確となっていることが必要であると指摘しています。受け入れ側が，学生としっかりとした契約を結ぶと共に，柔軟性をもって学生に対応する体制を整えておくことが，初心の実習生には必要です。学生は，実習経験を積んできても，依然としてスーパーバイザーからの援助とサポート，またフィードバックを必要とします。

　ただし，学生は，次第に経験を通していろいろなことを習得していきます。特に直感と技能の必要性を体得していきます。したがって，最も重要なことは，スーパーバイザーと実習生が定期的にコミュニケーションをとる仕組みを築くことです。そのために，実習生としては，率先してスーパーバイザーとコミュニケーションをとるように努めることが重要となります。なお，スーパービジョンが上手くいっていないと感じる場合には，スーパーバイザーに連絡をとることが難しくなります。この点については，後述します。

　次に，事例として，ある実習生の状況を記述します。あなたは，自分自身がその実習生であると想定して状況に参加して下さい。

> **事例**　スーパーバイザーが，母親，父親，そして2人の男の子から構成される家族カウンセリングを担当するように，あなたに依頼してきました。スーパーバイザーによれば，両親の関心はもっぱら問題を示す子どもを上手く扱うための躾の仕方にあるとのことです。しかし，スーパーバイザーとしては，実際のところは夫婦間のいざこざの方に，深刻で重要な問題があると見ているようです。あなたは，家族への介入に関しては経験したことも訓練を受けたこともなく，自分には家族カウンセリングを担当する能力はないと感じています。そのような状況において，実習生であるあなたは，どのようなことを考えるでしょうか。

　以下に，実習生が考える可能性のある内容を項目として挙げてみました。

- さあ，どうしたらいいのだろう。正直言って自分には荷が重すぎる。でも初心者のように思われたくない。とにかく引き受けることにしよう。
- 私には家族カウンセリングをする準備などできていない。家族の力動や家族療法のクラスを取ったこともない。でも，ここで，この家族の事例担当を断ったら，

スーパーバイザーは怒るだろうな。それに私のことを大したことのない実習生だと思うかもしれない。う〜ん，どうしたらよいのだろう。
- 家族カウンセリングをするなんて考えるだけでも恐ろしい。どこからどう始めればよいのかもわからない。まずは，スーパーバイザーが担当している家族療法のセッションに共同セラピストとして参加させてもらえないだろうか。そうすれば，そこでいろいろと家族カウンセリングについて学ぶことができるだろう。思いきって，そのことをお願いしてみようか。

さて，あなたならどのように考えたでしょうか。上記の内容は，実習生の実力を越えて仕事を依頼してくるスーパーバイザーと付き合う際の難しさを物語っています。このような場合には，あなたの考えをスーパーバイザーに伝えるのがよいでしょう。そうすれば，とり得る他の方法について一緒に考えることもできるはずです。以下に，実習生が自分の考えをスーパーバイザーに表現する場面の対話を示しました。あなたならどのように対応するでしょうか。

スーパーバイザー（S）：この施設ではスタッフが不足していて，君にはどうしてもいくつかの家族のケースを引き受けてもらう必要があるのです。
実習生（T）：そのお話を先生（スーパーバイザー）から最初にいただいた時には，私にその家族を助けるのに十分な力があると考えて下さっていると思い，正直，嬉しく感じました。でも私の専門家としての訓練の段階から考えますと，お断りすべきだろうと思います。
S：学ぶためのひとつの方法は，とにかく飛び込んでやってみることだ。誰でも，これまでに関わったことのないようなクライエントに関わる時には躊躇するものだよ。
T：私の場合，不安を感じるとか，自信がないとかというのとは次元が違うように思います。私は，まだ家族療法のクラスを取ったことがありません。それに，このような準備ができていない仕事を引き受けるのは，倫理的にも問題があると思うのですが。
S：なるほど，私も，君が倫理的に不適切と思うようなことをするのは望んでいません。しかし，私としては，スーパービジョンをするつもりでいました。このケースについてまったく指導を受けずに実習生が担当するということは，ありえないことですよ。
T：スーパービジョンの申し出をありがとうございます。ただ，私としては，ケースを担当する前に，クライエントとなっている家族の許可を得た上で，先生が家族と面接するのを見せていただければと思います。そしてその後に家族との関わり方について先生と話し合い，家族カウンセリングの方法を学んでおきたいのですが，いかがでしょうか。
S：私に時間があれば，それは非常によい方法だと思いますよ。でも現状としては，そ

れだけの時間を取れませんね。
T：それならば，私としては，家族カウンセリングを担当する準備ができていないと思います。次の学期に家族療法のクラスを取ってからでしたら，可能になるかとは思います。たいへん申し訳ないのですが，取りあえず今の段階では，自分のできる範囲内で仕事をさせていただければと思います

　ほとんどの実習受け入れ組織では，実習生を無報酬で働くスタッフとして扱っています。その点で，上記のような状況は現実的にあり得ることです。問題は，実習生をその組織の活動の不足分を補うために利用することに加えて，実習生に適切なスーパービジョンを提供しようとしていないことです。実習生は，実際に家族と関わる前に，最低限の理論的な基礎と知識とを必要としています。実習生が新しい領域に足を踏み入れるのに際しては，新しい状況に効果的に対処できるだけの技能を学んである必要があります。適切なスーパービジョンというのは，すでに実習生が学んである介入方法の知識を実際に適用する助けとして機能するものです。実習場面においては，学習したものを適用するための訓練方法としてスーパービジョンを位置づけていくことが何よりも大切です。

　あなたが，実習生として上記状況に置かれたなら，どのように対応したでしょうか。実力がなくても，その家族と関わろうと考えたでしょうか。スーパーバイザーからの期待や圧力，特にスーパービジョンの申し出に屈してしまったでしょうか。このような状況において，その家族と関わるために必要な基礎的知識を得るための方法を見出せるでしょうか。さて，あなたは，このスーパーバイザーにどのように対応したでしょうか。考えてみて下さい。

不適切なスーパービジョンに対処する

　現実には，理想とはほど遠いスーパービジョンとつき合わなければならないこともあります。自分が受けているスーパービジョンが標準以下のレベルなのかどうかを判断するには，どのようにしたらよいでしょうか。そのようなスーパービジョンと付き合うためには，どのようにしたらよいでしょうか。何か積極的な対応策はあるのでしょうか。本節ではこのようなことをテーマとします。

　優れたスーパーバイザーとは　臨床的なスーパービジョンのあり方を規定する唯一の方法といったものはありません。しかし，カウンセリングのスーパーバイザーのための基準といったものは作成されています。"カウンセリングのスーパーバイザーのための倫理綱領"（Association for Counselor Education and Supervision：ACES, 1993）は，スーパーバイザーを支援するために作成された基準です。そこでは以下の内容がテーマとして盛り込まれています。

①クライエントとスーパーバイジーの権利が倫理的および法的に守られていることを監督する。②クライエントへの有効な援助とスーパーバイジーの教育という2つの条件を満たすように訓練を提供する。③訓練のための方策，手続き，標準を作成する。このことからわかるようにスーパーバイザーの主な機能は，実習生の教育，実習生の人間的かつ専門的発達の促進，有効なカウンセリング（援助）活動の提供補助ということになります。

　また，ACESは，スーパービジョンのガイドラインを出しています。そこでは，"スーパービジョンは，カウンセラーの仕事に従事する限り，継続的に行なわれなければならない。ある特定の教育段階や専門的地位に到達したからといって止めてはならない"と規定されています。さらにACESでは，効果的なスーパーバイザーの条件として以下のような特徴を提示しています。

- カウンセリングのスーパーバイザーは，同時に有能なカウンセラーでもある。
- 専門的なスーパーバイザーは，スーパーバイザーとしての役割や機能を適切に果たすことができる個性と能力を備えている。例えば，スーパーバイジーを勇気づけると共に悲観的にならないように対応できる。スーパーバイジーの個性に敏感であり，しかもユーモアのセンスをもっている。スーパーバイザーという役割に特有な権威を引き受けると共に，カウンセラーやスーパーバイザーとしての技能を常に最新のレベルに保つ努力をしている。
- 自らの活動に付随する倫理的，法的および職業的制約を十分に心得ている。
- カウンセリング，教育訓練，スーパービジョンに関して自らが依拠しているモデルをスーパーバイジーに説明しなければならない。この場合のモデルとは，スーパービジョンをする際の目的，方針，理論的方向性を含むものである。
- 性別，人種，民族，文化，性的傾向，年齢に関して個人差があることを十分心得ている。そして，スーパービジョンを行うにあたって，その個人差を考慮することの重要性を理解している。
- 適切な共感，純粋性，具体性，自己開示を実践する能力を有している。
- 専門的なスーパーバイザーは，スーパーバイザーとしての活動を始める前に，スーパービジョンをするための訓練を受けている。
- スーパービジョンの目標を明確に提示し，その目標に沿ってさまざまな技法を用い，スーパーバイジーを指導する。また，目標とするスーパービジョン関係のあり方を明確にし，その関係がスーパービジョンの過程においてどのように活用されるかについて具体的に説明する。
- 事例をどのように理解し，どのように対応するのかに関する知識と能力を有している。

- スーパーバイジーと定期的に会い，スーパービジョンのセッションをもつ。
- スーパーバイジーにその場その場で的確なフィードバックを与える。そのフィードバックは，スーパーバイジーの行動に結びつくものでなければならない。それは系統立っており，客観的で正確であり，タイミングよく，しかもスーパーバイジーが理解できるように提示される必要がある。

　以上，優れたスーパーバイザーの条件をまとめてみました。あなたは，このような特徴をもったスーパーバイザーの下で仕事をし，スーパービジョンを受けているかもしれません。あるいは，望ましい能力がないと思われるスーパーバイザーと会うということもあるでしょう。実習生であるあなたが援助専門職としては頼りないのと同様に，スーパーバイザーとして頼りないと思われる人もいるでしょう。しかし，どのような制限があろうとも，スーパービジョンから何をどれほど学ぶことができるかは，あなた次第なのです。

　さまざまなスタイルのスーパービジョンを受ける　さまざまなスタイルのスーパーバイザーからスーパービジョンを受けることは，非常に有効な学習方法です。異なるスーパービジョンを経験することによって，援助専門職としてのさまざまな面を学ぶことができるからです。厳しい直面化こそがクライエントの硬い防衛を破るために必要であると信じているスーパーバイザーがいます。クライエントは被害者であると考え，クライエントには問題に直面する責任はないとするスーパーバイザーもいます。問題解決型の方法に従って，次から次へとアドバイスを与えることを勧めるスーパーバイザーもいます。また，支持的で許容的な雰囲気を重視し，とにかく断言することを避け，温かい態度を示すことを求めるスーパーバイザーもいると思います。あるいは，強引な危機介入を指示し，その結果として，問題を緩和するどころか逆に混乱を先鋭化させてしまうスーパーバイザーもいるでしょう。さらに，実習生と友人のような関係になることに熱心なスーパーバイザーもいれば，逆に専門家として実習生とは距離を保った関係を維持するスーパーバイザーもいます。

　このようにさまざまなタイプのスーパーバイザーがいます。それぞれのスーパーバイザーは，さまざまな理論的背景に基づいて指導をします。そこで，実習生は，そのようなさまざまなスタイルのスーパービジョンから幅広く学ぼうとする態度をもつことが大切になります。多様なスーパービジョンを経験することを通して，あなた自身の援助スタイルに多様な視点を統合するように努力してほしいと思います。あなたのスタイルとは異なる理論や方法に基づくスーパービジョン

を批判し，回避することを急いではなりません。むしろ，そのようなスーパービジョンの体験を学びの機会と考えましょう。

　スーパーバイザーとの間に問題が生じた場合，代わりとなる新しいスーパーバイザーを探すのだけが唯一の問題解決の方法ではありません。自分とは異なる見方をもっているスーパーバイザーや当初は関係作りが難しいと感じるスーパーバイザーと関わる経験から，あなたは非常に多くを学ぶことができます。スーパーバイザーとの間に対立が生じたら，それは，話し合いをするよい機会なのです。問題を解決するためにできる限りのことをしましょう。あなたのスーパーバイザーが非協力的であると，最初から決めつけないようにしましょう。スーパーバイザーは，きっとあなたの提案に対して開かれているはずです。臨床現場ではそれぞれの役割が決まっているので，通常はスーパーバイザーを替えることは難しいものです。しかも実習生が，教育を受けるスーパーバイザーを選ぶことはできません。したがって，異質な相手に対しては，そのような人々との間で問題を解決するための人間関係の技能を身につけることが大切となります。それは，責任がそれほど重くない実習生の期間に習得しておくべき技能といえます。

　さて，ここで，あなたにとって指導を受けるのが最も苦手なスーパーバイザーとは，どのようなタイプであるのかを考えてみましょう。そして，それはなぜなのかという点を書き留めてみましょう。お互いの立場を変えることが無理だとしたら，あなたには一体何ができるでしょうか。このスーパーバイザーと建設的な関係を築くためには，どのようにしたらよいでしょうか。自己の技能学習の一環として考えてみて下さい。

スーパービジョンにおける問題を解決する　あなたは，スーパービジョンを受ける過程でたくさんの問題に遭遇するでしょう。コミュニケーションが自由に，また活発にできない雰囲気があるかもしれません。実習生に何を期待するのかを明確にしないスーパーバイザーもいます。約束をすっぽかし，責任を秘書に転嫁するスーパーバイザーもいます。自信がないくせに，自分の不安を隠すために逆に実習生を支配しようとしたり，横暴に振る舞ったりするスーパーバイザーさえもいます。思いついたことを次から次に実習生に押しつけてくるスーパーバイザーもいるでしょう。そのような場合，あなたは，スーパービジョンにおいて意味のない課題や興味のない仕事を課せられることになります。

　この他，スーパーバイザー自身が倫理に反する活動をする場合もあります。例えば，スーパーバイジーにケースを担当させておきながら，あたかも自分が扱ったケースのように細かに記録を書かせる場合などがそれに相当します。権威を笠

に着て常に自分が正しいとして，自分のやり方を押しつけてくるスーパーバイザーもいます。実習生にフィードバックを与えるという責任を果たさないスーパーバイザーもいます。実習生に指示を与えず，あたかも闇の中に置き去りにするといった状態にさせてしまうスーパーバイザーもいます。

このようなスーパーバイザーは，多くいるというわけではありません。しかし，あなたが現場で実習を受けるならば，このような問題に直面する可能性はあります。スーパーバイザーから何もフィードバックをもらえないとしたら，あなたはどうしますか。スーパーバイザーにフィードバックをしてほしいという気持ちを知ってもらおうとするでしょうか。実際にその気持ちを表現する行動をとりますか。それを強く主張できますか。それでもフィードバックを得ることができない場合，あなたには何ができるのでしょう。

スーパーバイザーの役割と機能それ自体に，スーパーバイザーとの間で自由な開かれた関係を形成するのを妨げる側面があります。それは，スーパーバイザーには，スーパーバイジーを評価する責任があるということです。実際に，スーパーバイザーは，スーパーバイジーを評価することになります。当然のことながら，実習生は，スーパーバイジーとして観察され，評価される不安を抱くことになります。ここで，実習生は自らの不安に圧倒されるのではなく，それを生産的なエネルギーに転換することができます。改めて自分が何を学びたいのかを考え，それを習得するための方法を探ることで不安を積極的な行動に転換できます。評価される不安に押しつぶされたり，恐れのために動けなくなったりする必要はないのです。

スーパービジョンとインフォームド・コンセント　カウンセリングのスーパーバイザーのための倫理ガイドライン（ACES, 1993）では，インフォームド・コンセントをスーパービジョン関係の基礎的要素とすべきであると指摘しています。また，McCarthy, Sugden, Koker, Lamendola, Maurer, Renninger (1995) は，臨床現場でのスーパービジョンにおけるインフォームド・コンセントのための実用的ガイドラインを提案しています。彼らは，インフォームド・コンセントは効果的なスーパービジョンのための欠くことのできない要素であると指摘しています。そして，スーパーバイザーとスーパーバイジーの間で話し合い，合意事項は書面に記載されるべきであるとしています。書面上での同意がなされることによって，スーパービジョンにおける相互の責任は，より明確なものとなります。スーパービジョンを始めるにあたって，期待することを話し合い，それを明らかにしておくことで，スーパーバイザーとスーパーバイジーの関係は強化されます。

そして，それはクライエントのケアの質を向上させることにつながります。

　McCarthyらは，インフォームド・コンセントにおいて言及すべき重要な7項目を明示しています。それは，目的，専門的開示，実務的事項，スーパービジョン過程，運営的事項，倫理・法的事項，そして同意文章です。これらの事柄がスーパービジョンのインフォームド・コンセントの過程で扱われるならば，スーパーバイザーとスーパーバイジーの双方は，互いに尊重すべき役割，権利，責任を明確に意識するようになります。双方の話し合いに沿って作成され，文章化されたインフォームド・コンセントは，スーパーバイザーがクライエントにどのように対するのかについてのモデルをスーパーバイジーに提供する優れた方法でもあります。

グループ・スーパービジョンの価値

　グループ・スーパービジョンは，広く活用されています。しかし，実際にはその意義が十分に理解されていないようです（Prieto, 1996）。グループ・スーパービジョンは，まず時間的に効率がよいということがあります。また，実習生が事例の見立てを形成し，さまざまな臨床的介入を実行する技能を習熟する独特の場にもなります。グループ・スーパービジョンでは，スーパーバイザーからだけでなく，同僚の実習生たちからも学ぶことができます。実習生は，臨床の仕事に関わることに不安や心配を感じているものです。グループ・スーパービジョンに参加することで，それが自分だけの問題でないことを学ぶと共に，援助関係に関する異なった見方に触れることもできます。なお，Prieto (1996) は，グループ・スーパービジョンに関する実験的研究のレビューをしています。その結果として，研究者はグループ・スーパービジョンに関する知見を蓄積する基盤を確立し，援助専門職やその実習生に資するようにすべきであると指摘しています。

　実習生が他の実習生と自分の経験や悩みを分かち合うことは大切なことです。グループ・スーパービジョンにおいては，さまざまな実習生がさまざまな経験を提示し，それが議論されます。このようなグループ・スーパービジョンでは，参加者がその過程を自分自身の個人的な体験として取り入れることができれば，それだけ学習の効果が高まります。実習生は，グループ・スーパービジョンに参加して生じた自己の反応に焦点を当て，それを他のメンバーと分かち合うことによってグループの過程を自分自身の個人的体験とすることができます。

　あなたに何らかの反応を起こさせるのは，どのようなクライエントでしょうか。次週来てほしくないと思うのは，どのようなクライエントでしょうか。あなたに脅威を与えるのは，どのようなクライエントでしょうか。あなたが特別に好まし

いと思うのは，どのようなクライエントでしょうか。そのような自己の体験をグループのメンバーと話し合い，そこからフィードバックを得ることで，自分とクライエントとの関係や自分自身のこころの動きに焦点を当て，それを通して自分自身に気づくことができるようになります。

グループ・スーパービジョンでは，援助活動のスーパービジョンと並行して自分の価値観や態度を見直すことができます。例えば，自分がクライエントから感謝されることを求める傾向をもっていることに気づいたとしましょう。そのような場合には，個人的なカウンセリングやグループ・スーパービジョンにおいて自分の認めてもらいたいという気持ちや拒まれることへの恐れを話してみましょう。それに対する他者からのフィードバックを得ることは，あなたが自己理解を深めるのに役立つでしょう。

スーパービジョンとカウンセリング

スーパーバイザーは，スーパービジョンの過程において，教師，コンサルタント，賢明な助言者，そして時にはカウンセラーなどいくつもの役割を担います。しかも，これらの役割の境界線が曖昧であるため，スーパーバイザーの役割は非常に複雑になっています。スーパービジョンの過程は，指導者−学生やカウンセラー−クライエントといった関係と共通した点もあれば，相違する点もあります。そこで，スーパービジョンをする上でも，また受ける上でも，スーパービジョン関係の中心的目的とは何かを常に心に留めておくことが非常に重要となります。それは，クライエントに可能な限り最良のサービスを提供するということです。

スーパーバイザーがスーパーバイジーに対してもつ援助的役割は，正確にはカウンセラーの役割と同じではありません。しかし，それら２つの役割の相違点がはっきりと定義されているというわけではありません。Whiston & Emerson (1989) は，スーパーバイジーである実習生の個人的な問題を探ることを媒介として，その実習生におけるカウンセリング活動の行き詰まりを見出すというスーパービジョンのモデルを提案しました。しかし，いったんスーパーバイジーの個人的問題点がスーパービジョン関係の中で認められたならば，その実習生はその問題を解決する責任を負わされることになります。

この点に関してACES (1993) の倫理ガイドラインでは，"スーパーバイザーは，スーパービジョンからカウンセリング関係を形成すべきではない。スーパーバイジーの個人的問題は，クライエントに対する影響および専門職としての機能との関連でのみ取り上げられるべきである"と述べられています。ただし，適切な方法でスーパーバイジーの個人的問題が扱われるならば，それはスーパービジ

ョン関係に必ずしも悪影響を及ぼさないとの研究報告もあります。スーパーバイジーがクライエントへの関わりに悪影響を及ぼすような個人的問題をもっている場合，スーパーバイザーがその問題を適切に扱うことが必要となります。そのような場合，スーパーバイザーは，その問題を穏やかに，援助的な形で指摘することになります。そのようなスーパービジョンを受ける経験を積むにつれて，スーパーバイジーは，クライエントとの関係に影響を及ぼす自らの個人的問題を検討することができるようになります（Sumerel & Borders, 1996）。

　スーパービジョンとカウンセリングの境界線は，常に明確だとは限りません。そこで，両者の関係についてさまざまな観点から検討する必要があります。Corey & Herlihy（1996c）は，スーパービジョンにおいて焦点を当てる事柄について，以下のような一般的ガイドラインを提示しています。"スーパービジョン関係は，専門的，教育的，そして援助的な関係が複雑に絡み合ったものです。したがって，スーパーバイザーは，スーパーバイジーの技能教育と自己探求という2つの課題に関して，スーパービジョンを個人的カウンセリングの場にしないという倫理を踏まえた対応をしていく必要があります。改めて指摘しますが，実習生のこころの動きが援助専門職としての活動にどのように影響を及ぼすのかを見極めるのはスーパーバイザーの責任です。しかし，スーパーバイザーが，スーパーバイジーの個人的カウンセラーとしての役割を担うのは，適切なあり方とはいえません（p.277）"。

　スーパービジョンとカウンセリング（心理療法）を同一のものとすべきではありません。しかし，両者のプロセスの間には，多くの共通点があるといえます。良質なスーパービジョンでは，スーパーバイジーである実習生の問題点や盲点を検討するだけでなく，指摘しておくことが必要な潜在的な問題領域にも焦点を当てます。その点でスーパービジョンを適切なものとしようとすれば，カウンセリング（心理療法）と同一な側面が重視される場合も出てきます。スーパーバイザーは，実習生が適切な援助活動をするのを妨げている要因や逆転移を見出しやすい立場にいます。そのため，スーパーバイザーは，実習生がクライエントを援助する上で障害になる自己の態度や感情，そして行動に気づくのを支援することができるのです。

　もし，実習生が適切な援助活動をするためにさらなる自己探求が必要であったり，実習生の心理的問題が特定のクライエントへの対応が困難な原因となっていたりする場合には，スーパーバイザーは，その実習生に個人にカウンセリング（心理療法）を受けることを勧めることでしょう。スーパーバイザーからそのような提案があったとしても，それで自分が援助専門職に向いていないことを示し

ていると誤解すべきではありません。実習でクライエントの人生と関わり合うことは，あなた自身の心理的外傷体験と結びついたり，未解決の問題を表面化させたりすることになるものなのです。さまざまなクライエントとの出会いによってあなたの中で起こってくることがどのようなものであっても，それに心を閉ざしてしまわないようにしましょう。

　スーパービジョンと平行して個人的にカウンセリング（心理療法）を受ける場合には，スーパーバイザーとカウンセラーが同一人物でない組み合わせが理想的です。そのような場合，スーパービジョンにおいては，あるカウンセラーから指導を受け，カウンセリング（心理療法）においては，またそれとは異なる別のカウンセラーから援助を受けることになります。そのような形態の支援を受けることによって，スーパーバイジーは，専門的側面だけでなく人間的側面においても大いに成長する機会を得ることになります。スーパーバイザーとカウンセラーを別にすることで，両者の境界がぼやけるの防ぎます。そして，スーパービジョンで実習生がクライエントの援助をするのに焦点を当て，個人的カウンセリング（心理療法）では実習生が自己の個人的問題を扱うのに焦点を当てることが可能となります。

5　復習のために

- 教育から最大の学びを得るために，積極的になりましょう。完璧な教育訓練過程などは存在しません。しかし，あなたが自らの学習過程をより意義深いものにするためにできることは，たくさんあります。
- あなたは，教育訓練課程において実習生としての評価を受けます。評価は，教育訓練課程で終わるものではありません。就職したとしても，同様に専門職としての評価を受けることになります。評価を受けることは，ストレスと緊張とを生み出します。しかし，評価を受けることを通して，専門性を発展させるという意義があるのです。
- 技能と知識は，援助専門職として有効な仕事をするためには必須です。しかし援助者として成功するためには，あなたの人間としての資質もまた，技能や知識と同程度に重要となります。
- 教育訓練課程の修了は，学習の終わりを意味しているわけではありません。むしろ，それは，専門職としての成長と発展の始まりを意味しているのです。あなたが援助専門職として有効な活動を維持するためには，教育の継続が必要です。専

門性の発展を維持するための方法として，専門職仲間によるコンサルテーション・グループ（ピア・グループ）に参加することがあります。それは，専門職の仲間が考えを分かち合い，互いに学び合う機会となります。そのようなピア・グループを通して，自分自身および仲間の専門職としての発展だけでなく，人間としての成長にも積極的に関与し，寄与することができます。

- 現場実習は，教育訓練課程の中で最も重要な体験学習として位置づけられているものです。したがって，そこで経験することを賢く選択しましょう。また，いろいろな現場で実習するようにしましょう。それらの現場は，あなたが専門領域を決定する際に参考となることも意識しておきましょう。
- 実習を実際の仕事と同じように扱いましょう。たとえ無給の実習生であったとしても，自分が就職した現場で仕事をするのと同じ姿勢で実習活動に取り組みましょう。
- 完璧な実習生になることを目指して，自分自身に無理な負担をかけるのはやめましょう。実習での経験は，あなたが援助の技能を学ぶために設定されているものです。したがって，失敗から多くを学ぶことができるのです。
- スーパービジョンからできる限り多くのものを学ぶために，そして学びたいことをスーパーバイザーから教わるために，依頼の方法を学びましょう。自分の限界を知り，それをスーパーバイザーに伝えることも大切です。
- スーパービジョンには，さまざまなスタイルがあります。どの方法が唯一正しいというものではありません。いろいろなタイプのスーパーバイザーから多くを学ぶことができます。ただし，スーパーバイザーのコピーになることがないように注意しましょう。
- 理想的なスーパーバイザーを見つけることは，非常に難しいと思います。スーパーバイザーは，時として準備不足の状態や訓練を受けていない段階でスーパービジョンを担当することがあります。
- あなたの受けているスーパービジョンが期待とは異なる場合，その状況に対する自分の気持ちを積極的に表現するようにしましょう。あなたが求めていることを明確に表現し，その状況に積極的に対処し続けましょう。
- スーパービジョンは，ある意味でカウンセリング（心理療法）に似ています。しかし，重要な違いもあります。個人的カウンセリング（心理療法）はスーパービジョンの補助として有用ですが，スーパーバイザーとカウンセラーは同一人物でないことがベストです。
- 実習生は，教育訓練課程を卒業し，職業の世界に入った時に抑うつ的で不安な時期を経験します。学位をとったところで，現場ではそれが役に立たないことの方

が多いのです。したがって，学位をもった人を専門家とみなす社会的迷信に惑わされず，実力をつけることに挑戦しましょう。臨床の現場に出たならば，そこで専門職としてのアイデンティティを確立する作業を始めなければならないのです。

6 これからすること

1. あなたが教育訓練課程に在籍中ならば，今が，学会などの専門的組織に参加する理想的な時期です。少なくともひとつは，そのような組織に学生メンバーとして加入しましょう。組織に加入したら，その組織が主催するワークショップやカンファレンスを利用できます。会員であることはまた，あなたと同じ関心をもつ他の専門職の人と知り合うのに適した環境を得ることでもあります。また，技能を磨くためのアイディアを得たり，素晴らしい人と知り合ったりする機会を得ることでもあります。

2. 実習において，あるいは仕事をする中でスーパービジョンを受けているなら，そこで話し合いたいことについての簡単な項目リストを作成してみましょう。スーパービジョンで何を学びたいと思っていますか。学びたいと希望していることをスーパーバイザーに伝えるために，話し合いの時間をつくるようにしましょう。

3. 現場研修に入る準備段階にいるならば，働く可能性のある機関を必ず事前に訪ねてみましょう。その組織の運営責任者か実習担当のスーパーバイザーと会って話をしてみましょう。さまざまな種類のクライエントや広範な問題について学べる現場を選ぶようにしましょう。どのような実習が可能かを探る質問表を用意して，面接に臨みましょう。クラスの学生ひとりがひとつの機関しか訪問してはならないという条件ならば，それぞれが収集した情報をクラスの他のメンバーに提供しましょう。

4. 以下に示す事項を読み，実習日誌を書く際の参考として下さい。日誌には綺麗で論理的な文章を書こうとするのではなく，思いついたことは何でも書くようにしてみましょう。

- あるがままの自分をみつめて，学習者として自分がどのような人間であるのかを記述するようにしましょう。あなたにとって積極的に学ぶということは，どのよ

うな意味がありますか。あなたは，より積極的な学習者になるために，どのようなことをしようと思っていますか。本書を読むこと，あるいは本書をテキストとする授業に参加することは，積極的な学習につながりますか。本書の読書経験をどのように積極的な学習に結びつけますか。
- 実習としてどのような体験をしてみたいと思っていますか。あなたが実習経験として理想的なものとして思い描く内容を書いてみましょう。そのような理想に近い最良の現場で実習をするために，あなたは何ができるでしょうか。
- あなたがすでに実習に出ているのであれば，少なくともそこで担当している仕事について簡潔にまとめてみましょう。あなたは，実習先の機関のスタッフに対して，どのように感じていますか。クライエントと関わる中で，援助専門職の活動が自分に適していると思うことはありますか。あるとしたら，それはどのような仕事をしている時ですか。あなたは，そのような実習経験を通して，どのようなことを学んでいるのでしょうか。
- あなたが，現在スーパービジョンを受けているのであれば，そこからできる限り多くのことを学ぶために，どのような努力をしていますか。スーパーバイザーとの関係は，どのようなものですか。スーパービジョンのセッションの質を向上させるために，どのようなことができるでしょうか。思いつくことを書いてみましょう。クライエントと関わる中で，あなたの個人的問題が見えてきたということはありますか。クライエントへの援助を効果的に行うために心得ておくべく自分自身の個人的問題に気づいているでしょうか。実習とスーパービジョンの体験を通してそのような個人的問題を意識することがあったなら，そのような事柄については，どのようなことであっても記載しておきましょう。

5．本書の内容に関連する文献を以下に示します。なお，詳しい引用文献と参考文献のリストは本書の巻末に示してあるので参照して下さい。カウンセリングのスーパービジョンに関するハンドブックとしては，BordersとLeddick（1987）が参考となります。また，スーパービジョンのモデルをわかりやすく解説したものとしては，StoltenbergとDelworth（1987）があります。ヒューマンサービス領域の活動に関する入門書としては，Meukrug（1994）とWoodsideとMcClam（1994）が参考となります。実習現場でのインターンシップに関する実践的手引きとしては，Faiver，EisengartとColonna（1995）が参考となります。現場実習での経験から多くのものを学ぶためには，インターンシップ，実習，臨床現場に関するハンドブックであるBaird（1996）が多くの示唆を与えてくれるでしょう。教育訓練を通しての人間的成長については，Long（1996）において議論されています。

第3章

援助過程を構成する諸段階

> ▶▶▶ **この章で考えてほしいポイント**
>
> 1. 人々が変化する能力について，あなたはどのように考えますか。どのようにしたら最もよく変化が促されるでしょうか。効果的な援助のあり方とは，どのようなものでしょうか。クライエントの変化の程度を評価する最適な方法とは，どのようなものでしょうか。
>
> 2. あなたは，人間の本質についてどのように考えていますか。あなたは，援助を求めてくる人々にどのように対応しますか。人間の本質に関するあなたの見方や信念は，あなたの対応の仕方にどのような影響を与えるのでしょうか。
>
> 3. 援助過程に関して，あなたが抱いている基本的な考え方は，どのようなものですか。あなたの援助の仕方や理論的志向性についてクライエントから尋ねられたならば，どのようなことを最も強調して応えるでしょうか。
>
> 4. 援助関係を形成するにあたって活用するのは，あなた自身の人間的資質ですか，それとも社会的資源ですか。あなたがある種のクライエントとの間で協働関係を結ぶことができないとしたら，それはどのようなマイナス要因が関与しているのでしょうか。何らかの欠点や限界があるのでしょうか。
>
> 5. 短期療法モデルの長所と短所は何ですか。短期的な問題解決焦点型の介入方略は，経済効率を優先する社会システムにどのように適しているでしょうか。これらの取り組みは，効果的な援助を行うのに適していると思いますか。
>
> 6. あなたは，どのような介入方法を採用するのかについて，理論的志向性に基づいて決定しますか，それともクライエントの状況に合わせて決定しますか。
>
> 7. クライエントに直面化する際に，何か心がけていることはありますか。直面化させる目的は何でしょう。あなたが直面化するのが苦手であるとするならば，それは，どのようなことが妨げになっているのでしょうか。
>
> 8. 援助関係において援助者が自己開示することには，どのような意味があるでしょうか。自己開示は，どのような場合にするのが適切なのでしょうか。あなたが自己開示をする際の判断基準は，どのようなものでしょうか。自己開示を

するのが難しいと感じることがありますか。
9. 変化に向けてどのような行動を実行していくのかを定める作業は，援助関係の方向性を決める重要な作業です。そのような作業を，クライエントと協働して行うことをどのように思いますか。変化に向けての行動を実行に移していく段階において，どのようにしてクライエントと協働し，その作業を展開していくのでしょうか。
10. 終結に向けてどのような準備をするのが最もよいと考えますか。クライエントとの終結が難しくなることがありますか。あるとしたら，それはどのような要因が関与しているのでしょうか。終結を効果的に行うために，何か心がけていることはありますか。

1 この章のねらい

　援助専門職は，心理援助の過程のさまざまな段階において，それぞれ異なる役割を果たす必要があります。本章では，あなたが援助者としての役割を遂行する際の助けになるように，各段階の役割を明確化することを目的としています。心理援助の活動をするにあたっては，その援助者が人間の本質についてどのような考え方をしているのかが重要な意味をもってきます。人間の本質についての考え方は，援助過程において，どのような方略を採用し，援助者の役割をどのように定義するのかに影響を与えます。
　ところが実際には，人間の本質に関する自らの考え方や見方をはっきりと自覚せずに心理援助の活動に携わっている者がいます。そこで，援助専門職になるためには，自らがそのよう考え方をもつに至った経緯，考え方が時間の経過と共にどのように変化してきたか，その考え方が自分とクライエントとの関わりにどのように影響しているかについて知っていることが非常に重要となってきます。
　本章では，初回面接から終結に至るまでの援助過程で経過するそれぞれの段階の主な課題と方略についてまとめます。それぞれの援助の段階で必要とされる技能と知識に言及すると共に，技能を援助の活動に適用する際に求められている人間的特質にも触れるつもりです。あなたがどのような人間なのかということ，そして援助関係においてどのような態度をとるのかということが援助関係の質を大きく左右する要因になると考えられるからです。
　さらに，効果的な援助活動を導く要因として理論が果たす役割についても論じ

ます。本章で提示する理論モデルは，人間行動における思考，感情，行為の役割を重視する統合的なアプローチです。皆さんは，それぞれ理論についての教育を受けていると思います。理論というものは，介入する際の案内図のような役割を果たします。しかし，次第に理論を離れて，あなた自身の人間性に適した援助のスタイルを確立していくこと，そして，あなたが援助する個々のクライエントの要求に対応できる柔軟性を身につけることが重要となります。本書ではこの点についても強調します。

2 援助の理論

　あなたは援助活動に関して，どのような理論的志向性をもっていますか。あなたの理論的志向性は，あなたが人間の本質や人間の変化をどのように考えるのかということと密接に関連しています。心理援助に関してはさまざまな理論的アプローチがあります。しかし，特定の心理療法の理論モデルを標榜する研究所で仕事をする場合には，その理論を押しつけられることもあります。例えば，行動療法の行動変容方略を主な介入法として採用する施設で仕事をすることを考えてみましょう。そのような場合，すべてのプログラムが行動療法を適応する形で組み立てられています。そのため，そのような施設で仕事をする場合には，自分には合わないと感じることもあるかもしれません。また，独自の診断システムを用いているため，面接の仕方やクライエントの見立てにおいても特定の診断カテゴリーに当てはめるように求めてくる施設もあります。

　したがって，職場を決める場合には，それがどのような施設であっても，その職場が採用している理論的枠組みを事前に調べておく必要があります。もし，その施設の介入法があなたの援助に対する考え方と矛盾しているならば，仕事を得た後にあなたがその板挟みになって苦しむことは目に見えています。そこで次のような点に関して，あなたの考え方を明確にしておくことが重要となります。

　「援助関係において変化を起こす責任は誰にあるのか。援助者なのか，クライエントなのか」「変化を起こすためには，どのような事柄に焦点を当てるのが最も効果的か」「焦点を当てるのは，感情か，洞察か，行動か，それとも認知なのか」「変化に向けて，援助者の側は，どの程度の枠組みを提供するのがよいのか。変化のほとんどに相当する，大幅な枠組みを提供するのがよいのか，それともクライエントの自由度を残すように，最小限の枠組みを提供するのがよいのか」「クライエントとの関係を形成する際に，直面化と支持をどのような割合で行う

のが適切か」。

　さて，ここで援助過程に関する理論的志向性を構成する要素について考えるポイントを確認します。本節は，次に示す疑問に応えることを目的としています。クライエントが変化する責任を負うのは誰でしょうか。クライエントが目標を達成するかどうかについての責任を負うのは，援助する側のあなたでしょうか。それとも，クライエントにその責任があるのでしょうか。援助者とクライエントがその責任を共有するとみなすならば，あなたは，どの程度その責任を負うつもりですか。クライエントがあなたに質問した場合，クライエントは援助を求めているのであるから，それに応えなければならないと思いますか。それとも，クライエントは自ら答えを導き出す力があるのだから，クライエントが応えを見出すのを援助するだけでよいと考えますか。

援助のために何に焦点を当てるか

何が最もクライエントに変化をもたらすのでしょうか。この点について，あなたはどのように考えますか。自分自身の考えを明確にしてみましょう。もし，何がクライエントに変化をもたらすのかに関して明確な考えがないのであれば，クライエントの変化を促すあなたの能力は限られたものになってしまうでしょう。

　クライエントの変化を促進することについては，さまざまな側面が関わっています。ある援助者は，感情に焦点を当てることで変化をもたらそうとします。その援助者は，クライエントに最も必要とされているのは，内面に溜まっている感情を見出し，それを表現することだと想定しています。このように感情が焦点となっている場合，感情の表出を促すことに多くの時間が費やされることになります。一方，洞察を得ることを強調する援助者もいます。洞察を得るという方法を重要視するのであれば，クライエントの行動の背後にある理由を探ったり，行為のもつ意味を解釈したりすることに多くの時間を割くでしょう。そして問題が一体どこから来ているのかをクライエントに理解させることに熱心になります。

　援助関係の中での行動的側面を強調する援助者もいます。そのような援助者は，クライエントの現在の行為と近い将来なすであろう行為に標準を絞って判断します。このような理論的な志向性をもつ場合には，クライエントが深い洞察をもつことや感情を表すことにはあまり関心をもたないでしょう。なぜなら，クライエントの行為を変化させるためにデザインされた行動計画を実行させることに重きが置かれるからです。

　クライエントが自分自身や周囲の世界に対してどのように考え，どのような信念をもっているのか，つまりクライエントの認知のあり方をクライエントと一緒

に探ろうとする援助者もいます。そのような認知的側面を強調する理論的志向性を取る場合には、クライエントが考えていることや自分自身に語りかけていることばに焦点を当てることになるでしょう。この場合は、クライエントの変化は、クライエントの誤った考え方を見出し、その考え方や内面における自己への語りかけを建設的なものに置き換えることによってもたらされるとみなします。

　また、援助の過程についても、ある援助者は積極的に関わり、どんどんクライエントを導いていくことがよいと考えます。しかし、それとは異なり、クライエント自身に任せて介入はほとんど必要ないと思っている援助者もいます。例えば、あなたが、援助者はクライエントに援助の枠組みや方向性を示す必要がないと考えているとしましょう。そのような場合、あなたは、おそらく面接場面において多くの助言をしないでしょうし、問題解決型の積極的な介入をすることはないでしょう。逆に積極的に介入すべきだというのがあなたの立場ならば、面接場面でクライエントに多くのことを語りかけ、はっきりした援助の枠組みを提示するでしょう。クライエントになるべく多くの情報を伝え、面接を動きのある状態に保つようにするでしょう。

　さらに、クライエントとの対し方についても、ある援助者は、クライエントが挑戦を受け、圧力をかけられた時に防衛を解くと考えます。そのような援助者は、クライエントを自己の問題に直面させようとして、かなりの対決姿勢をとります。他方、対決するよりも、とにかく支えてあげることがはるかに大切だと考える援助者もいます。したがって、援助者の考え方次第で、介入の技法も対決的なものにも支持的なものにもなっていきます。

　時間的な面に関しても、短期的方略を取る援助者もいれば、長期的方略を取る援助者もいます。もちろん、援助活動をする環境やクライエントの状況に応じて、介入に要する期間もおのずと変わってくるということもあります。さて、あなたは、短期的介入法によって人々を援助することができると考えますか。それとも効果的な変化が生じるには長期的な介入が必要だと考えますか。

　過去に焦点を当てる心理療法のアプローチもあれば、現在や未来に焦点化するアプローチもあります。あなたは、過去、現在、あるいは未来のうち、どこに焦点を絞ることが援助過程を最も生産的なものにすると考えていますか。あなた自身の考え方を明確化してみましょう。このことは、単なる理論的な概念以上の意味をもっています。例えば、あなたのもつ理論的傾向に照らし合わせて、問題解決には過去を掘り下げることが重要であるとなったとしましょう。そのような場合、あなたの介入の多くの部分は、クライエントが自らの過去を理解できるよう

な方向に費やされることになります。

　あなたがクライエントの目標や努力が大切だとみなす立場をとるのであれば，当然クライエントの未来に照準を合わせる介入法をとることになるでしょう。そして，「もし，あなたが1年後に今と違う人生を歩んでいるとしたら，どんな人生でしょうか」や「もしもあなたが10年してからの未来を作り変えることができるとしたら，どんな未来が見えてくるでしょうか」といった質問をクライエントにすることになるでしょう。また，あなたの援助法が現在に目を向けるものだとしたら，介入の多くは，クライエントが今ここで考えていること，感じていること，行っていることに気づかせるようにもっていくことになるでしょう。

　当然のことながら，このような介入における時間的枠組みの相違は，援助者が依拠している理論によって決定されてくるわけです。なお，上述のように過去，現在，未来を分けてそれぞれに焦点を当てる枠組みだけでなく，過去，現在，未来を統合した形で関わることも可能です。例えば，そのような統合的枠組みとして，クライエントの過去の経験が，現在のクライエントにどのように影響しているかという点に重きを置き，過去と未来を統合していくこともできます。また，クライエントが現在行っている行動に焦点を当てながらも，その人が自らの力で築きたいと願っている未来に関心を向けるように対応することで，現在と未来を統合していく介入もできます。

　ところで，あなたは人間の本質についてどのように考えていますか。人間の本質に関するあなたの考え方や信念は，あなたがクライエントと関わる際の援助方略と大いに関連してきます。例えば，あなたが人間の本質は善であると考えているとしましょう。その場合には，あなたはクライエントは自分の人生の方向を自分の責任で決めていけると考えるでしょう。他方，人間の根本は悪であると考えている場合はどうでしょう。その場合は，人々の誤った性根を正すことが援助者としての役割であるとみなすでしょう。そこでは，介入の目的は"曲がった人々をまともにさせる"ことになります。

　このように，人間の本質に関する考え方は大きな影響をもつことになります。そこで，以下に示す項目について考えることを通して，人間の本質に関するあなた自身の見方を明らかにしてみましょう。

- 人間は，問題解決のために権威ある者からの指導を必要とする。
- 人間には，自らの問題を解決する能力が本来備わっている。
- 人間の苦しみは，人間自らがつくり出したものである。

- 人間は，外的環境に支配される弱き者である。
- 人間は，根本的に善であり，信頼に値する。
- 人間は，根本的に悪を指向するものであるので，矯正を必要とする。
- 人間は，自己選択の自由をもつ。現在のあり方は，その人自らが選択し，創造してきた結果である。
- 人間は，定められた運命を生きている。
- 人間が変化する時には，痛みを伴うものである。
- 人間は，目標を目指すことによって動機づけられる。
- 人間は，幼少期の体験によって人生のあり方が決定される。

　あなたがさまざまなクライエントに関わる経験を積むことによって，対人援助に関するあなたの理論的志向性も次第に変化発展していくでしょう。その点では，援助専門職として実際に働きはじめる前に理論的志向性を決定しておくことは，必ずしも重要だとはいえません。しかし，人間の本質についての考え方をはっきりさせておくことは肝心です。クライエントと関わる過程において，その考え方が非常に重要な意味をもつからです。

あなたの考え方が援助活動に及ぼす影響

あなたが他者と関わる場合のことを考えてみて下さい。もし，あなたが相手に大きな期待を抱いて対応したとしましょう。そのような場合には，相手の人もその期待に応えて最善の努力をするでしょう。それと同様に，自己の問題を理解し解決する能力が備わっているものとしてクライエントに対した場合には，クライエントが自ら解決に向けての答えを見出していく可能性が高くなるでしょう。また，クライエントとの間に協働関係を形成するように対応すれば，それは，その援助的協働関係を足がかりとして自らの人生の再構成することができると，クライエントに伝えていることになります。

　援助専門職として有能な者は，人間を肯定的に見ています。また，健全な自己概念をもち，しっかりとした価値観に基づいた介入を行います。文化の違いを尊重します。共感性，一貫性，温かさ，思いやり，誠実さ，そして無条件に相手を尊重する態度を備えています。さらに，自分がどのような信念をもっているのかを自覚していると共に，自己の行う介入が，人間が変化することに関する自らの信念や仮説に合致したものか否かを検討することができます。

　逆に，有効な活動ができない援助者は，人間に対して批判的で柔軟性のない見方をする傾向があります。そのような援助者は，クライエントに対して，どのように考え，どのように問題を解決すべきかを命じる傾向があります。また，クラ

イエントは自分で自分の運命をコントロールする手段をもっていないと考えています。援助者自身の勘に従ったり，自らの確信を裏付けるようなクライエントの行動を探したりすることに終始し，あえて自らの考え方を見直すといったことはしません。

ところで，人間についての柔軟性を欠いた見方とはどのようなものでしょうか。これに関して，援助者や学生が以下に示すような意見を述べるのを聞くことがしばしばあります。これらの意見を読み，あなた自身，同じ考え方をするかどうか調べてみて下さい。また，下記の文章を読みながら，あなたが人間についてどのような信念をもっているのか，人々に対して偏見はないのかについて，自分自身の考え方を見直してみて下さい。

- 社会病質者は，心理療法に抵抗するので，変化することはありえない。
- 高齢者は，変わらない。高齢者には，あえて介入しないほうがよい。悪化させないように現状を維持する支持的対応が望ましい。
- 私には人種的偏見などというものはない。私は，いかなる人種のグループとも平等に関わることができる。
- クライエントが変わらないのはクライエント自身の問題であって，私の責任ではない。
- クライエントは"助け"を求めている人であり，自らの生活や人生を自分自身で管理できない人である。そのような人にしっかりした枠組みを提供するのが，私の役目である。
- 生活保護を受けている人々は，根本的に怠惰な人間であり，仕事をしたくないと思っている人々である。
- ほとんどの人は，自分自身が変化したいとは思っていない。人は，自分の欲するものが手に入ることを何よりも望んでおり，そのために他人を適当に操作することばかり考えている。
- 人間ほど当てにならない存在はない。目指したことを最後までやり遂げる保証など，どこにもない。
- この施設のクライエントは，非常に反抗的である。自分の本当の感情や考えを隠したがる。
- クライエントの抵抗を上手く扱うためには，直接問題を突きつける方法が一番である。クライエントの防衛をはぎとることが必要である。
- クライエントに共感的で支持的な対応をしていると，逆にそれをクライエントに利用され，操作されてしまう。

以上の意見に示されたような信念のうちのいくつかをもっているとしても，それで，あなたが他者を援助するのにふさわしくないということでは必ずしもありません。例えば，あなたが，強い抵抗を示すクライエントと何年間も関わっているとしましょう。そのような場合には，人間は変わることに対して一般に抵抗を示すものだと結論づけてしまうこともあるでしょう。しかし，あなたが出会うクライエントのすべてに対して，この考え方を当てはめてしまうと，クライエント側もあなたから受け取るメッセージに反応して抵抗を示すようになるのです。その結果，"予言の自己実現"（self-fulfilling prophecy）のようなことが起きて，あなたのクライエントはさらに強い抵抗を示すようになり，そしてあなたの信念はますます強められてしまうことになります。

　軽い皮肉を口にしたからといって，永久に皮肉な人間であるとも限りません。したがって，上記のような事態に対しては，次に示すようなことを自問自答してみましょう。

- 私は，どれだけその考えに凝り固まっているのだろうか。
- 私は，限られた経験しかないのに，すぐそれをすべてのことに当てはめようとしてないだろうか。
- 私には，人のことを性急に判断したり，一般化したりする傾向がないだろうか。
- 私は，自分の考え方を積極的に，かつ真剣に見直すことをしているだろうか。そして場合によっては，自分の考え方を変える覚悟はあるだろうか。

　さて，皆さんは，自分自身の考えに対して，どのような態度をとっていますか。あえて自らの思い込みの原点を探り，それに直面し，積極的に偏見を取り払おうと努力をしているでしょうか。少しでもそのような傾向がみられたならば，それは，将来に向けて変化発展していく可能性を示すものといえるでしょう。

自分の思い込みに挑戦することを学ぶ

　私たちは，罪を犯した精神障害の患者や精神障害を患う性犯罪者に対する矯正施設内で，職員の訓練のためのワークショップを開いたことがあります。その勉強会には，援助職として能力のある優秀な人も参加していました。しかしその一方で，あまり効果的な援助をしていない職員も見受けられました。そのような職員は，自分たちの患者が正しいことなどするはずがないと考えているように見えました。施設のある職員は，「ここにいる人々は，カウンセリングには不向きだし，変わろうという気もない。裁判所から命令された通りにカウンセリングの時間をこなしているだけです」と公言してはばからないということもありまし

た。患者がセッション中に話さなければ反抗的な態度だと言いますし，逆に患者が話せば，今度は職員を上手く操作しようとしていると見ることが多かったのです。

ワークショップにおいて私たちは，せめてカウンセリングを行っている間だけでも決めつけるのを先送りにするようにと職員に伝えました。その施設の患者は，逮捕の原因となった罪を犯す者としてのみ見られていました。そこでカウンセリングにおいては，患者が罪を犯す者としてではなく，それ以外の側面を表現する機会を提供するように職員を励ましました。例えば，幼児を対象とした性犯罪者は非常に深刻な問題を抱えてはいます。しかし，そのような人物を性犯罪者としての面だけでなく，それ以外の側面も含めて広く理解してもよいのではないかと主張しました。

患者を犯罪者という一面のみでとらえることを越えて多面的にみようとすることで，職員は，患者が抱える不安や苦悩に気づくことができるようになります。私たちは，職員が援助の妨げとなるような自らの思い込みを見直し，それを超えた見方ができるように自分自身に挑戦してもらうようにしました。そうすることで，患者や援助過程を，それまでとは異なった観点から理解するようになってほしいと考えたからです。

もし，あなたが何らかの思い込みをもっていることに気づいたならば，その思い込みは，クライエントへの対し方にどのような影響を与えているのかを考えてみて下さい。自分自身について，また援助をする人や援助の過程についてどのように考えているかは，思い込みと密接に関わっています。ただし，思い込みは，上記の矯正施設職員の例のようにはっきりとわかりやすいものばかりではありません。むしろ，一般的には思い込みは，本人が気づくのが難しいものなのです。

思い込みが微妙なものであれ極端なものであれ，人はその思い込みに導かれて行動する傾向があります。例えば，基本的にクライエントは自分の問題を理解したり対処したりすることができないと考えているとしましょう。そのような思い込みをもつ援助者は，自分の見立てが間違っていないことをクライエントに認めさせるために，あるいは自分の方針に従わせるために，クライエントへの対し方を組み立てていくことになります。

自分の考え方や思い込みに気づくようになって初めて，それがどの程度，自らの行動として表れていたのかを判断できるようになります。さらに，そのような考え方や行動が自分自身と自分の援助活動にどのように作用しているのかを見極めることも可能となります。したがって，よき人生，個人が変化する能力，援助者とクライエントの関係などについて，あなたはどのような見方をしているのか，

そして，それはどのようにして形成されたのかを，ぜひ考えてみて下さい。自分の見方や信念を検討し，それらを明確にし，その見直しに挑戦してみて下さい。それは，自己探求の過程でもあります。それを通してあなたが抱いている信念の正体を見極めてほしいと思います。

あなたは，援助過程についてはっきりとした考えをもっていないかもしれません。援助過程についての考え方を，無批判に，また無意識に受け入れているということもあるかもしれません。そのような考え方は，了見の狭い信念であったりします。また，その妥当性や，実際に機能するかといったことが検証されていないといった可能性もあります。狭量な信念体系を身につけていても，守られた環境にいて，いつも付き合っている仲間以外の人々と交流がない場合には，そのような信念をもっていることさえも気づくことはないでしょう。同じ考え方をする仲間だけの，カプセルに包まれたような安心できる環境にいると，自分の信じることのみを"見て"満足してしまうことも生じてきます。

自分が抱いている信念を明らかにし，その内容を確認するためには，あえて挑戦するつもりで不慣れな状況に身を置いてみることが役立ちます。例えば，あなたは，アルコール依存のクライエントに接する機会がなく，彼らを"意志の弱い人間"と見なしているとしましょう。そのような場合には，実際に断酒会に参加してみるとよいでしょう。特定の文化をもった人々や人種の違う人々と関わったことがあまりないなら，文化や人種が異なる人々が生活する場でボランティア体験やフィールドワークをしてみるとよいでしょう。高齢者に対して偏見をもっていることに気づいたとしたら，自発的に高齢者と関わりをもてる場所に出かけてみましょう。エイズ患者，またはHIV陽性患者と関わることを怖れているなら，この病について学び，その問題で悩んでいる人々と関わることによって自らの恐れに挑戦することができます。

自分が偏見をもっている人々については，深く関わったことがなく，なじみが薄いということが往々にしてあります。したがって，偏見をもっている人々について学ぶ最良の方法は，とにかくそのような人々と直接関わってみることです。もちろん，こうした状況に際しては開かれた心をもつことが大切です。また，自分の偏見を支持する証拠を探すようなことは避けるべきです。開かれた率直な態度で臨めば，経験を積むほどに，自ずと援助の仕方に関する改善点が見えてきて，新たに進む方向が明らかになってくるものです。

私たち（著者）の援助過程に関する見解

クライエントとの関わり方には，これしかないという唯一の方法は

ありません。しかし，私たちがそのことを理解するのには，多少時間がかかりました。現在では私たちは，何が正しい関わり方なのかを追求するといったことはしません。その代わりに，問題解決に向けてクライエントと共に関心のおもむく方向を探りながら援助過程を進めていくという方法をとっています。これは，私たちの考える望ましい援助過程のあり方です。この援助過程では，自分たちの直観に従って，私たちなりの援助の仕方をします。もちろん，クライエントについての直観が誤っていることもあります。しかし，クライエントとの関係に注意を払っていれば，すぐにその誤りに気づくことができます。

　私たちが繰り返し学んできたことは，自分たちが考えていることをクライエントに伝えることの重要性です。私たちは援助者として，常に援助者とクライエントとの間に何が起こっているのかを考えています。その，援助関係の中で何が起きているのかに関する私たちの考えを，クライエントとの話し合いの中で伝えていくことがいかに重要であるかを，私たちはこれまでの臨床経験から学んできました。時として，ある種のクライエントとは関係を築くのが難しいと感じることはあります。しかし，それは，その人物を受容できないでいる自分の中の何かを反映していることが多いといえます。クライエントは，自分自身のある側面を映し出す鏡であると考えるとよいでしょう。クライエントを受け入れられないからといって，必ずしも何かを変えなければいけないというわけではありません。ただし，クライエントに対する自分のパターンを知っておくことは大切です。そして，クライエントと自分の関係に注意を払い，そこで何が起きているのかに気づき，それをクライエントに伝え，共有することが重要となります。

　援助の関係において何を中心目標とするかを決定する責任のすべてが援助者側にあるわけではありません。クライエントが何を望むべきなのかを必死に探し求めるよりも，クライエントに何を求めているのかを頻繁に尋ねればよいのです。「このカウンセリングは，あなたの役に立っていますか。もしそうでないのなら，私たちは何をどのように変えていったらよいでしょうか」といった質問をすればよいのです。その時点で行動面での問題がなく，無理なく生活できているならば，クラエイエント本人も，そこで受けている援助の仕方を特に強く変えようとは思わないものです。そのような場合は，今の状態を維持するためにお金を払ってカウンセリングを受ける必要があるのかをしっかり考えるようにクライエントに伝えます。自らを変化させるかどうかの判断は，あくまでもクライエントに委ねるべきものです。人生をいかに生きるべきかの判断は，クライエント自身の課題であって，援助者の仕事ではありません。

クライエントが援助関係からほとんど何も得ていないように思えるなら，自分とクライエントとの関わりを見直してみます。自分がクライエントと一緒に難しい課題に挑戦しようとしているかを自問してみます。さらに，クライエントと共に先に進めない理由がクライエント側にある可能性についても検討します。援助者が望む変化の方向にクライエントを無理にもっていくことはできません。しかし，私たちは，変わることに関しての利点と欠点を探索する雰囲気を作ることはできます。援助は，助ける側と助けられる側の相互の働きによって進むものです。両方が責任を共有することによって変化がもたらされると考えられます。

理論的志向性

　私たちは，ひとつの理論だけを全面的に信奉していることはありません。むしろ，ひとつの理論にのみ拘らない統合的枠組みの中でカウンセリングをしています。それは，実践を積み重ねながら発展し修正を続けてきているものです。私たちの統合的枠組みでは，現代の主要なカウンセリングモデルから自分たちの特質に合った考え方と技法を取り出し，それを統合的に活用しています。したがって，私たちの理論的な枠組みは，人間が経験する思考，感情，行動などさまざまな側面を考慮したものとなっています。その点で，私たちの実践活動のスタイルと理論的背景は，個人のある一側面に注目するのではなく，個人は全体としてどのようなあり方をしているのかということと密接に関連しています。

　私たちは，"思考"の次元を強調する取り組み方を重視していると思います。クライエントに対して，これまで自分自身について下した"判断"に目を向けるように促します。そのような"判断"のいくつかは，クライエントが子ども時代に心理的な苦しみを乗り越えるために必要なものであったといえるでしょう。しかし，それらは，今や旧式で使い物にならないものになっています。そこでカウンセリングでは，クライエントにそのことに気づいてもらうようにします。最終的には，クライエントが自己についての判断に必要な修正を加えて，より豊かな人生を過ごせるようになることを目指します。

　そのためのひとつの方法として，自分で自分にどのような語りかけをしているのかという"セルフ・トーク"（self-talk）を活用する方法があります。セルフ・トークには，クライエントのものの"考え方"が示されています。そこで，クライエントが自らのセルフ・トークに注目するようにもっていきます。具体的手続きとしては，次のような質問をします。「人は，自分自身，他者，あるいは人生とはこのようなものだという仮説をもっているものです。実はそのような仮説が，その人の問題を引き起こす要因になるのです。そこであなたの場合，その種の仮

説があなたの問題にどのように関連しているのか考えてみましょう」「あなたは，何らかの考えや信念に執着していることがあると思います。それがあなたの問題を作り出していませんか」「繰り返し頭の中で呟くフレーズがあるでしょう。あなたは，その呟きの内容に囚われていませんか。どのようにしたら，その呟きの内容から自由になり，それを批判的にみることができるようになるでしょうか」。私たちの用いている技法は，クライエントがものを考えていく過程を扱います。つまり，クライエントの人生に生じた出来事について考えてもらい，その出来事をどのように解釈し，判断しているのかを見直していきます。そして，ある特定の"考え方"については，それを変えていくことに挑戦してもらいます。

　このように"思考"は，クライエントとの関わりにおいて注目すべき重要な次元です。しかし，"感情"もまた，非常に重要な次元となります。そこで，面接場面においても，人間の経験における感情面の重要性を強調することが必要となります。そのための方法としては，クライエントが自分の感情がどのようなものであるかに気づき，それを表現するように促していくことが重要な作業となります。ただし，多くの場合，クライエントは，自分の感情を表現することができません。それは，何らかの出来事に関わる未解決な感情的葛藤を抱えており，それに囚われてしまっているからです。そのため，クライエントが一連の感情を再体験し，特定の出来事がいかに自分に影響してきたかを語れるようになることが援助の目標になります。人は，自分の表現を聴いてもらい，理解されていると感じた時に，自らの内に抱え込んでいる感情を表現しやすくなるのです。

　"思考"と"感情"は，援助の過程で非常に重要な要素ではあります。しかし，クライエントは，最終的に"行動"もしくは"行為"の次元において変化を実行に移していく必要があります。変化を起こすためには，長時間をかけて洞察を得たり，鬱積した感情を晴らしたりといった作業が前提として必要となる場合もあります。しかし，ある時点で，それまでのカウンセリングで考え，学んできたことを実際に実行に移す作業が必要となります。そうすることで，クライエントの思考や感情が実生活の状況に適用されることになります。その作業においては，現在の行動を検討することが援助過程の主要な課題となります。この点に関して，私たちは次のような質問をします。「あなたは現在，その問題に関して，どのようなことをしていますか」「現在，または将来，自分のためにどのような行動をすると思いますか」「あなたが現在とっている行動は，あなたが望んでいるものを手に入れるために役立っていますか」「今していることは，将来の進路に結びつきますか」。援助の過程において，クライエントが現在している"行動"に目

を向けることで，"思考"や"感情"も結果的に変化するということがあります。

　援助過程においては"思考""感情""行動"の次元を強調することに加えて，クライエントが学習したことや新たに獲得した行動を日常場面に適用するのを援助する作業が必要となります。私たちがそのために用いている方略としては，"契約"や"宿題"といった行動プログラム，自分をモニターする技法，それを支援するサポートシステムなどがあります。それは，いずれもクライエントが自分の行動を変えていくためのプログラムです。これらの取り組みは，すべてクライエント側の責任を強調するものとなっています。つまり，クライエントが責任をもって，日常生活の中で新たな行動を練習したり，変化を起こすための現実的な計画を遂行したり，その計画を実行に移す実践法を発展させたりすることが目標となっています。

　私たちが"思考"，"感情"，"行動"を統合的に見ることを強調する背景として，実存主義的な考え方があります。それは，援助過程における"選択"と"責任"の役割を重視する考え方です。そこでは，人にとって何らかの形で選択の自由が制限されることはあるにしろ，選択の余地は残されており，その中で自らが選んだことについては責任を負うということが前提とされています。そして，その考え方をクライエントに理解してもらうことが，私たちの統合的枠組みの基本にあります。したがって，私たちの援助の活動は，外的要因によって自由がある程度制限されることはあるにしろ，人は状況を変える自由をもっているという考えを前提にしています。その場合，援助者は，クライエントは自らの内的世界を変える自由があると想定するだけでは十分でありません。援助者は，クライエントが実際に変化できるように行動次元での援助活動をすることが必要となります。また，援助者は，クライエントの問題に直接影響を与えている環境を変化させる役割も担っています。

　個人を理解するためには，その人に影響を与えるさまざまな社会システムを考慮することが不可欠です。その場合のシステムとは，家族，社会集団，コミュニティ，宗教的つながり，文化的要因などを意味します。この個人と社会との相互影響を理解することが，援助の過程をより効果的なものにするためにはどうしても必要となります。Sue, IveyとPedersen (1996) は，人はただ考えたり，感じたり，行動したりするだけでなく，社会的存在であり，また生物学的，文化的，精神的 (spiritual)，政治的存在でもあると指摘しています。これらの側面のうちどれひとつを無視しても，人間の行動を完全に理解することはできません。有能な援助者は，人間のあらゆる経験を包含した全人的な見方を身につける必要が

あるのです。

　私たちは，個人の援助を行う場合，どの理論を用いるかを意識しません。クライエントを自分の技法に合わせようとするのではなく，方法をその人の必要としていることに合わせるように変えていきます。介入方法を決めるにあたっては，クライエントに関わる一連の要因を考慮に入れます。クライエントが問題に立ち向かう心構え，クライエントの文化的背景，価値観，援助者への信頼度などを検討します。実際に介入を行う際には，明確な理由に基づき，何らかの理論的枠組みの中から最も適切な介入法を導き出すことになります。クライエントが自分自身の感情に気づき，それを体験できるように援助します。その際，クライエントの考え方が感情や行動に影響を与えていることが前提となっています。したがって，クライエントがどのように考えているかを明らかにすると共に，新たな選択肢を行動として実際に試してみるように促します。

実践へと導く地図としての理論

明確な理論的根拠なしに実践を試みようとすることは，飛行計画なしに離陸するようなものです。最終的には目的地にたどり着く可能性もありますが，同時に忍耐と燃料が切れてしまう危険性もあります。介入の後ろ盾となる理論がなく，理論が欠如したまま援助実践に携わるならば，人の行動変化を援助する試みが，逆に混乱を引き起こすことにもなります。

　理論とは，援助者としてどのような役割を果たし，どのような行動をとるべきかについて教えてくれるものです。援助の過程はさまざまな活動から構成されています。理論は，その援助の過程を構成する活動をどのように進めるかを手とり足とり教えてくれるものではありません。したがって，固定した不変の枠組みというものではないのです。むしろ，理論とは，援助過程の多くの局面の理解を助ける大まかな枠組みです。いわば，なすべきこと，伝えるべきことの方向性を指し示す地図のようなものです。そこで，皆さんには，実践に取り組むにあたって，どのような概念や技法を採用するのがよいのかを判断するために，主要な理論をできるだけ丁寧に検討してほしいと思います。

　あなたにとって最も意義のある理論は，あなた自身の価値観と性格に合致するものなのです。理論は，ひとりの人間である自分自身のあり方から切り離されたものであってはなりません。あなたの人間としてのあり方に統合されるものであり，しかもあなたの独自性を表現できるものであることが望ましいといえます。訓練の過程にある学生の場合，ある理論モデルを自分の中に統合して使いこなすようにしようとしても，それはまだ難しいと思います。そうするには何年にも及

ぶ幅広い読書と実践が必要となります。実践を導くその人なりの枠組みを形成する作業は，ここで終わりというものではなく，常に進行していく過程です。したがって，皆さんは，自分が採用する援助のモデルについては，常に修正し発展させつづけるものだと理解して下さい。

　自らの人生経験と性格を活用することが，援助専門職となることの最も有効な手段のひとつです。私たちは，本書を通して，そのことを皆さんに伝えたいと思います。特に重要なのは，自分の性格と行動が人との関わりをどのように妨げたり，促したりするのかを積極的に検討することです。援助専門職として，実践の土台となる理論を十分に根付かせること，介入する際に必要とされる技能を身につけること，スーパービジョンを経験することは必須です。しかし，有能な援助専門職となるには，それだけでは十分ではありません。援助過程においては，クライエントに何らかの行動を実行に移すことを求めることがあります。援助専門職は，そのような行動を，はたして自分自身が実際に行えるかどうかを判断することも必要です。そのためには，自分自身のあり方を正直に検討してみることが何を置いても重要となります。自らの人生において自分が援助を求めることに対してかたくなであれば，援助が必要な時に助けを求めるようにとクライエントに示唆するのは難しくなります。自分自身が買いたくもない製品を他人に売り込むことはできないのです。

援助への統合的アプローチ

　最近，援助の方法は，ますます統合的になりつつあります。その理由のひとつとして，人間の行動の複雑さを考慮に入れると，それらすべてを包括的に説明できるひとつの理論は存在しないということがあります。実際にさまざまなタイプのクライエントがいます。また，クライエントの抱える問題には非常に特殊なものもあります。統合的な見方に関心をもち自らの実践に適用するようになると，複数の理論がそれぞれ非常に重要な役割を果たすことに気づくようになります。各々の理論は，全体に対してそれぞれ独自の貢献をする特有の専門知識領域をもつとみることができます。そこで，援助実践に携わる者は，明らかにそれぞれ"異なる"部分があることを認めた上で各理論の長所と短所を知ることが，まず必要となります。それが，その場その場で柔軟に活用できる統合的なカウンセリングのモデルを築く出発点となります。したがって，それぞれのカウンセリング理論がもっている独自の価値を認め，それらに等しく関心をもってほしいと思います。そのために特に教育訓練過程においては，まずは主要な理論を学んで下さい。あまり簡単にひとつだけの見方だけを受け入れないでほしいのです。自分の援助実践を導く，

統合的な見方の基礎となるものをじっくり探す必要があります。

それぞれの理論は，人間の行動の全体という観点からすると，各々得意分野が異なっているとみることができます。しかし，それは，ある理論が他の理論に比較してより"真実"に近いということを意味しているのではありません。これが絶対に"正しい"という理論的なアプローチはありません。思考，感情，行動を統合的に理解する見方を探っていくことを通して，次第に自分自身の特質に合致するアプローチを見つけることができるのです。この種の統合を実現させるには，まず多くの理論を深く理解する必要があります。それと同時に，ある意味でそれらの理論は統合できるものであるということを認めることも必要となります。さらに，それらの理論が実践場面でどの程度適切に機能しているかを常に判断していくことも必要となります。そのためには，実践にあたって理論を参考にして介入のための仮説を設定し，それを実践結果と比較することで検証する作業を行い，理論の有効性を判断することを積極的に行わなければなりません。統合的な見方は，多くの実践経験，研究，そして理論化の産物なのです。統合的な見方はある時点で完成というものではなく，日々の実践経験を積み重ねつつ常に発展させつづけていくものなのです。

3 援助のための関係とは，どのようなものか

援助専門職になるのに有利な資質，あるいは逆に不利な性質といったものがあります。もし，あなたが援助専門職になろうとするならば，自己の資質や性質を見極める必要があります。本節は，自己の資質や性質が援助専門職に適しているか否かを皆さんが判断する助けになるように記述されています。

以下に，Egan（1994）の対人援助モデルを理論的枠組みとして援用し，援助過程を構成する各段階と，それぞれの段階において援助者が直面する主な課題を解説します。その際，Brammer（1993），GillilandとJames（1997），Ivey（1994），Okun（1997）による系統的な技能訓練のアプローチも参照しています。これらの技能教育のためのモデルでは，援助過程の各局面についての大まかな枠組みが提示されています。しかし，それは，特定の理論的アプローチに従ったものではありません。そのため，ここで示す援助モデルの枠組みについては，逆にどのようなカウンセリング理論でも適用することはできるはずです（Corey, 1996b）。

本書で重視されているのは，援助専門職として効果的であるために求められる知識，技能，信念，そしてその人の人間的特質です。Egan（1994）は，援助活

動とは,まず知識や技能を学び,次に学んだものを捨て,そして再び学び直すという学習過程そのものであると述べています。しかも,援助者は援助過程の各段階においてさまざまな課題に直面し,その課題を解決するために特定の技能を身につけていくことが必要となります。

そこで,本節では,援助過程の各段階とその課題に関する枠組みを提示します。読者の皆さんは,それを利用して,自分が援助関係を築く能力を持ち合わせているか否かの判断ができます。ここで述べる援助関係のあり方は,あらゆる援助職に適用できるものとなっています。したがって,皆さんは,それを利用して,自分自身の資質や性質が援助専門職に適しているかどうかを考えて下さい。

援助の諸段階

これから解説する援助過程モデルは,4つの主要な段階から構成されており,それぞれに達成すべき特定の課題があります。第1段階で中心となる課題は,生活においてどのような問題が生じているのかをクライエントに確認してもらい,それを明確化していくことです。この課題には,問題が発生する状況や成長過程で未発達な事柄などを判別することも含まれています。人は通常,自分の問題を理解し,それに対処するために外部からの援助が必要だと判断した時にクライエントになります。したがって,まず最初にその問題を同定していくことが課題となるわけです。第2段階になると,援助者とクライエントは協力して問題解決のために求められる変化とはどのようなものかを定め,それを実現するための目標を設定します。クライエントが現実的な変化を望んでいるのなら,ただ話したり,計画を練ったりするだけでなく,実際に計画を実行に移さなければなりません。したがって,援助の第3段階では,実行のための方略を選択します。また,どのような方略をどのように組み合わせるのがクライエントの目標を達成するために最も適切かということや,計画を現実的な行動プログラムにどのように移行させるかといったことも扱います。第4段階は,終結のステージです。クライエントは,ここで自分が習得したことを統合し,より長期の計画を立てることになります。

以下において各段階の解説をします。その際に,焦点を援助者としてのあなた自身に当てることにします。他者を援助することに対する自らの関心や能力がどのようなものかを判断するために,自分自身の特質をより深く知ってほしいのです。援助関係とは,機械的に成立するものではなく,奥深い人間的な営みであることも知ってほしいのです。あなたは,援助専門職として,自らの知識を応用し,技法や介入をタイミングよく,また適切に用いながら援助過程の段階を進めていきます。しかし,それは,ひとりの人間としてクライエントやその他の人々と意

義深い人間関係を築くことを通して遂行されるものなのです。このことは，カウンセリングに携わる場合でも，あるいは援助サービスの行政面に携わる場合でも当てはまる真実です。いくつかの基本的な対人関係の技能を持ち合わせ，それを活用することができなければ，援助しようとしている人々と信頼関係を築いたり，それを維持したりすることはできません。そこで以下においては，主にカウンセリングの関係を形成する際に用いられる技能について解説します。このような対人技能は，カウンセリング以外の対人関係状況においても活用できるものです。

　援助専門職は，対人援助の活動においては，自分自身をさまざまなやり方で活用していくことになります。まず，クライエントが自らの経験や問題を語る時にクライエントと一緒にいることができます。クライエントのものの考え方についての歪みを明らかにし，それを克服する手助けもできます。それは，クライエントには問題ばかりに思える人生や生活であっても，そうではない面もあることを伝える，よい機会となるでしょう。自らの問題にこれまでどのように対処してきたのか，そしてこれからどのような対処ができるのかについてクライエントに尋ねてみることもできます。クライエントが自分の問題ばかりに目を向けてしまうところを，むしろ問題の解決策に目を向けるように導くこともできます。クライエントの問題について共に考え直すこともできるでしょう。それによって，クライエントが行動を起こすのに必要な新たな見方を見出すのを援助することもできます。問題解決に向けての解決策がないと考えているクライエントが，さまざまな選択肢を見出せるように援助することも可能です。クライエントが実際にできることと，実行するのが難しいと思われることを分けた上で，両者の境界線を調整し，実際にできることを広げるように援助することもできます。自分で決断し，その決断の責任を自ら受けとめる勇気をもてるようにクライエントを励ますこともできます。このように援助専門職は，さまざまなやり方で，クライエントが変化し，新たな行動に向けて挑戦していくのを援助できるのです。

　効率を重視する現代社会にあっては，限られた回数の面接で援助を行うことが求められたり，短期間に特定の行動の変化を目的とした介入をしなければならなかったりします。短期介入は，時間的な制限の中で問題解決に焦点を当て，体系的に効率よく方略を用いる方法です。そこではクライエントが自分自身で問題を解決する力を得て，問題となっている特定の行動を自ら改善することができるような援助が目指されます。また，クライエント自身が気づいていない問題を素早く査定し，その問題に短期間で対処する介入計画を立てる技能が求められるようになっています。そして，その計画に基づいて実際に介入し，その有効性を提示

することが求められます。実際，効果研究の結果，望ましい援助段階として，長い時間を要する心理療法の理論よりも比較的短期の介入の考え方に基づくモデルが採用されるようになりつつあります。

4 援助の第1段階：問題を明確化する

　援助過程の第1段階の主な課題は，クライエントが自らの問題を明確化するのを援助することです。そのために，まず援助者にはクライエントとの間に健全な関係を築くことが求められます。その関係においてクライエントは自己の物語を安心して語り，自分は何を変えたいのかを明らかにしていきます。そして問題に対する新たな見方を発見していくのです。

　人々は，自分が問題状況に満足に対処できていないと認識した時に専門的な援助を求めることになります。自信を失って苦しんでいたり，恐怖に襲われて強い不安を感じていたり，喪失感で悩んでいたりするため，援助を求めるクライエントもいます。また，重大な問題に直面しているというのではなく，自分が望む人生を送ることができていないという理由から援助を求めてくる場合もあります。そのようなクライエントは，くだらない仕事に就いてしまったと感じていたり，自らの目標や理想にそぐわない生き方をしていると感じていたりします。

　結局クライエントとなる人は，多くの場合，自分の人生や生活をうまく管理できずにいるのです。そのような人々は，人生の問題に効率的に対処できていません。また，自らが持ち合わせている潜在能力を適切に活用できておらず，巡ってきたチャンスをうまく利用できないでいます。したがって，そのようなクライエントを援助するにあたっては，一般的に目標として定めることが2つあります。ひとつは，クライエントがより効果的に自分の人生や生活を管理できるようになることです。もうひとつは，クライエントが現実的に問題に対処し，状況を変えていく機会を利用できるようになることです（Egan, 1994）。

　当然のことながら，すべてのクライエントが自発的に来談するわけではありません。不本意な状況で来談したクライエントは，援助を求めることに何らかの抵抗を示すでしょう。また，援助専門職だからといって，自分を援助できるわけがないと思っている人もいます。来談に躊躇しているクライエントは，問題をなるべく小さく考える傾向があります。たいした問題はないと，問題を否認する傾向さえあります。そのようなクライエントと関わるのは，特に難しくなります。この段階ではクライエントが示す抵抗を受けとめた上で，それを超えてクライエン

トが自己の問題を認めるようにもっていくことが課題となります。そのような場合，手始めに，この時期になぜ援助が必要となったのか，また援助者との関係において何を求めているのかを明らかにすることが役立ちます。躊躇しているクライエントとの関わりを始める最善の方法は，そこで示された抵抗を避けて通るのではなく，その抵抗と向き合うことなのです。

　自発性の乏しいクライエントに対処する場合，援助者は，クライエントの抵抗に対する自分自身の反応をモニターすることが重要となります。喧嘩腰で応対していれば，緊迫した状況は，ますます悪化することになります。初期の抵抗に対しては，応戦するというよりも，それをそのクライエントのもつ"強さ"として理解していくことが重要です。つまり，クライエントの"強さ"という，抵抗のもつ肯定的な側面に焦点を当て，援助過程でその"強さ"を活用する方法を探っていくことが最善の策となります。そこでは，"弱さ"に見える部分が，見方を変えることで"強さ"として再認識され，介入において活用されることになります。クライエントの防衛は，それまでそのクライエントを守るためにある程度機能してきたわけです。したがって，その防衛がある時点で急になくなってしまえば，心理的に潰れてしまう危険性があります。援助専門職の仕事は，抵抗するクライエントと手を組んで，クライエント自身が有効だと思える結果を出していくことなのです（Loar, 1995）。また，来談してくるクライエントの中には，それまでに精神保健機関において不快な経験をしている人もいます。そのようなクライエントが援助専門職と関わることに疑念をもったとしても，それは，何も不思議ではありません。

　このように，さまざまな理由から援助関係を結ぶのが難しいクライエントが少なからずいます。Loar（1995）は，難しいクライエントに短期療法を適用することに関する論文の中で，そのようなクライエントと協働関係を築くための実践的示唆をいくつか提案しています。

- 初期段階では，多くのクライエントが，自分の問題に対処するために援助専門職に相談しなければならないことに憤りを感じ，防衛的になっています。まずそのことを認識しましょう。
- クライエントは，以前に援助を受けようとして失敗した経験をもっていることがあります。クライエントがその時の体験にまつわる感情を話すことを求めるなら，それを表現する場を設けるべきです。クライエントがかつて援助を受けようと努力した時の不満に耳を傾けましょう。そうすることで，そのクライエントがあなたとの間で以前と同じ体験をする危険性を減じることができます。

- 短期介入を活用することの利点をクライエントに伝えましょう。おおよその面接回数や，援助を受けるにあたって援助者との関係を効果的に利用する方法についての情報提供をしましょう。まず目に見える行動を改善目標として定め，具体的でわかりやすいステップからなる援助計画を立てましょう。そしてそのことをクライエントに伝え，共有すべきです。
- 新しいことを学習する際には，進歩だけでなく揺り戻しが必ずあることをクライエントに知らせましょう。揺り戻しがあっても，それは試行錯誤を通しての学習の一部であることをクライエントが自覚していれば，変化の過程において自信喪失に陥らなくてすむことになります。
- 援助過程を導く明確な目標を立て，それを伝えることで，クライエントの協力を得るようにしましょう。どのように生活すべきかについては，誰か他の人が考えついたものに従うよりも，自分が同意した計画にそって行動する方が実行しやすいものです。
- クライエントが自らの問題を提示した場合，最初の段階から問題解決に向けての取り組みに焦点を当てるようにしましょう。つまり，援助者とクライエントは，援助過程が始まったばかりの段階であっても，何が問題になっているのかを明確に特定化し，言語化できるように常に体制を整えておくことが必要となります。そして，できる限り迅速に介入計画を立てるようにしましょう。その際，満足できる解決に向けて，無理のない細かな段階をひとつひとつ追って進むように計画を立てることが重要となります。

援助の雰囲気をつくる

当初から変化することに意欲的なクライエントもいれば，意欲の低いクライエントもいます。しかし，いずれにしろ，クライエントが自分自身について探求しようと思えるかどうかは，援助者が初回面接で作り出す雰囲気と大いに関わってきます。援助者がひとりで頑張りすぎたり，質問をしすぎたり，短絡的な解決策を提示したりといった過ちを犯さないように気をつけなければなりません。援助者の役割は，クライエントと協働するパートナーとなることです。それは，援助する側だけでなくクライエントの側にも，面接の内外で起こる出来事についての責任があることを意味しています。初期段階の面接では，どのようにしたら自らの問題を見定め，問題解決の方途を探ることができるのかをクライエントに教えます。そのように問題の同定と解決法を探る方法を教示することで，クライエントを大いに援助することができます。MeierとDavis（1997）は『カウンセリングの本質』という本の中で，初回面接に関して次のような指針を示唆しています。

- 人間的なつながりを創るように努力をする。
- 一緒に作業するための同盟を結ぶ。
- クライエントに援助過程を説明する。
- ほどよいペースでクライエントをリードする。
- 簡潔に話す。
- クライエントの状況に適した，具体的な援助アプローチを策定する。
- 行き詰まったら，クライエントの感情に注目する。
- 援助関係を形成する段階で，その終結まで考慮して目標を立てる。

　また，MeierとDavis（1997）は，援助関係の中で，クライエントの自己探求を促進するための方略を紹介しています。以下に，そのポイントをいくつか紹介します。

- 安易に助言することを避ける。
- 時期尚早の問題解決案の提示を避ける。
- 質問することのみに終始しない。
- クライエントが語ることを傾聴する。
- 非言語的なものに注意を払う。
- クライエントに焦点を当て続ける。
- なるべく具体的でわかりやすいことを心がける。
- 表面的な意味だけでなく，隠喩として込められた意味も含めて聴く。
- わかりやすく要約をする。

　援助の初期段階では問題領域を同定し，明確化する方法と日常生活におけるさまざまな困難状況に対応できる問題解決策をクライエントに教示することが重要な課題となります。この段階における援助専門職の役割は，問題の本質を明らかにすることではなく，クライエント自身が自ら問題の本質を検討できるように援助することです。つまり最初の出会いにおいて，クライエント自身が自らの問題に対処するために活用できる資源や能力を自分の内側から引き出せるように力づけることが初期援助の目標となります。それができているなら，その援助は役に立っているといえます。

　さらに，援助専門職ができることとして，その地域で利用できる社会的資源に関する情報をクライエントに伝えるということがあります。クライエントは，それらの社会的資源を活用して日常生活での必要性に対処できるようになります。このようにして援助者は，クライエントの内面だけでなく，外的場面における資

源を適切に理解していることを伝えます。その結果，援助者が援助のための資源を適切に理解していることをクライエントが確信できるようになれば，援助専門職であるあなたへの信頼も増すことでしょう。

　クライエントの文化的背景を理解することによって，援助における協働関係を築きやすくなります。もちろんクライエントの文化や世界観を完璧に理解する必要はありません。しかし，人を援助したいと思うのであれば，その人の基本的信念や価値観についてある程度知っておくべきです。援助者がクライエントの行動や決断を導く中心的な価値観を理解していないと，クライエントは，そのことに気づいて面接に来なくなることもあります。

コンテクストを理解する

　上述したようにクライエントが自らの問題を同定し，それを見極めるのを援助することが初期段階の主要な課題のひとつとなっています。そのような見極めの作業を援助する際に，問題が生じたのはクライエント自身に非があるとみなし，"被害者を非難する"ような態度をとらないことが重要となります。そのような態度は，問題発生の要因としてクライエントの内的葛藤に焦点を当てる傾向が強くなります。しかし，クライエントは自らの内的葛藤を解決するためではなく，外的ストレスを理解し，そのストレスへの対処法を学ぶ目的で来談している場合もあります。また，自らの住む地域にある社会的援助資源をどのように活用するかに関する助言を必要として来談したクライエントもいます。法律上の助言，就職や児童保護の手続き，高齢者の介護というような，日常生活で直面する緊急事態に対処するための援助を必要としている場合もあります。緊急事態にあるクライエントは，迅速な指示や効率的に危機介入を行うための外的資源を提供してもらうことを求めているのです。

　クライエントの話を聞く際に，環境に適応できるように問題状況を調整することがクライエントの望むところであると単純に思い込まないようにしなければなりません。例えば，年齢，性別，人種，宗教，性的志向などの理由から不当に職場で差別されているクライエントの場合，社会的要因によって欲求不満や憤りを感じていることになります。そのような場合，社会的に不当な扱いを受けている状況に適応するようにクライエントを導くことは，援助をすることにはなりません。単にクライエントの問題を解決するだけでなく，地域の中で実際に行動を起こしていけるようにクライエントを支援することも大切なのです。

　このような活動も考慮に入れるならば，当然のことながら援助専門職はさまざまな役割を担うことになります。具体的には，教育者，クライエントの権利を擁

護するための代弁者（advocator），社会変革の担い手，政策決定に影響を与える者としての役割を果たすことが求められます。なお，この点については本書の姉妹編である『心理援助の専門職として働くために』で詳しく取り上げます。

信頼関係を確立する　クライエントが自らの問題を自由に語ることができると実感するためには，援助者側が語りに注意を集中して積極的に傾聴し，共感する必要があります。クライエント側は，援助者の行動や態度を見て自分が尊重されていると感じとります。クライエントを尊重していることを態度で示すには，クライエントにとっての最善を考えること，自らの運命をコントロールできる存在としてクライエントに接すること，類型化せず独自な世界を生きる個人としてクライエントに対することが必要となります。

　では，上記の態度を具体的行動として表すにはどのようにしたらよいでしょうか。そこで必要となるのが，次のような行動です。"積極的にクライエントの語りを傾聴し理解する"，"批判的言い方や決めつけを控える"，"穏やかな受容的態度で接する"，"クライエント自身が体験しているようにクライエントの世界を理解することを伝える"，"支持的でありながらも変化することに挑戦するように導く"，"変化のために必要な内的資源を発展させるのを援助する"，"実際の変化に向けて段階を踏んで進むことを援助する"といった行動によって，クライエントに敬意を表すことができます。

　このようにしてクライエントに敬意を表することが，クライエントの語りを助けることになります。しかし，それだけでは十分ではありません。それに加えて，援助者が正直であること（genuineness）も，クライエントが自己の物語を語ることにつながります。正直であることとは，自分が感じたことや考えたことをすべて話したり衝動にまかせて行動したりするという意味ではありません。専門職という役割を隠れ蓑として自分を隠さないことが，クライエントに対して正直であるということです。援助者が自己のあり方を自覚しており，必要に応じて自分のことや自分の経験をクライエントに伝える用意があるということです。考えていること，感じていること，価値を置いていることが，日頃の言動と一致していることも正直であることです。特に面接場面において正直であるためには，クライエントに威嚇されていると感じるような場合でも，自分を守ろうとばかりせずに，あるがままの自分を示すことが求められます。

　ただし，援助の初期というのは，ゆっくりとクライエントの語りを聴いていられない場合もあります。それは，危機的状況に介入しなければならない事態です。GillilandとJames（1997）は，危機介入を含んだ援助の初期段階について論じて

います。危機介入を行う場合の最初の段階は，クライエントの視点から問題を見て理解することです。そのためには，集中して話を聴く技能が求められます。援助者側の理解力，共感，誠実さ，また尊敬，受容，温かさをもって相手に接する技能などは，クライエントが自分の問題を明確化するのに大きく貢献します。次の段階は，危機に瀕しているクライエントの安全を保障することです。まずクライエントの身体的，感情的，心理的な安全がどれだけ脅かされているかを探り，その危険性を査定します。そして，危機的状況にあるクライエントに具体的なサポートを提供することが，次の段階の課題となります。この段階では，何をどのように伝えるかが課題となります。声の調子や言語外のコミュニケーションによっても，クライエントをサポートすることができるのです。

さて，あなたは，どのくらいクライエントに集中できるでしょうか。クライエントの語りを充分に聴くことができるでしょうか。そして危機的な事態など，クライエントの置かれた状況に応じて，集中の程度と傾聴のあり方を調整し，対応できるでしょうか。いずれの場合でも重要となるのが，クライエントの語りを聴く技能です。そしてクライエントの語りを聴くことは，クライエントの内的な主観的世界に関わっていくことです。クライエントの世界に関わっていく際には，あなたの資質がその作業を推進することもあれば，妨げることもあります。そこで以下の問いに答えることを通して，あなた自身の資質について考えてみましょう。

- クライエントは，言語レベルだけでなく非言語レベルも含めて表現をします。あなたは，両レベルを含めてクライエントが伝えてくることに集中し，聴くことができますか。はっきりとことばで語られたことだけに意識を集中する傾向がありませんか。クライエントが言外の意味を伝える手段にも気づいていますか。
- あなたは，聴き手として，相手が自由に物語るのを聴くことができますか。我慢できずに相手の話を遮って自分が話したくなることはありませんか。自分の気の向くまま質問を投げかけ，細かな話を引き出していることはありませんか。話の細部にこだわるあまり，木を見て森を見ずという状態になり，クライエントが苦しんでいる問題の本質を見失う傾向はありませんか。
- あなたは，自らの考えを一時棚に上げ，クライエントの世界に入って行くことができますか。例えば，あなたは，自分は革新的な女性であり，それでよいと考えているとします。あなたは，伝統的な女性として主婦の役割に満足しているクライエントを受け入れ，その女性の内的世界に共感的に入っていけるでしょうか。
- あなたは，クライエントが語っているのを聴きながら，語られていることの中心テーマを読み取ることができますか。そこで自分が理解したことをどのようにしてクライエントに伝えますか。

- クライエント自身，探求したいと思っているテーマがあります。あなたは，クライエントが自己の関心事から焦点を逸らさずに語りを続けるように援助できますか。クライエントがひどく動揺したり，あなたにいろいろな要求を突きつけたりした時でも，クライエントの語りを聴くことに集中できますか。
- あなたは，クライエントを理解し受け入れていることを，当の相手に伝えることができますか。
- あなたは，クライエントが抵抗を示した時にも身構えずに関わることができますか。その抵抗をクライエントが自らの問題をさらに深く探求するための手段として活用することができますか。

　相手の話をただ聴くということは，一見単純なことのように思えるかもしれません。しかし実際には，相手が理解しているように，その人の世界を理解することは，本当にたいへんなことです。相手を尊重すること，正直であること，そして共感することは，機械的にクライエントに適用する技術といったものではありません。それは，援助者の人間としての"あり方"とみることができるものです。この援助者の"あり方"には，相手の語りを促進するものもあれば，妨げるものもあります。

　クライエントの自己表現を妨げる"あり方"としては，次のような場合が考えられます。援助者が自分に正直であろうとするあまり，かえってクライエントに注目できなくなることがあります。例えば，自分は正直な人間で，自分自身も問題を抱えて苦しんでいることをクライエントにわかってもらいたいと思ってしまうことがあります。また，自分も"生身の人間である"ことを示すために，援助者が，クライエントの問題から離れて自分の経験談を事細かに話し込んでしまうこともあります。そのような時には，援助関係において本当に望んでいるものをクライエントは得ているのだろうかと自問する必要があります。

　以上をまとめると，クライエントとの協働関係を確立するためには，援助者が正直であると共に相手に敬意を表すこと，しかもそれを行動として伝えていること，クライエントと援助者の関係が相互的な関係になっていること，クライエントの利益が最も重要視されていることが条件となります。このようにしてクライエントと協働関係を確立することの中には，クライエントが自分自身でできることを援助者が安易に肩代わりしてしまわないことも含まれています。例えば，父親ともっと一緒に時間を過ごしたいと思っている青年期のクライエントの場合を考えてみましょう。彼は，なぜか恐くて父親を避けてしまうと語ります。つまり，彼は父親に近付きたいのですが，怖くてそれができないのです。この場合，クラ

イエントが頑張って父親に近付くように励まし、彼がその一歩を自分で踏み出す方法を一緒に見出すことができれば、彼を尊重していることになります。もし、援助者が差し出がましく彼の父親と話をつけようと乗り出してしまえば、たとえそのような介入を彼自身が望んだとしても、彼の能力を信頼していないことを行動で示したことになってしまいます。

なお、協働関係を確立する過程において、先に進むことへの抵抗が見られることがあります。その場合の抵抗とは、クライエントの側だけでなく、援助者の側の抵抗も含まれます。クライエントの抵抗からさまざまな意味を読み取ることは重要です。しかし、クライエントの抵抗を援助者の失敗として解釈しないようにしましょう。援助者が、クライエントからのさまざまな抵抗に対して自らを守ることに専念してしまうと、クライエントが自分の抵抗について探るチャンスを奪うことになるからです。

したがって、クライエントの抵抗に対して防衛的にならず、その意味を探究することが必要となります。そのためのひとつの方法を例示しましょう。ある女性のクライエントは、初回面接からすでに非協力的な態度を示しました。彼女は、激しい敵対心を露にし、援助者に「あなたに助けてほしくないし、その必要もない」と突っぱねました。さらに彼女は、その援助者の、カウンセラーとしての能力にもけちをつけました。ここで援助専門職として有能であれば、クライエントに拒絶されたからといって動揺することはありません。それで防衛的になることはなく、彼女の反抗やカウンセラーを認めない気持ちを聴いていくことができます。このようなクライエントの気持ちを忍耐強く探っていくと、専門家を信用しない最もな理由を見出す場合もあります。以前の体験から自分はカウンセラーに裏切られてきたと感じているのかもしれません。あるいは、自分が話したことで、逆にカウンセラーから責められると恐れているのかもしれません。

問題の焦点を絞るのを援助する

援助を求めてくる人々の中には、問題の多さに圧倒されていると感じている人もいます。そのようなクライエントは、1回の面接で困っていることをすべて話そうとして、結局、援助者を混乱させてしまうことがあります。援助活動の方向性を見出し、クライエントと援助者の双方がその方向で作業を始めるためには、問題の焦点を絞ることが必要となります。問題の焦点を絞るためには、クライエントの主な心配事がどこにあるのかを査定しなければなりません。

例えば、長々とした問題リストを持参してきたクライエントに対しては、次のように言うことができます。「1回の面接ですべての問題を扱うのは難しいこと

です。焦点を絞ることが必要です。そこで，援助を求めようと最終的に決心した時の問題に焦点を当ててみましょう。その時，日常生活でどのようなことが起きていたのでしょうか」「今，生活する上で何が一番切迫して困っている問題ですか」「真夜中に目を覚ましてしまうことが多いとのことですが，その時に思い煩っていることは何でしょうか」「朝起きられないようですが，その時一番避けたいと思っていることは何でしょうか」「今日ひとつだけ問題を話すとすれば，どの問題を取り上げますか」。

　クライエントが，自分が本当に取り組みたいと思っている問題とは何かについての判断ができれば，援助者と契約を結ぶ準備ができたことになります。そうなれば援助者は，クライエントが問題に取り組むのをサポートする役割に回ります。具体的には，クライエント自身が体験したこと，感じたこと，行ったことに光を当て，それを通してクライエントが問題に取り組むのを援助します。援助者は，現在，際立って問題になっていることにクライエントの焦点を絞り，過去にこだわりすぎないようにもっていきます。そして，それを通して，クライエントが自己の問題の本質を明確に自覚し，変化に向けての機会を見出していくのを援助します。

問題への直面化を行う

　直面化とは，自己の問題に直面することをクライエントに求める作業です。直面化は，援助的な関係を脅かしたり，それを壊したりする行動ではありません。しかし，残念なことですが，直面化の目的や意味は誤解されていることが多いようです。直面化することによってクライエントが防衛的になったり，引きこもったりするとみなす援助者もいます。直面化はクライエントとの間に敵対関係を生み出し，援助的関係を中断に導くと考える援助者もいます。

　このように，直面化を破壊的で不適切な行動であるとみなす援助者が多くいます。また，直面化は，否定的な意味合いを含んでいるので，それがクライエントの成長のために必要であっても，できるなら避けるようにしたいと考える援助者も多くいます。しかし，直面化が行われないと，クライエントは先に進まずに一カ所に滞ってしまうことになります。このことは，ぜひ忘れないでおいてほしいと思います。直面化しなければ，クライエントは自滅的な行動にとらわれたままになってしまいます。また，変わることの必要性を理解せずに，新しい見方や技能を身につけようとしないままになってしまいます。

　クライエントを温かく支えることはしても，直面化に対しては強い抵抗を感じてしまう援助者もいます。援助者が提供するものが支持と共感だけであるならば，そのような援助者の態度は，クライエントの成長を妨げることになる場合も出て

きます。"物わかりのよい"態度も、過ぎれば逆効果なのです。建設的でよく配慮された直面化を行うことで、クライエントは、自己を心理的に縛りつけている矛盾、考え方の歪み、役割演技、数々の言い訳、回復への抵抗、問題からの回避といったことに目を向けるようになります。直面化の作業を注意深く行うことで、結果的には自己に直面するクライエントの能力を発展させることができます。そして、その自己に直面する能力こそ、クライエントが自己の問題を解決していくために必要な能力なのです。

　ここで、あなたには、クライエントが自己の問題に直面をするよう積極的に求めているか自問してほしいと思います。直面を求めることに関しては、臆病になったり弁解がましくなったりする場合があります。クライエントに直面することをきっぱりと求めるのが難しいというのであれば、その理由を知ることが大切です。クライエントから好かれたい、あるいは認められたいということが理由かもしれません。クライエントが腹を立てて、自分のもとから去っていくのを怖れているという理由もあるでしょう。

　このように直面化は簡単なものではありません。しかし、直面化ができないならば、ただのおしゃべりに止まってしまいます。単なるおしゃべりではなく、カウンセリングへとクライエントを移行させたいのなら、直面化の技能を習得しなければなりません。直面化を促すことや直面化を経験することに不安を感じたとしても、それは、特に異常ではありません。そのことを知れば、少しは楽になるでしょう。直面化の技法を上達させる方法は、まずは実行してみることです。たとえそれが不快ではあっても、あえて困難に挑戦することが技法の上達につながります。直面化が必要な時にそれをせずに引き下がるならば、ますます不安が募り、クライエントから離れたままで動きが取れなくなってしまいます。

　効果的な直面化とは、クライエントが考えていること、感じていること、行っていることに対して目を向けることです。直面化がうまく進めば、クライエントは、自分の盲点を克服して新しい見方を身につけることができます。さらに、新たな自己理解を基にして変容を実現させることになります。結果として、クライエントは、直面化によって自分が援助を受ける過程に積極的かつ充分に参加できるようになります。クライエントが自己直面化の技術を身につけることができれば、それが理想です。

　直面化を効果的に行うために、心がけてほしいことがいくつかあります。第一に、正当な理由で直面化を行うということです。そのために、直面化を行う場合、動機がどのようなものであるかを検討しましょう。クライエントのことをより深

く理解するために直面化を用いるのでしょうか。それともクライエントを自分の思うように動かしたいからでしょうか。あなたは、クライエントとの関係を大切に思っているでしょうか。クライエントと近い関係になることに心から関心をもっているでしょうか。クライエントとより近い関係を形成することが難しいとしたら、それを妨げているものに気づいているでしょうか。クライエントにあえて直面化を求めるのは、どのような理由からでしょうか。そうすることで何か利益が得られると考えるからでしょうか。あるいは、クライエントとの関係をその後も発展させていく準備があるからでしょうか。

　結局、クライエントとの協働関係を確立できていなければ、直面化は、クライエントを脅かすものとなります。その結果、クライエントは身構え、防衛的になります。したがって、直面化が成功する程度は、クライエントがどれほど援助者のことを信頼し好意をもっているか、そして援助者がどれほどクライエントを信頼し好意をもっているかに左右されるといえます。

　援助者が自ら進んで自分自身と向き合うことも、直面化を実行する際に心がけてほしいことです。カウンセリングの関係において、あなた自身が、模範として防衛的でない態度を示すことが大切です。そうするならば、クライエントはあなたが求めることを前向きに考えてみようとするでしょう。相手に直面化を迫る前に、そのように求められた相手の気持ちを想像すべきです。メッセージを伝える際の声の調子や態度は、伝えた内容を相手がどう受け取るかに大きく影響します。独断的に決めつけるように伝えるのではなく、取りあえずやってみましょうと提案するよう伝えることが有益です。クライエントは、変わりたいという願望と共に変化することへの躊躇も感じています。直面化とは、クライエントが自らの内なる、変化に対する願望と躊躇に目を向ける機会をつくることです。したがって、援助者の態度としては、クライエントを見下すのではなく、クライエントの奮起を促し、その機会を活かすようにもっていくことが大切なのです。

　直面化はクライエントの自己防衛を無理矢理に剥ぎ取ることではありません。むしろ、クライエント自身にこれまで自分を守って来た方法に対して挑戦してもらい、さらに好ましい行動に移行するのを助けることなのです。直面化は、クライエントに"このようになりなさい"、あるいは"このようなことをしなさい"と独断的に教示するものであってはなりません。それではかえってクライエントを防衛的にさせてしまうでしょう。そのような直面化の一例として、次のような言い方があります。「あなたの人生がいかにひどいかという不平を毎週聴かされるのにはうんざりしています。愚痴ばっかりで、まるで悲劇の主人公ですね。あ

なたが本当に変われるのかどうか，難しいところですね」。

　次に，クライエントが，自分の問題をより生産的に探求できるような直面化の例を挙げてみましょう。「あなたが何度もおっしゃっているのは，もっと上手くやりたい，自分に関してもよく思いたい，自分のやってきたことに誇りをもちたいということですね。しかし，実際にあなたのやっていることや言っていることは，あなたが望んでいるのと異なる結果に結びついているようです。あなたは，このパターンを長年続けてきていますね。それで，嫌な気分には慣れっこになっているようです。ところで，あなたのお父さんは，あなたのことを絶対に認めませんでしたね。そのため，あなたは，お父さんの近くにいて，自分が愚かなつまらない者だという感じを味わってきました。どうでしょうか，あなたが慢性的に失敗することとお父さんとの関係について話してみませんか」。

　同様に，夫婦カウンセリングにおいても，夫に対して「黙って彼女の言い分を聞きなさい」と独断的に言って，直面化を求めても何の役にも立ちません。この直面化によって確かに夫は口を閉ざすかもしれません。しかし，次のように夫婦の間に起こっている現象を表現してあげる方がより効果的です。「あなたは奥様に，自分についてどう思っているかを話してほしいとおっしゃいます。でも，この面接での10分間の様子を見ていると，奥様が話をしようとすると，あなたはいつも彼女の言葉を遮って話しはじめますね。そして奥様が感じられていることは間違っていると，いろいろな理由をつけて批判をします。奥様のことを間違っていると決めつけるのではなく，奥様の行動をもう少し詳しく説明して下さい。奥様の行動が，あなたにどのような影響を与えているのでしょうか。そのことを奥様と話してみるというのは，いかがでしょうか。これから数分間，奥様にまず話してもらい，その間は言い返すことを考えないようにしてみてはどうでしょうか。奥様が話し終えたら，そこで話されたことからどのような影響を受けたのかを奥様に伝えてみて下さい。奥様がどうあるべきかに焦点を当てるのを，とりあえず止めてみましょう。その代わり，あなた自身の中でどのような反応が起こっているのかに焦点を当ててみてはどうでしょう。そしてご自身の反応を奥様に伝えることをしてみませんか」。

　このように直面化というのは，決めつけたり批判したりするのではなく，その人が他者にどのような影響を与え，またどのような影響を受けているのかについて考える機会をもつことを目指します。クライエントは，決めつけられるよりも，「どのようになっているのでしょうか，考えてみましょう」と言われるほうが，直面化に対して防衛的にならず受け入れる気持ちになるものです。

直面化に対して，自らの状態について言い訳を考え出すのが上手なクライエントもいます。このようなクライエントには，その人がやるべきなのにもかかわらず，できていないことをはっきりさせ，そこに直面させようとするのは得策ではありません。それに対しては，やらない言い訳が返ってくるだけだからです。むしろ，クライエントがやっていることに責任を取るような直面化を試みるのがよいでしょう。例えば，自分のことを被害者だと主張するクライエントもいます。そのようなクライエントは，自分を惨めにした原因として，あれやこれやを非難することに多くの時間を費やします。そのような場合の効果的な直面化は，クライエントの目を周りから自分へと向けさせることです。また，あるクライエントは，自分は世界中で認められなければならないと思い込んでいます。このようなクライエントの場合は，一体その考え方をどこで身につけたのか，そしてその考え方が自分に利益をもたらしているかどうか検討するようにもっていきます。

　クライエントの長所に対しての直面化を最大限にして，その代わり弱点についての直面化は手加減するという方法もあります。その場合，クライエントに決めつけと受け取られないように，なるべく具体的な行動に焦点を当てることが重要となります。その際には，クライエントの行動が援助者にどのように見え，どのような印象を受けたのかを伝えることも忘れないようにしましょう。また，そのことについてクライエントと対話することも大切となります。対話の中であなたがどれだけ敏感に対応できるかどうかが，クライエントが直面化をどの程度受け入れるかどうかを決定する鍵となります。

　以下において，自分の長所を上手に活用できないクライエントへの対応の仕方を例として示しましょう。「この数週間，あなたは彼女に声をかける計画を事細かに考えてきましたね。そういうあなたは，私からみると，とても積極的に思えます。実際あなたと知り合った人々は，皆あなたに好印象をもちますよね。だから私には，あなたが彼女から拒絶されることを恐れる理由はないと思えるのです。ところが，あなたは，彼女に声をかけることができませんでした。確かに，声をかけなかった理由は，いろいろあるようですね。でも，ここで少し見方を変えてみませんか。どうでしょうか，あなたには，彼女と関わりたくないという気持ちはありませんか。積極的なあなたが彼女に声をかけることができないのは，どうしてなのでしょうか」。

　直面化の方法をより具対的に検討するために，良い例と悪い例を併せて示します。はじめに効果的ではない直面化の方法，次に効果的な方法を例示します。

- 「あなたは,いつも孤高を保っていますね。私の印象では,近づきがたいという感じですね」。このような直面化は,次のように修正することができます。「どういう訳か,あなたとの間に距離を感じてしまって,少々居心地が悪いですね。ただ,だからといって,あなたを避けたいというのではないのです。お互いの違いを認めた上で付き合えないものかと思うのですが,いかがでしょうか」
- 「あなたは,誠実さに欠ける。いつもニコニコしていますね。でも,それは,本当のあなたではない」。これを効果的な直面化に修正すると,次のようになります。「私には,あなたのことがわかりづらく,困っています。信頼できないと思うことがあります。というのは,あなたは怒っていると言いながらも,ニコニコしていることが多いからです。私には,あなたの本心がわかりにくいのです。そのせいで,あなたには近づきにくいと思ってしまうのです」
- 「私があなたの夫なら,とっくに家を出ているでしょう。あなたは,すごく意地悪な人ですね。それでは,どんな関係もダメにしてしまうでしょう」。それに対して,より効果的な言い方としては,「私は,あなたの前で安心できません。おっしゃることを聴いていると,傷つけられることが多いのです。それで,あなたと距離を取らざるをえないのです。時にはやり返したくもなります。それで,あなたと親しい関係になるのは難しいと感じています」

効果的でない直面化によって語りかけられる場合,クライエントは,日頃どのような振舞いをしている人間なのかを告知されるといった感があります。それは,不当な評価を受けていると感じるような言い方です。それに対して効果的直面化においては,援助者は,クライエントについて考えていることや感じていることを率直に表現しています。そして,人間の行動が他者にどのような影響を与えるのかを伝えることもしています。

自己開示を適切に用いる

クライエントと関わる際に,援助者が自分のことを話すのは有効な介入法です。もちろん,クライエントに見境なく自らの個人的問題を話すのは望ましいことではありません。しかし,クライエントの利益のためになされるのであれば,援助的な効果をもたらす場合があります。では,どのような点で効果があるのでしょうか。援助者が自らのことを話した場合,クライエントが自分についてより正直に,また真実を話すことに役立つでしょうか。援助者の体験談を聴くことで,クライエントは,自己の問題についての新しい見方を得ることができるでしょうか。援助者の自己開示は,クライエントが今の行動に代わる新たな行動をとることに役立つでしょうか。ク

ライエントが得た洞察を実際の行動に移す助けとなっているでしょうか。

　ところで，援助者の中には，自分の心の重荷を軽くする手段として不適切に自己開示を利用する人もいます。援助者が自己開示をする過程でクライエントに思わぬ重荷を負わせてしまうこともあります。クライエントは，援助者の私的事柄について知っても，その情報をどうしたらよいかわからないということがあります。したがって，本書で扱う自己開示とは，クライエントに援助者個人の過去や問題を詳しく語ることを意味するのではありません。

　時として，クライエントの話を聴いていて，援助者自身の苦悩にまつわる感情を引き出されてしまうことがあります。そのような感情があまりに意識を占領してしまい，クライエントに集中できなくなることもあります。そんな場合には，自分がクライエントの話にどれだけ影響を受けたかを話すのが，両者にとって有益なこともあります。クライエントとの関係の度合いによっては，それに関連する援助者自身の境遇などについていくらか詳細に語ることも許されるでしょう。あるいは，クライエントが苦しんでいる事柄が，援助者の人間としての心の琴線に触れたことを伝えるのも，ひとつの方法です。

　最も重要なタイプの自己開示は，援助者とクライエントとの間の関係について明らかにすることでしょう。例えば，クライエントの話を聴くのが辛いと感じているのなら，そのことを伝えます。「時として，あなたの話に集中するのがとても難くなることに気づきました。あなた自身のことやあなたが思っていることについて話をされている時は，大丈夫なのです。でも，娘さんがしていること，していないことについての詳細に話題が及ぶと話に付いていけなくなるのです」。この言い方では，クライエントに対して決めつけたり批判したりはしていません。援助者は，クライエントが他者について話をしている時の自分の反応を伝えています。それとは逆に効果的でない直面化としては，例えば「あなたは，とにかく退屈なんですよ」という言い方があります。このような反応はクライエントに対する批判となります。結局，援助者は相手を責めて自分の側の責任を回避しています。

　さて，あなたはどのくらい自己開示，しかも適切で意味のある自己開示をしようと思っていますか。自己開示のためには，自分自身のことや自分の感情について話すことになります。あなたは，その難しさがわかっていますか。自らの経験，感情，反応を表現した場合，結果としてその人は無防備になります。その点で援助者が自分のことをクライエントに話すのは難しいことなのです。

　しかし，自分のことを相手にほとんど見せずにおきながら，相手には進んで無防備になってほしいと望むことができるでしょうか。言い換えるならば，援助者

が自己について何も語らないでおきながら，クライエントには自己を語り，無防備になることを要請できるでしょうか。もちろん援助者は，クライエントとの間に信頼関係を形成するために，わざわざ自らの過去を詳細に語る必要はありません。援助者が安易に自分のことを話してしまうと，クライエントがしなければならない作業，つまりクライエントが自分自身を見直す作業を後回しにさせてしまうことがあります。そこで，援助者が自己開示する場合には，できる限り，自分がどのようにクライエントのことを感じ，また体験しているかを話すように努めましょう。クライエントと援助的な関係に入ると，どうしても相手に対してさまざまな反応を経験するものです。したがって，クライエントに伝える内容としては，さまざまな反応の中から適切なものを注意深く選んで開示するのがよいでしょう。そして，その自己開示についてクライエントと話し合うようにしましょう。特に自己開示を聞いてどう感じたかをクライエントに話してもらうことは，たいへん有益です。

　一方，自分のことを何としても話さなければならないと感じている援助者もいます。そのような援助者は，クライエントの問題に似通った自分の問題を話します。結局，自分の問題を話すことを通して，その援助者が以前から引きずっていた自己の問題の解決を計っている場合があります。そのような場合，援助者は，自分の心配事に気を取られてしまい，クライエントの問題に焦点を向けることに失敗してしまいます。

　したがって，自己開示をする場合には，それが他者に与える影響を検討しましょう。その際，自己開示の動機と行動を正直に見直す態度を発展させることが必要になります。自己開示がクライエントの自己探求を妨げていることに気が付いたなら，その時こそ，援助者であるあなたがカウンセリングを受ける時だといえます。クライエントの前ではなく，カウンセラーの前で，自分の問題に焦点を当てるようにしましょう。

5　援助の第2段階：目標設定を援助する

　Egan（1994）は，多くの援助者はクライエントに問題を確認させ，探求させ，明確化させるのにあまりの多くの時間をかけていると指摘しています。援助の初期段階に多くの時間と労力をかけることで，さまざまな洞察を得ることができることもあるかもしれません。しかし，初期段階に時間をかけすぎたために，かえってその洞察を生活場面での新たな目標に移行することに失敗する結果となる場

合も往々にして生じてきます。したがって，早期に第2段階に進むことも重要となります。

第2段階での目的は，問題への対処に向けての新たな取り組みをクライエントが考えるのを援助することです。クライエントの価値観に沿った新たな見方や行動が引き出せるように，クライエントとさまざまな可能性について自由な話し合いをします。そして変化に向けての目標として，できるだけ達成可能なものを設定します。つまり，達成度を測定することが可能な具体的事柄，実際にクライエントが資源として活用できる事柄，クライエントが自ら主体的に選択し，ある一定期間内で実行できる事柄を目標として設定することが重要となります。

目標設定に関しては，危機介入を行う場合には特別な配慮が必要となります。そのような場合には，クライエントになるべく適切な選択肢と，より広い可能性を提供しなければなりません。危機状況にあるクライエントは，金縛り状態になり，役立つ選択肢を検討する余裕すらないことが多いのです。実際，危機状態にあるクライエントは，頭の中に何も選択肢をもっていないものです。この段階での有効な援助とは，クライエントにはさまざまな選択肢が存在するので，その中からより適切な方法を選ぶことができると伝えることです。

GillilandとJames（1997）は，危機的状況にあるクライエントに残されている選択肢を見つけ出すために活用できる3つの方略を提案しています。

①状況的サポート：状況において活用できる選択肢を探る。特にクライエントの生活の場において，クライエントが危機に対応するのに力を貸すことのできる人物を探る。

②対処のメカニズム：クライエントが危機を乗り越えるために活用できる活動，行動，環境に関する資源を探る。

③肯定的で建設的な思考パターン：問題についてのクライエントの見方を変え，ストレスや不安を減らす方法を探る。

例えば，クライエントが，危機に遭遇して自分の状況が絶望的で，自分は運命の犠牲者だと感じている場合，援助者はクライエントがより多くの可能性を積極的に検討し，異なった見方を見出せるように援助します。

事例 ブライアンは若い社会人です。彼は，叶えられなかった大学入学の夢にもう一度挑戦するために援助を求めて来談しました。ここ数年間，大学への願書提出を先送りしていました。それは，実際に入学を許可されるのが恐いからでした。彼は，自分の仕事に大きな不満をもっており，そのことが日常生活

に影響しはじめていました。

　援助者と関わる中でブライアンは，幼少期より両親が自分のことをどのように見ていたのか，そして両親がそれを自分にどのように伝えていたのかに気づきました。両親は，ブライアンのことを無知でつまらない者と見ていました。そして両親は，その見方を暗黙のメッセージとして彼に伝えていたのです。子どもの頃，ブライアンの成績が悪いのは，怠け者だからだと考えられていました。知能検査の結果，知能の割に成績が低いことが判明し，それが両親の見方に拍車をかけました。彼は，幼少期より，そのような両親のメッセージを無条件に受け入れていました。

　したがって，ブライアンは，まず自分がそのようなメッセージを受け止めてしまっていることに気づく必要がありました。しかし，それに加えて，大学に入学するためには読み書きの能力を含めて学力をつける必要がありました。ここで援助者は，しばしば失敗を犯すことになります。それは，彼の，両親に対する感情，あるいは自分自身についての感情に焦点を当てすぎることです。ブライアンがなぜ劣等感を感じているのかに気をとられ，その原因ばかりを追い詰めてしまう失敗を犯してしまうのです。この段階で，ブライアンは，すでに自らの目標達成の妨げになっているものが何であるかを知っています。彼は，自分の生活のあり方を変えるために何が必要なのかに気づいているのです。したがって，その気づきに基づいて新たな目標を設定し，それらの目標を達成するためにとるべき手段を具体的に明確化していくことが，ここでのすべきことなのです。

　このように，感情にこだわりすぎるために具体的目標を設定する時期を失する場合もあります。しかし，その一方で，時期を待てずにクライエントの問題解決を焦って失敗する援助者もいます。他者の問題を解決したいという援助者の気持ちが，かえってクライエントに耳を傾けることの妨げになる場合もあります。実習生がよく陥る過ちは，クライエントの感情を探ることも充分にできていないのに，早急にクライエントのもっている問題に対して解決法を与えようとすることです。クライエントが自分自身に最も適した解決法を見出すための準備として，自分の考えや感情を苦しみながら表現する作業が必要です。ところが早急に問題解決を図るやり方は，そのクライエント自身が行うべき作業を抑えることになってしまいます。そこではまず，何年も抑圧してきた感情を表現することがなぜ大切なのかをクライエント自身が理解できるように手助けしなければなりません。クライエントに，自分で自分の解決法を探し出すことの意義を知ってもらうことが必要なのです。

　もう一度確認します。あなたに，援助者としてすべての問題を解決してあげた

いという強い気持ちがあり，早急に解決法を提示することにこだわっているとしましょう。それは，成果を積み上げる有能な援助者でありたいという，あなた自身の欲求にこだわっているために生じてきた可能性が高いといえます。あるいは，クライエントの苦悩を見ているのが辛くて，クライエントが徹底的な探求を始めてもいない前に解決策を与えているということもあるかもしれません。このタイプの援助者がブライアンのカウンセラーだとすると，不適応にまつわる彼の深い感情について聴いたり，探求したりすることに時間を割くことはしないでしょう。おそらく，ブライアンが学業について失敗を繰り返している理由を検討することもしないでしょう。問題解決指向の強い援助者ならば，とにかくブライアンにすぐに大学願書を提出させるでしょう。しかし，ブライアンには，恐怖心や自信喪失といった自分の気持ちを表現したり，深く考えたりする機会が必要なのです。もし，そのような自己表現の機会を十分にもてなければ，学業不振の原因が自分にあるという自己理解を得ることもできないでしょう。そのような自己理解がなければ，大学に入学してもきっと失敗を繰り返すことになるでしょう。

6 援助の第3段階：目標を実行するのを援助する

ひとたび援助者とクライエントの関係の中で目標がはっきり定まれば，それらの目標を達成するための取り組み方を決める必要が出てきます。自分が"何を"変化させたいと願っているかを知ることが第1段階です。その変化をどのようにして起こすかを知ることが次の第2段階です。そして次の第3段階で，援助者は，まずクライエントに自らの変化に向けての願望を実現していくための行動方略を考えてもらい，それを検討します。その行動計画が立てられたなら，それを実行に移すことになります。その場合，計画は，その実効性が評価されなければなりません。では，以下において，第3段階の主要な課題を解説します。

行動方略を定め，その実効性を評価する

変化に向けてどのようにするのがよいのかを検討する際に，多くのクライエントは，最初に思いついた方略に飛びついたり，実行困難な非現実的方略を考え出したりします。その結果，目標を達成できないことが多くなります。この段階における援助者の役割として，クライエントが目標達成を可能にする取り組み方を数多く思いつくように援助するということがあります。援助者とクライエントは，共に問題に対処する方法を幅広く考え，その方略がどれほど実行可能かを検討します。そして，実行に向けての最適な計画を考えます。援助者は，

クライエントが目標を実行に移せるように導きます。クライエントが目標達成に必要な技能をもっていなければ，面接の中で，それらの技能の習得を援助したり，クライエントが利用できる資源に関する情報を与えたりします。

　さて，ここで上記ブライアンのケースに戻って考えてみましょう。彼は，近隣にある大学で16単位取得するつもりだと言ったとします。それに対して，その計画がどれほど現実的なものなのかを考えていくことが，面接の課題となります。彼は，多すぎる単位を取得する計画を立て，結果的にまた失敗するという状況になっていないでしょうか。もしそうであるならば，より現実的な計画を考え，それを検討することができるでしょうか。ブライアンには基礎的な学習技能が欠けていることがわかっています。そこで，彼と一緒にそのような必須技能を習得するための方法を考えることができるでしょう。例えば，家庭教師に付いたり，補習クラスや成人教育プログラムなどを取ったりする方法です。彼が，成功する確率を上げるように取得する単位を減らしたり，希望するクラスの難易度を下げたりすることも話し合えるでしょう。

　この段階では，変化に向けて，クライエントが今日，明日，そして明後日と実行していくための具体的な計画を立てるように援助します。そして，その計画の妨げになるものが何かについて考えておくことも必要となります。実行するための方略を選択する時，クライエントは自己の内的資源および社会的資源とその限界についてよく考え，どの方略が自分の能力に最も適しているかを判断します。クライエントが選択する方略は，具体的で実行可能性があり，しかもクライエントの目標と結びついており，また価値観とも一致していることが求められます。そこで援助者は，クライエントを援助して，選択された方略がそのような条件を満たしているのかを確認するようにします。

　この過程は，危機状況にあるクライエントと関わる際には特に重要となります。そのような場合には，クライエントと協働して関わり，それによってクライエントも目標設定の責任の一端を担うようにすることが有効です。危機介入においても，計画を立てる際には，クライエントが自己の主体性や自立心を奪われたと感じないようすることが肝心です（Gilliland & James, 1997）。

　計画を立案し，それを実行に移す過程を経ることによって，人々は自己の生活のあり方を上手にコントロールできるようになります。援助過程もここに至ると，教育活動が求められる局面となります。ここでは，クライエントに新しい情報を伝えることに援助の方向性を絞っていき，自ら望んでいることや求めていることをより効果的に達成する方法をクライエントが見出せるように援助することが課

題となります．この計画実行の局面において，援助者はクライエントに，自ら計画を選択し，それを実行することの責任を取るように求めます．これは"結局のところ，世の中には，あなたの代わりに目標を実行したり人生を生きてくれたりする人は誰もいないのです"ということをクライエントに伝え，責任をもって自己の目標達成に取り組むことを求めるということです．Wubbolding（1988）は，現実療法についての書物の中で，クライエントが目標をもち，自らの生活のあり方を上手にコントロールするために必要な事柄を以下のように論じています．

- 計画は，クライエントそれぞれの動機や能力の限界の範囲内に収まるものにすべきである．計画は，現実的で実現可能でなければなれない．援助者は，高すぎる希望や非現実的な計画については，クライエントに注意を促すようにする．
- よい計画は，簡潔で理解しやすいものである．計画は，具体的で，その達成度が測定できる必要がある．ただし，変化の対象となっている特定の行動についてのクライエントの理解が深まるにつれて，計画は常に柔軟に改善されるべきである．
- クライエントにとって好ましく，希望のもてる行動を計画の中に含めるべきである．そして，クライエントが進んでやりたいことを中心に行動計画をまとめる必要がある．
- 援助者は，クライエントが自分で実行できる計画を立てるように援助すべきである．他者の行動を前提とする計画では，主体性が育たない．クライエントは，自分で船の舵を取っている感覚をもてず，他人のお情けで動かしてもらっていると感じるようになる．
- よい計画は，具体的である．その計画の内容に関して，援助者が「何が」「いつ」「誰と」「どのくらい」というような質問をしても，クライエントが具体的に答えられるように計画を練っていくことが肝心である．
- 有効な計画は，繰り返すことができるものである．理想的には，日々実行できることが望ましい．人々が抑うつ，不安，否定的思考，身体化問題などを克服するためには，これらの症状に代わる新しい思考や行動のパターンを習得することが重要となる．新しい思考や行動のパターンに基づくことで，自分のあり方をコントロールできているという感覚をもって日々の生活を送るようになる．
- 計画はできるだけ早く実行されるべきである．援助者は，「自分の生活を変えるために，今日しようと思うことは何ですか」「落ち込まないようにしたいとのことですが，そのために今何をするつもりですか」といった問いを発することで，その計画の具体性を確認することができる．
- よい計画は，目標のみに注目するのではなく，その目標に至る過程における行動を含んでいる．例えば，クライエントは目標を達成する過程の行動として，職探し，友達に手紙を書く，ヨガの教室に通う，ジャンクフードを栄養のある食べ物

に替える，1週間に2時間はボランティア活動をする，望んでいた休暇を取るといったことを挙げることができるでしょう。
- 計画が現実的か，達成可能か，要望しているものを反映しているのかといった点を判断するために，実行に移す前に計画の評価作業を行う。実生活で計画を実行した後に，もう一度その計画を評価することも重要である。例えば，援助者は，クライエントに「あなたの計画は役に立っていますか」と質問をしてみる。仮に計画が上手くいっていないならば，計画を見直し，他の選択肢を考える。
- 自らの計画に責任をもたせるために，クライエントに計画を紙に書かせるのが有効である。
- 実行計画を考え，検討する際には，予想される危険と成功の可能性について話し合う。それと共に，それぞれの方略にかかる負担や利得についても話し合う。計画を立て，それを実行する際に妨げとなる抵抗について探り，それに対して建設的な対応策を協働して検討することも，援助者の仕事である。

　解決策と計画は，それらを実行する決断がなければ空しいものです。したがって，クライエントが実行可能な計画を実際に行動に移す決心が重要になります。計画を立てて，それを最後までやりぬく最終的な責任は，クライエントにあります。援助者との関係を超えて日常生活の場に出て，どのように計画を実行するかについての決断をするのは，クライエント自身です。効果的援助とは，このような自発的で責任ある生活に導く触媒として働くものなのです。

実行プログラムを実践する

　クライエントは，積極的に新しい行動を試すことの意義を知り，受動的態度や偶然に任せることがないように励まされます。クライエントが積極的な姿勢を育む方法として，はっきりした契約を結ぶことがあります。こうすることでクライエントは，自分が何を望み，何をしたいのかということに直面し続けることになります。契約の内容は，援助の効果を評価するためにも有益な測度となります。つまり，援助の効果を評価する話し合いでは，どの程度，契約事項が達成されているかの見直しがなされ，改善されるべき部分はどこかに焦点が当てられます。

　計画が上手く実行されないということがあれば，それが次の面接で話すべきテーマとなります。例えば，学校で問題を起こす乱暴な息子に対しての介入計画を実行に移さない母親がいたとしましょう。その場合カウンセラーは，彼女が計画を実行に移させるのを妨げているものが何かを彼女と一緒に探ります。不測の事態に対処するための計画も考えます。カウンセラーは，息子が協力的でないために計画を実行できないでいる母親に，以前の計画とは異なる対処法略を示し，実

際にどのように実行するのかを演じてみせることもできます。クライエントは，どのように失敗に対処するかを学ぶと共に，計画の実行を妨げる可能性のあるものを予見する方法も学びます。

ここでブライアンの状況について，もう一度考えてみましょう。彼は，いくつかの技能養成クラスに参加しました。しかし，クラスで圧倒されて非常に落ち込み，クラスを止めたいと援助者に告げました。ここで援助者は，彼と協働して計画を予定通りに進める方法や自信のなさを克服する方法を探ることになります。

7 援助の第4段階：終結

初回面接は，その後の援助関係のあり方を決定するものです。それに対して援助の最終局面は，クライエントがその援助関係から得たことを最大限に活用し，変化の過程を維持するために採用する方法を決定することを可能にするものです。この段階における援助者としての目標は，クライエントができるだけ早く専門家との関係を終え，自分の力で変化を維持できるように関わっていくことです。

現在，短期療法が広く要請される状況になっています。したがって初回面接において，短期という時間制限に関する事柄や終結について話しておく必要があります。例えば，相談センターの規則でクライエントとの面接は6回だけと決まっている場合，クライエントは開始時点からこのことを知る権利があります。短期療法アプローチに基づく援助とは，常に終結を意識しながら活動するということです。短期介入での目標は，できる限り短期間で，かつ効果的に，クライエントが主体的に生きるための必要な対処法を教示することです。その点で援助の最も重要な目標は，クライエントがなるべく早く援助者を必要としないようにすることです。Kramer（1990）は，このことについて，「援助者は，抜き差しならない状況でない限り，援助者がいなくてもやっていけるようにすることが面接の目的であると，初めからはっきりさせておくべきです」と述べています。

時間が制限されているカウンセリングにおいては，最初から援助者とクライエントの双方が，どれぐらいの面接回数がもてるかを認識している必要があります。しかし，クライエントは，頭では面接が6回から12回であると理解していても，感情的には短期間でカウンリングが終了してしまうことに抵抗を感じていることがあります。終結については，初回面接で必ず話し合わなければならないだけでなく，援助関係の過程を通じて話される必要があります。そうすることによって，

クライエントにとって不意に終結が訪れることがないようにしていきます。
　時間が制限されると，援助者とクライエントは短期間に現実的な援助目標を立てざるをえない状況に置かれます。それぞれの面接が終了する際に，クライエントに，以前に立てた目標をどの程度達成できているか尋ねてみましょう。目標の実行過程を見直すことで，クライエントは，援助過程において話し合ったことで役立っている事柄と役立っていない事柄を判断できるようになります。当初に設定された課題を達成するために，定められた回数から逆算し，それぞれの面接で話し合うテーマが割り振られます。そこで，面接の評価は，それぞれの面接のテーマに応じて判定されることになります。
　終結のための介入は，クライエントが面談で学んだことを応用して，来談を終えてもなお学習していけるように援助することです。このような課題を効果的に達成するための要点を以下に示します。

- 面接が終結に近付いていることをクライエントに知らせるようにしましょう。遅くとも終結面接の2，3回前の面接では，そのことを告げるべきです。最後2回の面接では，やり残しの仕事や援助者と一番話したいことをクライエントに考えてもらいます。最終回のひとつ前の面接では，「もしこれが最後の面接だとしたらどうでしょう」と，クライエントに聞いてみることもできます。
- 面接回数が特に制限されていない場合，クライエントと援助者の双方が，いつ終結にするかを話し合いの中で決めることになります。そのような場合には，終わり近くの面接を間隔を開けて行うのもひとつの方法です。毎週来談することにせずに，3週間ごとに会うということもできます。このような予定を組むことで，クライエントに終結のための練習や準備の機会を与えることができます。
- 終結が近づいたら，援助過程を振り返ってみましょう。どのような教訓を学んだか。また，どのようにそれを学んだか。クライエントは，学んだことをどのように実現するつもりでいるか。クライエントが援助を受けたことで最も役に立ったと思っていることは何か。クライエントは，援助の過程にどの程度主体的に関わったと思っているか。このようなことをクライエントに尋ね，援助の過程を振り返ってみることも重要です。
- 援助の関係を終了することについての気持ちをクライエントに話してもらいましょう。クライエントがはじめに援助を求めることに尻ごみしていたように，面接が終結してしまうことに関しても恐れがあるかもしれません。
- 援助者自身が終結についてどう感じているかをはっきりさせる必要もあります。援助者は，クライエントとの離別について，割り切れない感情をもつことが多いものです。理由はどうあれクライエントとの決別に抵抗があるため，クライエン

トを引き止めてしまう可能性があります。クライエントが援助者を必要とする以上に，援助者がクライエントを必要とすることがあります。援助者は，自分がどの程度クライエントを必要としているのか知っておくべきです。クライエントは，自分の人生に素晴らしい影響を与えたと，援助者に肯定的なフィードバックを返してくれることもあります。そのような肯定的なフィードバックをもらうことは，援助者にとっては魅惑的なことでもあります。しかし，有能な援助者であれば，ここで，そのクライエントとは区切りをつけなければなりません。クライエントは助言をもらうためではなく，自分自身の力で活動できるようになるために来談するのです。したがって，援助者は，クライエントが自分から離れて自立するのを援助することを忘れてはなりません。クライエントは，問題の解決法を見出す術を会得すれば，それを活用して，現在の悩み事だけでなく，将来の問題にも対応できるようになるのです。

- 終結後に関しては，"来る者拒まず"という対し方が望ましいといえます。つまり，クライエントがもっと学びたいと感じた時に，自由に戻って来てよいと伝えます。専門的援助は，最終過程をどのように扱うかが肝心であるといわれています。しかし，カウンセリング終結後が重要な局面となることもあります。というのは，クライエントは終結後になって初めて，カウンセリング当初には自ら進んではやろうとはしなかったやり方で，新たな問題や悩み事に対処しようとすることがあるからです。したがって，終結した後に1回，あるは2，3回の面接をもつことで，その新しい対処のやり方に焦点を合わせて再スタートを切ることが可能となります。

- 計画実行の局面，または終結の局面における援助者の最も重要な役割は，クライエントが学習したことを実際の行動として実践するのを援助していくことです。クライエントがそれまでの課題を順調に達成してきていれば，終結は"卒業式"ということになります。クライエントは，目の前の問題に対処できるようになると共に，自己の進むべき新たな道に足を踏み入れることになります。さらに，個人的な成長を続けるために必要ないくつかの手段と資源も得たと言ってよいでしょう。このような理由から，援助関係を終結させる時期は，特にクライエントが利用可能なプログラムについて話し合ったり，他の専門家を紹介したりするのに適した時期でもあります。このようにして，援助過程の終結はクライエントの新たな始まりへとつながるのです。

援助技能を発展させるのには時間がかかる

人は，生まれながらの援助者なのではありません。援助の技能は，学習され，訓練され，洗練されていくものです。クライエントとの出会いに始まって，その後の援助過程のことを考えると，そこでなされるべきことの多さ

にいくぶん圧倒されるかもしれません。車の運転，スキーの滑り方，またバイオリンの弾き方を習いつつある時に，途方に暮れることがあるでしょう。ちょうどその時のようです。クライエントばかりか，援助者の自分に対しても求められていることがあまりに多いので，怖気づいてしまうかもしれません。クライエントが話すこと，行うことにのみ気をとられ，援助者としての自らの反応に注意を払うことができなくなることもあります。クライエントのすべての発言や仕種をことごとく理解しようとして無理をすると，かえって目の前にいるクライエントとの間に距離ができてしまいます。あるスーパーバイザーは，実習生に「たとえ，あなたがクライエントの何かを見逃したとしても，間違いなくそのクライエントは，後でまたそのことを話題として持ち出します」という助言を与えています。それからもわかるように，一度にすべてを理解する必要はないのです。

　このような問題とは逆に，自分のことばかり気になってしまって，クライエントのことを忘れてしまうということもあります。自分が次に何をすべきか，"正しい"ことを話しているか，クライエントに"援助的"と思われているかなど，結果を出すことばかりに気をとられていると，クライエントが語っていることを聞き落としてしまうものです。自意識過剰であったり，自分の援助者としての適切さに不安があったりして，それが原因となってクライエントと関わることができなくなることがあります。

　援助過程のあらゆる局面に一度に焦点を当てることができる必要はありません。さまざまな援助技能は，実習やスーパービジョンを通して学ぶことができます。援助の能力を学ぶことは，一度に完成の状態にもっていくといったものではありません。徐々に進む過程として理解できます。完全である必要はありません。自らが犯す失敗から学ぶといった余裕をもつことが大切なのです。

8 復習のために

- 援助過程に関する理論的志向性は，あなたの人間についての見方や，どのように人間が変化するかについての考え方と密接に関連している。したがって，人がどう変化するかについて，あなた自身がどのように考えるのかを明らかにしておくことが重要である。
- 効果的な援助者は，人間について肯定的に考え，健全な自己概念をもち，理論的意義を考慮した介入を行う。また，人間的特性として，共感性，正直さ，温かさ，同情心，誠実さ，無条件の肯定的配慮を備えている。

❒ 援助者は，クライエント一般について，なんらかの見方をもっている。そのような援助者の見方は，クライエントに影響を与え，クライエント自身がその見方に沿った方向に変化していく傾向がある。もし援助者が"人は一般的に依存心が強く，その人独自の道を見出すことなどできないものである"という見方をもっていれば，クレイエントはその見方を取り入れてしまうことになる。

❒ 援助者は，自分が設定した仮説を検討し，クライエントにとって有益かどうかの判断をしなければならない。自分自身できっちりと検討し，仮説の中に思い込みが入り込んでいないかを厳しく見直しをすることが必要である。

❒ 援助の方向性を明確化する際には，以下に示す問いを自分自身に問いかけてみることが役立つ。「クライエントが変化することに関する責任は，誰にあるのだろう」「クライエントの変化を最もよく促進するには，どうしたらよいだろう」「変化を起すためには，洞察が必要だろうか」「直面化と支持はどのように役立つだろうか」「なぜ，過去，現在，未来を問題とするのだろうか」「人間の本質は何だろうか」「実践の意味は何だろうか」。

❒ 援助過程のさまざまな段階において，思考，感情，行動を統合する理論的志向性が重要な役割を果たす。統合的志向性は，介入の方法を発展させる際の基礎的枠組みとして機能する。それによって，援助のそれぞれの段階においてクライエントの状態に柔軟に対応することが可能となる。

❒ 正しい理論的アプローチは存在しない。それゆえ，援助者は，自らのパーソナリティと価値観に一致するアプローチを採用しようと考えるのが賢明である。

❒ 援助過程には次の4段階ある。第1段階：クライエントが自らの問題を定め，それを明確化するのを援助する。第2段階：変化に向けての目標をクライエントが立てるのを援助する。第3段階：クライエントが行動を起こすように励ます。第4段階：終結に取り組む。特にクライエントが援助過程の中で学んだことを日常生活の中で実践できるように援助する。特定の援助方略は，各段階でそれぞれで求められる。そのための援助技能を伸ばすには，時間をかけスーパーバイズを受けることが必要である。援助者の人生経験は，援助者が自らの能力をクライエントの援助過程において発揮するのに，重要な役割を果たす。

9 これからすること

1. 本章においては，さまざまな考え方や仮説を解説しました。その中で，あなたにとって特に意味のあると感じられた考え方や仮説をいくつか取り上げてみて下さい。あなたが，そのような考え方や仮説を意味あるものとして受け入れ

るようになった経緯を考えてみることが必要です。そのために，あなたと同じような考え方をする傾向のある知人と話をしてみましょう。それから，別の考え方をする人を探して話してみましょう。いずれの場合も，自分がどのようにしてその考えを抱くようになってきたかを，話し合ってみるのがよいでしょう。

2．本章第3節"援助のための関係とは，どのようなものか"を見直しましょう。そして，効果的援助で必要とされる技能について考えてみましょう。そのような技能と関連して，あなたは自分自身の，援助者としての資質と限界についてどのように考えますか。自己の資質と限界について，考えたことを書き留めてみましょう。あなたが有能な援助者になるためには，どのように自分の資質を伸ばすのがよいのでしょうか。また，あなたの限界は，どのような点で他者と適切に関わる際の妨げになっているのでしょうか。あなたは，自分自身の限界や弱点に対処するために何ができるでしょうか。自分の資質や限界について考えたことを，あなたのことをよく知る人に聞いてもらい，それについての意見を言ってもらうのもよいでしょう。あなたが意見を求めた人は，あなたが考えているのと同じように，あなたのことを見ているでしょうか。その点に注意して，他者に意見を求めてみましょう。

3．本章第2節"援助の理論"をよく読み，さまざまな理論的見解についてじっくり考えてみましょう。そして援助するとはどういうことに関して，あなたの個人的見解を簡単にまとめてみましょう。その際，自分自身の見解を説明するための状況設定をいろいろと考えてみるのもよいでしょう。例えば，スーパーバイザーが，あなたのカウンセリングについての考えを聞かせてほしいと尋ねたとします。あるいは就職面接で，あなたがどのように援助過程を考えているのかを簡潔に述べるよう指示されたとします。さらに，あなたの専門についてよく知らない人から，「カウンセラーをしておられるのですね。どんなお仕事なのですか」と尋ねられたと場面も想像してみるとよいでしょう。

4．あなたは信念として，人間の本質についてどのように考えていますか。また，援助過程とはどのようなものと考えていますか。じっくり考えてみましょう。その後に，そのような信念や考え方が，あなたのクライエントへの介入法にどのような影響を与えているのかを考えてみましょう。あなたの信念や考え方が，その際どのような役割を果たしているのかについて，要点を書き出してみましょう。クライエントと関わる際に，さまざまな方略を用いることになります。信念や考え方は，そのような方略を考え出す下地となるものです。あなたの信

念や考え方は，どのように形で方略の下地となっているのでしょうか。

　援助過程の各段階を見直す際には，各段階においてあなたにとって何が最も重要な課題であるのかを考えてみましょう。援助の各段階において，あなたはさまざまな課題に直面し，それを乗り越えていかなければなりません。それぞれの段階であなたが直面すると予想される課題を書き出してみましょう。例えば，次のような点を自問してみることによって，自分自身の課題を明らかにすることができるでしょう。「終結は，自分にとって困難な過程だろうか」「自分の体験をクライエントに，タイミングよく語ることができるだろうか」「クライエントに直面化させるのは難しいだろうか」「それぞれの段階で，効果的に介入するために必要な人間的特質と技能がある。そのよう人間的特質と技能を伸ばすために，何ができるだろうか」。

5. 以下には，それぞれの技能について書かれた文献を紹介します。また，本書の最後に文献リストを付してあるので，それも併せて参考にして下さい。

　援助過程の全段階についての概説，技能の系統的な学習と発展および介入方略については，Brammer（1933），Doyle（1992），Egan（1994），Hutchins and Cole Vaught（1992），Ivey（1994），Nelson-Jones（1993），Okun（1997）を，危機介入の技能についてはGillilandとJames（1997）を参考にして下さい。カウンセリングの統合的アプローチ，優れたカウンセリングの要素，専門的カウンセリングの考え方，優れたカウンセラーの特徴については，PurkeyとSchmidt（1996）が参考となります。

第4章

初心者が直面する問題

▶▶▶ この章で考えてほしいポイント

1. 抵抗を示すクライエント，怒りを表すクライエント，来談意欲のないクライエント，援助する側になろうとするクライエントなどに対して，どのように関わるのが最もよいでしょうか。

2. 一貫性のない行動を示すクライエントに対して，自らの行動への直面化をさせた場合，クライエントを怒らせてしまう可能性があります。そのような場合，援助者は，クライエントを怒らせてしまうのではないかという恐れに，どのように対処したらよいでしょう。クライエントの防衛を強めるのではなく，逆に自らの行動を見直すように援助するには，どのように関わるのがよいでしょうか。

3. 援助者は，クライエントの問題について，仕事の場だけでなく，私生活においても考え続けてしまう場合があります。クライエントの問題を私生活に持ち込むことを避けるには，どのようにしたらよいでしょうか。援助者としてクライエントの苦しみに開かれ，それを敏感に受けとめつつ，同時にクライエントの問題に適切な距離をとるには，どのようにしたらよいでしょうか。

4. 自殺願望のある人，性的な犯罪者，虐待をする人，エイズの患者，異なる文化や民族的背景をもつ人に関わる場合，援助者にはさまざまな反応が生じてきます。そのような自己の反応に，どのように対処したらよいでしょうか。

5. あなたにとって，クライエントが呈する行動で，最も深刻な問題と思われるのは，どのようなことでしょうか。また，それはなぜでしょうか。

6. "難しいクライエント"に対する場合，あなたは，通常どのようにしていますか。（まだ事例を扱ったことがなければ，クライエントの代わりに，付き合うのが難しい友だちに対してどのように対応しているのかを考えてみて下さい。）

7. あなたは，自分自身の過去の未解決な問題に気づいていますか。そのような問題を抱えていることによって，自分と同じようなタイプの問題をもつクライエントと向かい合う際に，何らかの影響を受けていると思いますか。あなた自身のこころの傷に対して，これまで何らかの対策をとってきましたか。

8. あなたにとって，他の専門職に紹介する方がよいと思えるクライエントとは，どのようなクライエントですか。この問いに答えてみて，自分自身のクライエントへの対し方について気づいたことはありますか。

9. あなたは，自分が脅かされたと感じた時に，自己防衛のためにどのような行動をとるでしょうか。自分自身の示す抵抗のパターンを認めることに対して，どれだけ自由に開かれた態度をもっていますか。クライエントが自分と類似したタイプの人であった場合，どのような対応をする傾向がありますか。

1 この章のねらい

　もし，あなたが援助専門職として仕事をするならば，職業生活において実にさまざまな問題に直面することになります。多種多様な問題がある中で，ある特定の事柄は，初心の援助専門職にとっては格別に難しく感じることになります。そうした事柄のひとつとして，クライエントがあなたに対して抱く気持ちにどう対処するのか，そしてそのクライエントの気持ちへの反応としてあなた自身の中に呼び起こされる感情にどう対処するのかという問題があります。また，援助に抵抗するクライエントにどう対処するかということも，初心の援助専門職にとっては難しい事柄です。熟練した援助専門職にとっても，特に介入に激しく抵抗するクライエントに適切に関わるということは難しいテーマであり，大いに関心のある事柄のはずです。

　そこで本章では，援助の関係の中で起こる転移，逆転移，抵抗などについて，また難しいクライエントと接する際に援助者自身が抱く感情への対処法について解説します。ただし，本章の内容は，疑問に対して答えを提示するというものではありません。むしろ上記テーマについて，さらに多くの疑問を提起するということになるでしょう。というのは，私たちは，援助の関係にまつわる複雑で扱い難い問題に対して安易な答えを提供するつもりはないからです。ここで目的としているのは，読者の皆さんに，初心の援助者が直面する多くの問題について広く知ってもらうことなのです。

　私たちが強調したいのは，クライエントに向けるのと同等に，あるいはそれ以上に自分自身に注意を向け，自分について学ぶことの大切さです。援助者は，難しいクライエントであればあるほど，関わりの中で生じる自らの心の動きや反応に気づいていなければなりません。しかし，難しいクライエントは，援助に抵抗

を示します。その結果，抵抗するクライエントを変えようとするあまり，援助者はしばしば自己に注意を向けることを忘れてしまいます。

　もちろん，あらゆる援助の状況に対して，正確な解決法を知っていなければならないということはありません。そのようなとんでもない考えに押しつぶされないようにしましょう。むしろ，困難な状況から何を学ぶかが重要となります。教育訓練過程において，難しい局面に応用できる技能を修得したり，それを実践したりする機会は十分にあるはずです。スーパービジョンのセッションは，本章で取り上げる問題を話し合う場としては最適です。また，スーパービジョンを受けながらの臨床活動は，学んだ介入法を実践する場でもあります。

　もし，あなたが訓練を受け始めたばかりであるならば，本章で扱うような難しいケースに対応する知識と技能を初めからもっているとは期待されていません。むしろ，初心者にとって大切なことは，クライエントの抵抗を経験した時に，自分自身の中に沸き起こってくるものに蓋をせずに受けとめることができるかどうかなのです。したがって，あなたがどれほど自分自身と向き合う意欲があるかが，重要なポイントとなります。つまり，あなたがどれほど他者と関わることができるかは，あなたが自分自身にどれほど向き合えるかを指標として判断できるといえます。この点については，本章において，詳しく見ていくことにします。

2　初心者が抱く心配と恐れ

　ヒューマンサービス関連の大学院教育訓練課程に在籍する学生は，怖れ，嫌気，完璧主義などの問題を個人的に抱えることがあります。例えば，多くの学生は，やがて迎えるクライエントとの対面に不安を感じるものです。そのような時に学生は，「自分が出会うクライエントは，何を求めているのだろう」「自分はクライエントが求めるものを提供できるだろうか」「何を，どのように伝えればよいのだろう」「来談しつづけてくれるだろうか。中断しないだろうか」「来談が継続するにしても，それにどう対応すればいいのだろう」といった自問自答を繰り返します。その結果，かえって不安に駆られてしまい，クライエントに注意を払えなくなってしまうこともあります。

　こうしたことは，実習生だけでなく，すでに活動している援助専門職も含めて，ありがちなことです。さらに，これに加えて，多くの実習生や援助専門職が抱く問題として，「完璧な援助者であらねばならない」という理想に苦しめられるということがあります。そのような思い込みが，「不完全な仕事はできない」とい

う重圧を援助者に課すことになります。そして失敗を恐れるあまりに，クライエントと援助者の双方にとって悲惨な結果になることもあります。このような問題によって援助者自身の援助能力が低下する場合，倫理的な問題に発展することもあるのです。

　さて，ここで少し時間をとって下記の項目を読み，その内容があなたに当てはまるかどうかを確認してみて下さい。これらの項目は，実習生がしばしば口にする表現を集めてみたものです。経験の浅い援助者の不安な気持ちを表す文章のリストとして作成してみました。それぞれの内容がどれほど自分に当てはまるかを評定してみましょう。自分に当てはまると感じたら○を，当てはまらないならと感じたなら×を記入して下さい。

___ 失敗するのではないかと思い，怖くなる。
___ 上手く対応できず，クライエントに迷惑をかけるのではないかと思う。
___ 危機状況にあるクライエントを助ける能力が自分にあるとは思えない。
___ 完璧でないと気がすまないので，常にこれでは駄目だと感じる。
___ カウンセリング場面での沈黙が怖い。
___ クライエントがよくなりつつあるとわかっていないと安心できない。
___ 要求がましいクライエントと関わるのが苦手だ。
___ よくなろうという意欲がないクライエントや他人に言われて来談したクライエントのカウンセリングをする自信がない。
___ カウンセリングの進む方向を，誰がどの程度責任をもって決めればよいのかわからない。クライエントの責任がどの程度で，カウンセラーの責任がどの程度なのかわからない。
___ すべてのクライエントに対してカウンセリングを成功させないといけないと思ってしまう。
___ カウンセリングの場面で，ありのままの自分でいることや自分の直観を信じるということができない。
___ 怒りの感情をクライエントに感じたとしても，怖くて表現できない。
___ クライエントに初心者であることを見透かされ，実力不足と思われるのではないかと心配している。
___ 専門職として，倫理的に問題ない程度にしっかり仕事ができているのか心配である。また，自分が専門職らしくみえているのかということも心配である。
___ クライエントにどの程度正直であるべきかわからなくなる時がある。
___ カウンセリングの場面で，自分の個人的感想や私生活のことをどの程度話して

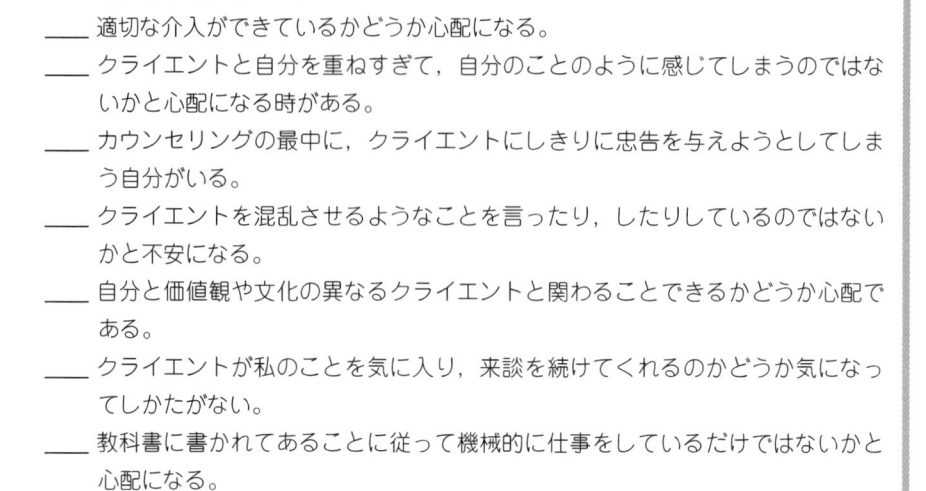

よいかのわからない。
___ 適切な介入ができているかどうか心配になる。
___ クライエントと自分を重ねすぎて，自分のことのように感じてしまうのではないかと心配になる時がある。
___ カウンセリングの最中に，クライエントにしきりに忠告を与えようとしてしまう自分がいる。
___ クライエントを混乱させるようなことを言ったり，したりしているのではないかと不安になる。
___ 自分と価値観や文化の異なるクライエントと関わることできるかどうか心配である。
___ クライエントが私のことを気に入り，来談を続けてくれるのかどうか気になってしかたがない。
___ 教科書に書かれてあることに従って機械的に仕事をしているだけではないかと心配になる。

さて，どうでしょうか。自分の答えをもう一度見直してみましょう。そして，あなたが最も恐れる心配事をよく表している問題は何か考えてみましょう。そうすることで，あなたの問題の背後にあるあなた自身の思い込みを知り，それを乗り越えていく可能性が出てくるのです。

3 転移と逆転移

　上記の質問項目への回答結果から，自分がクライエントと効果的に関わるのに妨げになるいくつかの問題や不安材料を見つけることができたのではないでしょうか。おそらく多くの援助者の主要な心配事として，"自分は，クライエントが示す反応に有効に対処できているのか"ということがあるでしょう。あなたは，人間として，また専門職として，クライエントが示す反応にどのように対応するのがよいのか迷うことがあると思います。それは援助者であれば，常に気になるところです。
　また，これと関連して，クライエントに対するあなたの反応が，あなた自身の内的葛藤の産物かどうかを見定めることも重要な課題となります。援助者の内的葛藤は，クライエントへ関わる中で生じてきます。したがって，援助者は，自らの反応がそのような内的葛藤の産物であるかどうかを見定めることに常に取り組まなければなりません。このように"転移"と"逆転移"に気づき，それを効

果的に扱えるかどうかは，援助専門職として実践に関わる者にとっては主要な関心事であり，また難しい問題でもあります。

転移の問題を扱う

クライエントは，自らの人生において重要な意味をもっていた他者に関して過去に抱いていた感情や態度を，援助者に投影します。"転移"とは，そのような投影が生じる無意識の過程です。転移は，基本的にクライエントの幼少期に起源をもっており，過去に経験した他者との葛藤を現在においても繰り返すことで生じます。過去の葛藤をきちんと解決していない場合，クライエントは，それを援助者に投影し，援助者の姿を歪んだ形で受け取ってしまいます。クライエントは，肯定的な感情と否定的な感情が入り混じった状態で援助者を見ることになります。そして，同じひとりのクライエントが，その時々で恋愛感情，愛情，怒り，苛立ち，依存，アンビヴァレントな感情といった異なる気持ちを援助者に投げかけてくることになります。

このような転移は，介入の目標が限定された短期療法でも起きてきます。したがって，転移の感情については，どのような援助形態であっても援助者であれば経験するものです。そこで，転移がどのようなものであるかを理解し，転移の効果的な扱い方を心得ておくことは，本質的に重要なことになります。

クライエントからの転移は，援助者の中に何らかの反応を引き起こします。問題なのは，そうした反応が結果的に転移に対する逆転移を生んでしまう場合です。援助者であるあなたがクライエントに対して無意識の感情的反応を起こしてしまい，その結果としてクライエントの行動を歪んで理解するということが起きてきます。それが，逆転移です。したがって，逆転移が起こる可能性に対しては常に注意しておくことが大切となります。

私たちが主催する学生とメンタルヘルス専門職のためのワークショップでは，参加者に"対応が難しいクライエントの行動"の例を挙げてもらい，それを検討しています。そこで私たちが強調するのは，個々のクライエントにとって抵抗や防衛の行動がどのように役立っているのかを理解することの重要性です。具体的には，その抵抗はクライエント自身の不安対処法としてどのような役割を果たしているのか，その防衛スタイルをクライエントがとることによって何を得ているのかを詳しく検討していきます。そして，対応が難しいクライエントの心の動きや対処の仕方に焦点を当てるのではなく，援助者が自分自身の中で起きている逆転移を意識し，理解し，探求するように指導します。その際，抵抗に対する援助者の反応に焦点を当て，短気にならずに関心と敬意をもって抵抗を扱えるように援助者を励まします。

第4章 初心者が直面する問題

以下において，あなたが援助活動において出会う可能性の高い転移の類型をいくつか挙げてみます。クライエントがあなたに向けてくるこれらの感情に対し，あなたはどう反応するでしょうか。以下の記述を読みながら，どのような感情が自分の中に起きてくるのかを自問してみましょう。

　<u>あなたを他の誰かにしてしまうクライエント</u>　クライエントの中には，あなたに，そうあってほしいとずっと望んでいた理想の母親や父親になることを望む側面があります。こうしたクライエントは，あなたが自分の面倒をみてくれて，すべての問題を解決してくれるという幻想を抱きます。あなたのことをどんな難局からも救い出してくれる神様のような存在だと思うでしょう。あなたを親に仕立てあげ，あなたから受容されることを望んでくるクライエントについて考える場合，次に示すことを自分に問いかけてみるとよいでしょう。
　「他人から見て，私は，親のように見えるのだろうか。しかも，私自身が経験したことのないような理想的な親のように見えるのだろうか」「私のことをまるで全知全能の存在のようにみなすクライエントといて，居心地がよいだろうか，それとも悪いだろうか」「クライエントが自らすべき決断を私に任せてきたら，どのような気持ちになるだろうか」「クライエントを窮地から救い出すことに関して，どこまで私に責任があるのであろうか」「クライエントが求める親の役割を引き受けることで，私自身のどのような欲求が満たされるのだろうか」。
　これまでは，援助者を肯定的にとらえる転移についてみてきました。しかし，それとは逆に，いきなり援助者であるあなたを否定的にみて，不信感を示すクライエントもいます。そのようなクライエントは，あなたが，別れた夫や妻，厳しかった親など，これまでの人生で重大な関わりをもった人物を思い起こさせるという理由で，最初からあなたに不信感を抱きます。例えば，男性のカウンセラーが，ある女性のクライエントの担当になったとしましょう。その女性はいきなり「自分は男嫌いだ」と告げます。これまで彼女が人生で出会った男性たちは，確かに信用のおけない連中でした。彼女は，目の前のカウンセラーも男性なので，また彼女を裏切るだろうと考えるわけです。
　このように自分の過去の経験に基づいて，当初から援助者について決めてかかるクライエントに出会った場合，あなたならどうするでしょうか。クライエントの行動を転移からくるものと理解し，防衛的にならずにクライエントと対することができるでしょうか。どのようにしたら，「私は，あなたが今までに出会った男性とは違う人間だ」ということを，クライエントに伝えることができるのでしょうか。彼女が父親に対したのと同じように，あなたに対しても攻撃的に対してきた

場合，あなたは，どう反応するでしょうか。あなたがどんなに努力しても，最終的には「この人も今まで出会った男と同じだ」という思い込みの激しいクライエントもいます。そのようなクライエントには，どのように対応するでしょうか。

さらに，人に情緒的に近づかないという転移を示すクライエントもいます。そのようなクライエントは，子どもの頃に世話をしてくれるはずの相手から無視されたために，援助者にも感情的に親近感をもてないのです。過去の関係から味わった体験を援助者との関係に重ね合わせてしまうのです。例えば，あるクライエントは離婚家庭で育ったとします。彼女は，何らかの理由で，自分自身が両親の離婚原因となったと信じています。彼女は，人生の早期に親から見捨てられ，その時期に感じた心の痛みを今でも抱えています。そのため援助者であるあなたが，自分の人生に入ってくることを警戒してしまいます。あなたと親密になると，あなたもまた彼女を見捨てるだろうと怖れているからです。

こうしたクライエントと関わる際には，次のような問いを自分自身に投げかけてみるとよいでしょう。「見捨てないことを彼女に納得してもらうために何かできるだろうか」「"あなたは私の親と同じだ"と言われてしまったら，自分は，どんな反応をするだろうか」「親と同じだとみなされている状況で，自分は，どのように振る舞うだろうか」。

あなたをスーパーマンとみなすクライエント　援助者をスーパーマンのように卓越した特別の人物とみなすクライエントがいます。以下に，ある男性の例を挙げてみます。そのクライエントは，あなたを描写する時に，最上級の形容詞しか使いません。彼は，援助者であるあなたは何でも理解し，支持してくれると思っています。あなたは人生のすべての領域において完璧だと思っています。あなたにだって個人的な問題があるなどとは考えません。あなたは理想の結婚をし，子どもたちは最高に幸せで，仕事面でも理想的な成功を納めてきていると確信しています。そして彼は，「あなたが私の思っているような人でなかったなら，私は駄目になってしまうでしょう」と言います。自分に起こったすべての変化は，あなたによってもたらされたと思っています。

さて，このようなクライエントと会っていて，あなたは，彼が言うことを信じたくなってしまうことはないでしょうか。あなたは，このクライエントが示すような思い込みをどれくらい重荷に感じるでしょうか。あなたは，彼のもっている理想像にどれだけ近付こうとするでしょうか。彼自身の変化がすべてあなたのなせる業だと思われているとしたら，それにどう対処したらよいでしょうか。このようなことを考えてみて下さい。

非現実的な要求を突きつけてくるクライエント　援助者が何を考えているかがわからなければ、何も決めようとしないクライエントがいます。こういうクライエントは、援助者であるあなたにいつでも電話をかけてよいかどうかを知りたがります。予定の時間を越えて面接時間が長引くこともしばしばです。あなたに対して、「経済的によくなったら払います」という約束だけで、見返りなしに面接をしてほしいとさえ思っています。クライエントは、あなたのことを自分にとって親密な人だと思い込み、あなたを自らの社会生活の中に組み込もうとさえ思っています。そして何ら変化することがなくても、あなたには辛抱強くいてほしいと願っています。また、面接中にどんな行動を取っても、あなたなら受容してくれると思っています。あなたが自分のことを認め、自分が特別な存在としてあなたの目に映っていることを強く望んでいるのです。

　もし、あなたが、そのようなクライエントの望みを叶えられなければ、クライエントは怒って敵意をもってあなたに反応します。あなたは、こうした現実離れした要求の意味を頭ではわかっているかもしれません。しかし、クライエントの行動があなたの感情面にどのように影響するかについて、はたして想像できるでしょうか。あなたに対する態度とクライエントが過去に味わった重要な他者との間に関連性があることを、どのようにしたらクライエントに気づかせることができるでしょうか。また、その"重要な他者"とは異なった形でクライエントと関わるために、あなたはどのようにしようと思いますか。

自他の区別を受け入れないクライエント　前述の非現実的要求を突きつけるクライエントと関連しますが、自己と他者との間に存在する適切な境界を理解したり、受容したりすることができないクライエントもいます。こうしたクライエントは、自分と他者との境界が曖昧な家庭環境で育ってきたため、他者の領分を侵害しないことの重要性がわかっていません。そうした家庭ではおそらく、一貫した躾も行われていなかったと思われます。一方の親はクライエントを溺愛し、もう一方の親は非常に厳しい躾をし、しかも一方の親は本人を厳しい躾から守るため、ますます過保護にしていたということがあるかもしれません。

　そのようなクライエントは、あなたとの援助関係の中で、時には過剰に保護的な親を、またある時は過度に厳しく懲罰的な親をあなたに重ね合わせます。クライエントの行動の多くは、援助者がどこまで耐えられるかを測るためのテストなのです。こうしたクライエントは、最後まで何かをやり遂げなかったことや、約束を守らないことに対していろいろと言い訳をするかもしれません。子どもの頃に一線を画すことを覚えなかったために、援助関係の中でも自分がどこに位置し

ているのかわからず，迷子になったような不安を感じ，自己を弁護することばかり考えます。このタイプのクライエントは，自分の親との関係を援助関係に重ね合わせて関わってきます。したがって，その罠にはまってクライエントの親代わりになってしまわないように，気をつけなければなりません。

　怒りを向けてくるクライエント　他の人に向けるべき怒りをいきなり援助者にぶつけてくるクライエントがいます。それに対して，援助者であるあなたが我慢できずに反応してしまうと，このタイプのクライエントは，余計に苛立ちます。このようなクライエントは，基本的に「援助者はクライエントを援助する立場にあるのだから，自分の感情を表す権利はない」と思っています。これは，前記のクラエイエントと同様に，自分と他者との間の区別ができていない問題とも重なります。このような場合，援助者は，自分の感情を否認しないことが重要となります。自分の感情を無理に呑み込んだり，あまりに冷静でいようとしたりしてはいけないのです。なぜなら，自分の感情を否認せずにそのまま認めることで，自分自身がクライエントからいわれのない感情をぶつけられているという事実に気づくことができるからです。また，クライエントと言い争いになるのを避けようとしている自分に気づくこともできます。

　もし，あなたがクライエントの怒りに過剰反応し，個人攻撃であると受けとめてしまった場合，防衛的に対応せざるをえなくなります。したがって，このようなクライエントと関わる場合には，スーパーバイザーや信頼できる同僚といった安心できる相手に話をし，自分自身の感情を外に吐き出すことが重要です。このようなクライエントに出会った場合，あなたは，援助者としてある程度の余裕をもって自らの感情を伝えることができるでしょうか。身に覚えのない怒りをぶつけてくるクライエントに対して，あなたは，どう対応するでしょうか。クライエントとの関係が切れないように，しかも援助に役立つように，あなた自身の反応をクライエントに伝えるには，どのようにしたらよいでしょうか。

　容易に恋愛感情を抱いてしまうクライエント　援助者を褒めちぎるクライエントもいます。「世界中であなたより素晴らしい人はいない」とまで言うことさえあります。こうしたクライエントは，援助者であるあなたを理想的な人間だと思っています。また，理想的に思えるあなたのようになりたいとも望んでいます。さらに，あなたのような人物が自分を愛し，受け容れてくれさえすれば，自分のあらゆる問題は解決すると信じています。他人に褒めちぎられた時，あなたは，どう反応するでしょうか。自己満足させてくれるこのようなクライエントの評価に，心動かされることはないでしょうか。あなたは，クライエントの反応によっ

て，自己認識が歪んだり，あるいは高まったりすることはありませんか。

転移を効果的な援助に活用するには

以上，転移にまつわる行動を例示しました。これらの例は，援助者が自分自身の欲求や動機を意識できていることがいかに大切であるかを物語っています。援助者であるあなたが自分自身の心の動きを意識できていなければ，あなたは，クライエントの投影に巻き込まれ，その歪みの中で自分を見失ってしまうでしょう。つまり，クライエントが投げかける歪んだ見方に取り込まれ，あなた自身の見方を見失ってしまうのです。そうなってしまうと，あなたは，援助の鍵となる問題に焦点を当てるのを避けるようになっていきます。そして，その代わりに自分を守ることばかりに気をとられるようになります。

逆にクライエントに対する自分の反応を意識できている場合は，そのクライエントに対して，それまで人々がどのように反応してきたのかを理解する格好の参照枠を得ることになります。つまり，クライエントがあなたに理不尽な要求をしてきても，それに対して起きてくる自分の反応を意識できていれば，その要求に巻き込まれることはありません。むしろ，クライエントにとっての重要な他者が，そのようなクライエントの行動によっていかに影響を受け，また振り回されてきたのかが見えてくるのです。

では，クライエントが援助者を回避しようとしたら，どのように対処したらよいでしょうか。援助者がクライエントを拒否するように，わざと仕向けてくるクライエントもいます。その種の傾向が見てとれたならば，そのような自虐的行為をすることでクライエントが何を得ているのか，そのような行為が何の役に立っているのかを探ることが役立ちます。援助関係の中で，そのことをテーマにしてみるのがよいでしょう。援助者に対する，その時の感情をクライエントに感じてもらい，それを話してもらうとよいでしょう。それを通してクライエントは，自分の人生における重要人物に向けられるべき感情を味わい，また表現することができるのです。

こうした感情が適切に扱われたならば，クライエントは，いかに自分が過去の古い人間関係のパターンに支配されているかを意識するようになります。つまり，過去の人間関係のあり方を現在の対人関係にもち込んでしまっていることに気づくようになるのです。したがって，援助関係におけるクライエントの行動や反応を注意深く観察することによって，クライエントの対人関係のあり方が見えてくるのです。

ただし，クライエントが援助者に向けるすべての感情を転移の表れと決めつけ

るのは，早計にすぎます。あなたのことばや行為に対して，本当に怒っている場合もあるでしょう。また，クライエントの行動は，必ずしも過去の状況のせいで引き起こされた不合理な反応であるとも限りません。例えば，あなたがそのクライエントとの面接中に何度も電話でのやり取りをしていたとしましょう。そのような状態では，邪魔が入ったことやあなたが集中していないことに対して，クライエントが怒るのは当然です。そのような場面におけるクライエントの怒りは，正当な反応と言えます。単なる転移の表れであるとして片付けられるべきではありません。同様にクライエントの示す好意も，単なる転移からのものではない場合もあります。純粋にあなたのもっている性質に引かれ，あなたと同席していることを喜んでいるのかもしれません。

　いずれにしろ，援助者の多くは，往々にして肯定的な感情は本物で，否定的な感情は何らかの歪みのせいだと解釈してしまいがちです。しかし，援助者側がクライエントの言うことを何でも掛け値なしに受け容れてしまうこと，あるいは逆にクライエントの言うことは何でも「転移の表れだ」と決めつけてしまうことは，いずれも誤りだと言えます。

　グループ・カウンセリングでは，それぞれの参加者は，他の参加者やグループリーダーに対して転移の感情をもちます。そこで，各参加者が自分自身の転移感情に気づくようにもっていくことが重要となります。そこで，グループでのセッションを始める際に，参加者に対して，その部屋の中にいる人のうちで最も気になる人に注意を向けるように指示します。そして以下のような質問をすることで，その人物への注意を深めるプロセスを促進します。

- このグループの中で一番気になるのは誰ですか。
- 参加者の中で特に誰に惹かれますか。すぐに目に付いた人がいましたか。
- 一緒にいて，特に脅威を感じる人がいますか。
- 他の参加者に対して，即座にこの人はこういう人に違いないと思い込んだり，勝手な印象を作り上げたりしませんでしたか。例えば「彼は，独断的に違いない」「彼女は，何か恐そうだ」「彼は，信頼できるし，好きになれそうだ」「彼女とは絶対に一緒にいたくない」とか，あるいは「あの3人は，陰でまとまっている」といった具合です。

　互いによく知らないはずのメンバーに対して強く反応をする参加者には，特に注目します。最も嫌がっている自分の性質を他人の中に見てしまうことは，よくあることです。この投影のプロセスが，転移の基礎になるのです。そこで私たちは，他者への最初の反応に注意を払うように参加者に促します。しかし，その反

応についてすぐに話したり，行動に移したりしないように伝えます。その代わりに，まずは参加者同士の交流の機会を設けます。そして，その後に，それぞれが最初に感じた反応を発表してもらい，それを皆で共有するようにします。ここで，それぞれの参加者は，自らの内で感じていた肯定的な反応や否定的な反応を外に表現します。その結果，参加者は，それまで気づかなかった自らの内なる側面について理解を深めることが可能となります。

　こうした過程を経て参加者は，グループ内だけでなく外の日常場面における自らの反応についても洞察を得ることができるのです。こうした洞察は，自らが幼児期に接した重要な他者に対してどのように振る舞っていたのか，そして現在出会う重要な他者に対してどのように振る舞っているのかを理解することでもあります。また，この新たな洞察は，他者の性格に微妙に反応し，行動の調整をしている自分自身のあり方に気づくことにつながります。それは，自分の行動を見直す機会を与えてくれることになります。例えば，権威ある人が苦手なクライエントであれば，権威ある人に父親の姿を重ねている自分に気づくということになります。それに気づくことによって，誰彼の見境なく自分の父親にしてしまうのではなく，相手の実際の姿に沿って個別の対応ができるようになります。

逆転移の問題に対処する

　転移と表裏一体を成すのが逆転移です。逆転移は，援助者がクライエントに対して抱く非現実的な反応です。援助者は，この逆転移をもつことによって客観性を維持できなくなります。あなたが援助者としてクライエントに効果的な援助をしたいと思うならば，逆転移のことをよく理解しなければなりません。なぜならば，クライエントとの間で問題を生じさせる要因のひとつとして，逆転移があるからです。ただし，ここでは，クライエントとの間で問題をもってはいけないと言っているのではありません。むしろ，ここでは，その背景にある逆転移を自覚することの重要性を強調したいのです。特にその逆転移がクライエントとの援助関係にどのような影響を与えるのかを意識していることが，何にもまして重要なのです。

　逆転移がクライエントとの効果的関わりを妨げるからといって，逆転移が必ずしも"悪"であるとか，"有害"であるとかというわけではありません。逆転移は，援助活動において有効に活用することができるのです。逆転移の出所を最終的に気づくことができるならば，それがどのような反応であっても，援助活動に有効活用できるのです。なお，ここで注意していただきたいのは，本書で用いている"逆転移"という語は，精神分析で言うような厳密な意味で使用していないということです。精神分析では，逆転移をクライエントの内的葛藤の反映とみな

し，クライエントに治療的に関わる前提条件として乗り越えられるべきものとしています。しかし，本書では，このような精神分析の定義よりも広い意味で，逆転移という語を使用しています。BrockettとGleckman（1991）は，その発生因がクライエントであれ，援助者の個人的出来事であれ，クライエントに対する反応として生じてきた援助者の感情や考えはすべて逆転移に含まれると広く定義しています。

　カウンセラーは，クライエントとの関係の中で自らが経験している感情に注意を向け，その感情の出所を突きとめることを課題としています。カウンセラーが自らの抱える問題に気づいていれば，自己の感情に注意を向けることができます。そうであれば，逆転移に適切に対処できる可能性が増し，結果として，カウンセラーの反応が援助関係を混乱させることが少なくなります。BrockettとGleckman（1991）は，逆転移の現象に気づくようになる方法としては，スーパービジョン，正直に自己を内省すること，自らクライエントとして心理療法を受けることを挙げています。

　単にクライエントに対して何らかの感情を抱いたからといって，即座にそれが逆転移であるとも限りません。あなたがクライエントの生活の状況を知り，心からクライエントに共感したり同情したりすることは，十分にあり得ることです。では，どういう場合に逆転移が起きてくるのでしょう。逆転移は，援助者の欲求がクライエントとの関係に入り込みすぎた場合やクライエントが援助者の心の古傷に触れてしまった場合に起きてきます。そのような場合に，援助者はクライエントに対して非現実的な反応をするようになります。それは，クライエントが，転移として援助者に非現実的な反応をしたり，人生において未解決な課題を援助者に投影したりするのと同様です。援助者は，クライエントを援助しようとします。ところが，そのクライエントは，援助者に対して転移を投げかけてきます。そこで，その転移に巻き込まれれば巻き込まれるほどに，援助者は自分の中に起きてくる逆転移に無防備な状態になってしまうのです。

　したがって，援助者は，クライエントとの関わりの中で自分がどのようなきっかけで感情的な反応をするのかを振り返ることが重要となります。その際，特に自分が難しいと思っているクライエントに，どのように影響されているのかを考えてみましょう。さまざまな形の転移がありますが，あなたは，それらにどのように反応しているでしょうか。どのような種類の転移が，特にあなたの逆転移を引き起こすでしょうか。クライエントの抵抗に関して個人的感情を交えて受け取ってしまうことありませんか。十分に力量がないと自分を責めることはありませんか。

問題だと感じているクライエントに対して，身構えてしまう傾向はありませんか。

一般的には，援助者の逆転移は，クライエントの転移によって引き起こされると考えがちです。しかし，クライエントに対するあなた自身の態度，行動，反応がどれほどクライエントの抵抗を引き起こしているのかをしっかり考えてほしいと思います。自分を責めることなく，勇気をもって自分自身のクライエントへの反応を見直してください。あなたが何をどうするのかによって，クライエントの転移行動が増加したり，減少したりします。したがって，あなたのどのような対応がどのようにクライエントに影響を与えているのかを見直すことは，とても大切です。クライエントの反抗的行動に関連する問題についても，あなた自身がそれに一役買っていることを見ていかなければなりません。それは，援助者として，とても重要なことです。

逆転移は，援助を行う過程において，肯定的に作用することもあれば否定的に作用することもあります。例えば，クライエントとの間の専門的援助関係に，あなたの欲求不満や未解決の葛藤が絡んでしまい，あなた自身の客観的であろうとする能力が曇ってしまうとしましょう。そのような場合，あなたの逆転移は，クライエントに変化する能力があっても，それを阻害してしまうでしょう。これは，否定的に作用する場合です。他方，あなたが自分自身，クライエント，そして2人の関係をより深く理解するために逆転移を活用するならば，それは，肯定的な癒しの力となるでしょう。

たとえあなたが素晴らしい洞察力や自分自身に気づく能力をもち合わせているとしても，援助専門職に求められるのはそれだけではありません。専門的な援助関係において，援助者とクライエントとの間には感情的に親密な関係が形成されます。そのような親密な関係は，あなた自身の未解決の葛藤を表面化させずにはおきません。逆転移によってクライエントと一体化が生じることがあれば，クライエントの世界の中で容易に自分を見失ってしまいます。そうなれば，援助しようとするあなたの能力も限られてしまうのです。したがって，単に洞察力や自己に気づく能力だけでは不十分であり，逆転移に対処する能力が必要となります。

以下に，逆転移の例を挙げてみましょう。

- 「私が何とかしてあげましょう」。このような逆転移は，あなたのクライエントが，生活においてどうしようもない現実に直面し，動きがとれなくなっている時に起きてきます。必死に努力しても事態は悪化するだけです。そのようなクライエントに対して，助けようとするあまりに，気が付いたらカウンセリングの関係の枠

を越えて何とかしてあげようしていたという場合です。例えば，窮余の策として，クライエントを自分の親戚の家に引っ越しをさせようとしていたといった場合もあります。

- 「**今日の面接をキャンセルしてくれたらよいのに**」。この逆転移は，クライエントの激しい怒りがあなたや他の人に向けられ，それによって脅かされている時によく起こります。このクライエントの前に出ると，普段の自分ではいられなくなり，自意識過剰になったり防衛的になったりしまいます。クライエントが予約をキャンセルするとほっとするのは，そんな時です。
- 「**私自身の体験や人間関係を思い出させてしまう**」。クライエントは，あなたの人生における重要な誰かを思い出させるものです。あなた自身を以下の例に当てはめてみて，どのように反応するか考えてみて下さい。

    1．あなたは，中年の女性セラピストだとします。そして，あなたの夫は，あなたを残し20歳の女性と駆け落ちしていたとします。そういう状況の中，あなたの前に中年の既婚男性と不倫関係にある若い女性がクライエントとしてやってきたらどうでしょうか。あるいは，クライエントが若い女性との不倫で悩む中年男性だったらどうでしょうか。
    2．あなた自身がレイプの被害者だったとしましょう。あなたのクライエントもレイプに遭ったと打ち明けてきた場合は，どうでしょう。あるいは逆に，クライエントが自分はある人をレイプしたと告白したとしたらどうでしょうか。
    3．あなたは，児童期に虐待を受けていたとします。クライエントがどうしても自分の子どもを虐待してしまうと報告してきたら，あなたは，どのように反応するでしょうか。
    4．あなたには反抗的な10代の娘がいるとします。その日も娘とひともんちゃくあって，仕事にやってきたとします。そして，その日最初のクライエントが敵意剥き出しの素行の悪い少年だったらどうでしょうか。
    5．あなたは，祖父を失いました。しかし，喪の作業ができておらず，その死を心から受け入れることができていないとします。そのような状況にあって，あなたは，病弱で死を迎えつつある高齢のクライエントを担当しています。その人が自分自身の辛い胸の内を打ち明けた場合，あなたは，いたたまれなくなって，どう答えたらよいかわからなくなってしまうでしょう。そして，「大丈夫ですよ」といった気休めをクライエントに伝えてすませようとするでしょう。

- 「**あなたは，私とすごく似ている**」。クライエントの中には，あなたが気づきたくないと思っている自分の性質をどうしても思い出させてしまう人がいるものです。仮にそういう自分の性質がわかっていたとしても，クライエントが話す問題が自分の問題に酷似している場合には，こころ穏やかではいられないものです。例え

ば，クライエントが強迫的なまでに仕事に依存的だとします。そして，あなた自身も自分が働きすぎだと思っています。そうした場合，とにかくクライエントがリラックスして，ペースを落とすように一生懸命説得している自分に気づくかもしれません。
- 「**自分自身の反応が邪魔になって**」。クライエントは，苦痛を訴えたり，時には涙を見せたりすることがあります。そのような苦悩を見せつけられると，自分の触れたくない過去や現在の出来事を思い起こして不安になってしまうことがあります。そんな時には，あなたは，クライエントがそうした痛みや悲しみを感じないように頑張ってしまうものです。この場合，こうした介入がクライエントにとっての最善を考えてとった結果ではなく，援助者自身の安心のためにしている場合があるということをよく理解しておかなければなりません。

援助に携わる者で逆転移からの影響を受けないという者は，誰一人としていないでしょう。したがって，逆転移の微妙な兆候に敏感であることは大切です。しかし，それと同時にそこで逆転移を見出したとしても，即座に逆転移を起こした自分を責めたり否定したりしないことも大切です。例えば，あるクライエントに会っていると，親代わりをしてあげようという気持ちにさせられることに気づいたとしましょう。あなたは逆転移を起こしたということで自責的になり，そのような気持ちを引き起こすクライエントの行動に対して批判的に反応することもあるかもしれません。しかし，逆転移を起こした自分の心の動きを知ることで，あなた自身の投影や行き詰まりをクライエントに投げ返すのではなく，自分自身の事柄として見直すことができるのです。

逆転移に最も影響されやすい援助専門職として挙げられるのは，重症患者や末期患者と関わる人々です。こうした援助専門職は，死という現実に常に直面せざるをえません。仕事の中で関わっている人々が亡くなっていくのに立ち会うことになります。その都度ストレスや悲しみに打ちのめされますが，すぐさま回復し効果的な援助者としての役職に戻ることを望まれているのです（Smith & Maher, 1991）。援助者の側で，死，喪失，別れにまつわる自分の感情をきちんと消化して受け入れていないと，そうした未解決の内面の問題は，不安材料を抱えたクライエントに関わるたびに浮き上がってきます。このような難しさは，末期患者や高齢者の援助に携わる実習生によく示されます。学生の多くは，自分自身の死について思いが至り，このような場での援助が上手くできないようです。このように高齢者と関わることは，不安やストレスを生む仕事だといえます（Brockett & Gleckman, 1991）。

逆転移をすべてなくしてしまうことはできません。しかし，逆転移について知ることはできますし，クライエントによって自分の中に沸き上がってくるものに対して防衛的にならずに取り組むこともできます。それでは，あなたが自分自身の逆転移に気づくための兆候を以下にまとめてみます。

- ある特定のクライエントに対して簡単に苛立ってしまう。
- よく知らない人物なのに激しい怒りを覚えてしまう。
- 何人かのクライエントとは，ついつい面接時間が延びてしまう。
- 不幸なクライエントについついお金を貸したくなる。
- 虐待された子どもと聞くと思わず養子にしたくなってしまう。
- 苦しんでいるクライエントの悲しみをすぐに取り除いてあげたくなる。
- ある特定のクライエントと会った後は，いつも気分が滅入ってしまう。
- ある特定のクライエントがもうすぐ来ると思うと気持ちが昂ぶってしまう。
- ある特定のクライエントといるとすぐに退屈してしまう。
- クライエント以上に自分の方が頑張っていることに気づく。
- なぜか感情が昂ぶりやすく，クライエントの世界の中で自分を見失ってしまう。
- 気がつくとクライエントにたくさんの助言を与えていたり，クライエントを自分の思い通りにさせたいと思ったりしている。
- あるタイプのクライエントに対しては，詳しい情報もないのにすぐにカウンセリングすることを断ってしまったり，他に紹介してしまったりする。
- ある特定のクライエントとすぐに論争になったり，説教がましくなったりする。

　上記一覧で示した例がすべてではありません。しかし，さまざまなクライエントによって，どのように反応が引き起こされるかを知るために充分だと思います。では，自分自身の逆転移に気づき，それに対処するには，どのような方法があるのでしょうか。逆転移に対処するためには，まず事実を受け入れる姿勢をもち，自分自身の状態に気づこうとする態度が重要です。次に訓練を受けた専門家として自分の反応を見直し，それを援助的に活用できるタイミングを計ってクライエントに伝え，実際に起きていることを共有していくことが求められます（Brockett & Gleckman, 1991）。逆転移の事実を受け入れる姿勢をもつと，それがどのような感情であっても，罪の意識に囚われたり自分自身に批判的になったりすることなしに，その感情を受容できるようになります。

　スーパービジョンは，転移や逆転移に対してどのように対処するかを学ぶ中心的な役割を果たします。自分自身に関して何らかの盲点があると，それは難しいクライエントや自分の心の古傷に取り組む際の妨げになります。スーパービジョ

ンのセッションの中で自分自身に焦点を当てることで，逆転移から発生するさまざまな徴候に気づくことができます。したがって，スーパービジョンではクライエントの問題について話すだけではなく，援助する側である自分自身がクライエントと関わる中で何を感じているかを話す時間を取るとよいでしょう。クライエントに対して感じた感情に関して，同僚やスーパーバイザーと話すことは，潜在的な逆転移への気づきを深めるのに最適です。こうした方法は，特に自分がカウンセリングに行き詰まったり，どうしてよいかわからなくなったりした場合に有効です。というのは，あなたを立ち往生させているものの一部は，あなた自身が認めたくない感情だからです。

　援助者は，スーパービジョンを受けることで，自分自身の反応に対して責任をもてるようになります。また，クライエント自身が決めたことに対して全面的な責任を感じなくなります。"自分を知ること"が転移や逆転移を扱う上で最も基本的な手段なのです。他者の変化を援助していくということは，結果的に援助する側も変化させられるということを忘れないで下さい。もし，あなた自身が自分の抱える問題の解決を望んでいないにもかかわらず，クライエントだけに自分の問題を乗り越えるように挑戦させるとしたら，それは迫力を欠くということになります。

4　難しいクライエントに取り組む

　専門職であれ，学生であれ，誰もが難しいクライエントをどのように扱うかということについては関心をもちます。難しいクライエントは個人的にも専門的にも重荷となるので，適切に対処するための技術を身につけたいと思うのです。しかし，残念なことに，簡単な対策法はありません。袋から取り出す手品のトリックのようにはいかないのです。私たちは，ワークショップにおいて，専門援助職や学生がクライエントの抵抗に対して起こす自分自身の反応に気づくように援助し，そうした自分自身の反応を建設的にクライエントと分かち合える方法を教えます。

　Kottler（1992）の論文「思いやり療法：難しいクライエントに取り組む」における主題は，「難しいクライエントに取り組む過程で，援助者は自分自身についてより多くを知ることができる」ということでした。最も関係作りの難しいクライエントと，その難しさについてオープンに話し合うことで，援助者はクライエントの問題に巻き込まれない位置を確保できると指摘します。そして，その位

置に立つことで，クライエントの不適応な行動を変化させることが可能になると主張します。彼は，対処するのが本当に難しいクライエントがいることを認めつつも，そうしたクライエントこそが，どんなスーパーバイザーや指導者よりも多くのことを教えてくれたと述べています。Kottlerはそのようなクライエントについて次のように述べています。

　（本当に難しいクライエントと関わることによって）私たち援助者は，従来のやり方を離れて，柔軟に，しかも新しいものを創り上げる発想で事態に対処することを余儀なくされます。それは，援助者だけでは思いもつかないことです。私たちは，そうしたクライエントによって，自分自身の未解決の問題を内面まで深く見つめざるをえなくなるのです。私たち自身の未解決の問題は，私たちが―専門家として，また一個人としてクライエントに共感したり効果的に関わったりするのを妨げています。難しいクライエントは，まさにその部分を突いてくるのです。

理解と敬意をもって抵抗を扱う

クライエントは，抵抗することに関しては非常に創造的です。実に多種多様な方法を用いてきます。このような抵抗を扱うことは，時には苦痛となります。しかし，その一方で，防衛的ではない自己と率直な関係を形成し，それを変化に向けて効果的な関係に発展させていくためには，抵抗を扱うことが最良の方法であるともいえます。つまり，援助の関係においては，クライエントの抵抗を有効な分析資料とみなすことが大切なのです。

　多くの援助場面において，程度の差こそあれ，抵抗に出会うのは自然なことです。したがって，抵抗は，援助過程には自然に起こるものであり，すぐさま避けて通ったり無視したりしてはならないのです。クライエントの抵抗を大事なものとして扱い，その意味するところを理解することを学ぶべきです。抵抗には目的があり，文脈の中できちんと理解できたなら，あなたとクライエントの双方にとって助けになるのです。その点で，抵抗は多くの場合，まったく普通のことであると同時に重要な意味をもっているということを忘れないようにしましょう。

　そもそもクライエントがあなたを自動的に信頼するなどということは，ありえないのです。しかもクライエントの多くは，これまでに援助者との間に嫌な思い出をもっている可能性があります。「この援助者は信頼できるだろうか」と疑いながら近づいて来ても何ら不思議はないのです。クライエントからの信頼を得ることは，容易なことではありません。あなたの面接室に掲げてある免許や資格認定書が，そのまま信じてもらえるとは限りません。援助者であるあなたが自分を守っている鎧を脱がなければ，クライエント側もあなたを信じ，その壁を低くす

ることはないのです。

　抵抗を扱うためには，"抵抗を大事にする"ことが必要となります。それは，"クライエントの示す防衛は，その人が生活する上で何らかの機能を果している"ということを意味しています。もしクライエントが自分を守ることを止めたら，そこに何が残るのでしょうか。もし首尾よくクライエントが用いている防衛の手段を諦めさせたとして，あなたはクライエントが新しい現実対処法を見出すまでとことん付き合う覚悟はありますか。結局あなたの介入が，クライエントが現実のある側面を見ないようにして締め出すのを援助することになっている場合もあるでしょう。クライエントが現実に変化するのを援助するようでいて，実際には現実を見ないようにするのを手助けしているということです。時には，そのような介入が必要な場合もあります。いずれにしろ，人々は，心理的に"生き延びる"ために，自分を守る何らかの手段を講ずる必要があるのです。したがって，クライエントの防衛をいたずらに剥ぎ取ってしまうことは，多くの場合，不適切な行為です。まずは，クライエントが生き延びるのを支援する介入が求められるのです。このことは，特に短期間に緊急な問題を扱う危機介入の場面でいえることです。

　このように，抵抗を扱う場合には，まずクライエントのさまざまな防衛行動をとりまく背景を理解することが重要になります。そして，それに加えて必要となるのが，抵抗によって誘発される援助者の逆転移に注意を払うことです。抵抗に対する逆転移によってクライエントへの決めつけをしてしまい，その防衛スタイルを強めてしまうことのないようにしましょう。例えば，抵抗に反応して，クライエントは単に援助者を挑発しようとしているだけだと決めつけるようなことをしてはいけません。援助専門職の自我は，クライエントの抵抗によって簡単にゆらぐような脆弱なものであってはならないのです。クライエントの抵抗に過敏に反応し，不適切な対処をするような脆弱な自我では，援助専門職は勤まりません。援助専門職は，クライエントから抵抗を受けていても，その抵抗に対して自分を守るための報復をしてはならず，クライエントに命綱を与えなければならないのです。クライエントに対して辛抱強く対応しましょう。クライエントは，援助者に"助けを求めに来ているのだ"ということを忘れないことが大切です。

　クライエントの抵抗は，しばしばあなたの自信を失わせます。そして，それによって自分は駄目だという思いや怒りが生じます。しかし，難しいクライエントに対してあまりにも早くうんざりしてしまうと，そのクライエントとの関係を築く道も閉ざしてしまうことになります。そのような場合，クライエントが示すさ

まざまな抵抗のパターンについて違う角度から眺めてみることが役立ちます。まず，クライエントの抵抗を「わざと自分の仕事を邪魔するための行動」とみるのを止めましょう。そして，それらの行動について，純粋な関心をもって見直してみましょう。例えば，もしクライエントがあなたに敵意を示した場合には，次のように自問してみることできます。「どうしてなのだろう。このクライエントは，一生懸命に私を怒らせようとしている。しかも，私の怒りの矛先をクライエント自身に向けるように仕向けてきている。それにしても不思議だな。何か目的があってそういうことをしているのだろうか。何か目的があるなら，もっとわかりやすいやり方で，求めているものを直接手に入れるようにすればいいのに」。

このように自問し，クライエントの行動を異なる視点で見直した後に再び，クライエントがあなたに対して行っている行動がどのように見えるか，またそうした行動があなたにどのように影響を与えているのかを検討してみましょう。今度はクライエントの行動が，以前とは異なる意味をもって見えたのではないでしょうか。そこで，クライエントの行動に対して新たに生じてきたあなたの反応を確認して下さい。そして，そのあなたの反応をクライエントに伝えてみましょう。その後，今度はクライエントと共に，クライエントの行動がどのような意味があるのかを探るとよいでしょう。その際，その行動がクライエント自身のためにどのような意味をもっているのか，何の役に立っているのかを探っていくのがよいでしょう。そのような作業を通して，クライエントがあなたに対して，あるいは周囲の者や重要な他者に対して何を求めているのか，そしてそれを手に入れるためには他の方法がないのかを考えていくことになります。

難しいクライエントと抵抗に関する質問項目：理解と関係形成のために

次節では，難しいクライエントへの実際の取り組み方をテーマとします。しかし，そこに進む前に，クライエントが示す抵抗や扱いにくい行動に対する皆さんの態度を測定してみましょう。あなた自身，そうした行動にどのような態度をとるかを知るために，以下の質問項目に，1＝賛成，2＝どちらかといえば賛成，3＝どちらかといえば反対，4＝反対，の四件法で答えて下さい。

＿＿1．難しいクライエントに出会うと自分の内面や未解決な問題を直視せざるをえなくなり，効果的な援助ができなくなる。
＿＿2．クライエントの抵抗には，関心をもって臨むのが最もよい。
＿＿3．クライエントの抵抗は，通常，援助過程の障害となる。

___ 4．クライエントの抵抗に遭った場合，自分自身がその抵抗の形成にどのように関与しているのかを考える。

___ 5．自発来談でないクライエントへの専門的援助は，ほとんど不可能である。

___ 6．クライエントが黙っている時は，ほとんどが抵抗の表れである。それは，援助に協力的でないことを示している。

___ 7．クライエントの抵抗は，転移関係を上手に扱えていないことの結果である。

___ 8．クライエントの抵抗を扱う最も効果的な方法は，クライエントに厳しく直面することである。

___ 9．難しいクライエントと関わる方法のひとつとして，自分自身の逆転移に注意を向けることがある。

___ 10．難しい行動を示すクライエントに決めつけるような対応をすると，かえって抵抗を強化することにつながる。

さて，あなたの回答を見てみましょう。あなた自身の抵抗に関する認知のパターンが見えてくると思います。そこで，クライエントからの抵抗が，あなたにどのような影響を与えるのかを考えてみましょう。クライエントの抵抗に対処する方法として，あなたはどのようなことを思いつきますか。

一般的にみられる抵抗の種類

クライエントの中には，援助専門職や地域の援助機関との間で不快な経験をしたことのある人がいます。こうしたクライエントは，「このカウンセラーはどうなんだ」といった態度で接してくることが多くなります。その場合，クライエントが示す抵抗を真剣に受け止め，それがどのような体験から出てきているのかを探ることが課題となります。そうすることで，あなたは，クライエントに敬意を表すことができるのです。そこにこそ，クライエントとの信頼関係を築く土台があるのです。信頼関係は，どのような形態の援助活動にとっても本質的なものであり，それがなければ，効果的な援助はできません。

Albert Ellis (1985,1986)は，カウンセラーが，いわゆる"難しいお客さん"と称される人々と関わる際に表面化するさまざまな抵抗の類型について述べています。Ellisの論理情動行動療法（Rational Emotive Behavior Therapy：REBT）では，ある種の抵抗はごく自然な反応と理解されています。というのは，変化のプロセスには恐れがつきものだからです。さらにEllisは，クライエントからの抵抗はクライエントの内面のさまざまな要素（例えば非合理な信念など）から出てくるものであると同時に，カウンセラーの態度や行動もまたクライエントの抵抗に対して影響していることを認めています。以下は，抵抗の類型についてEllis

がまとめたものわかりやすく書き直したものです。

- **健全な抵抗**：すべての抵抗が非適応的だというわけではありません。中にはごく自然な反応である場合もあります。性格の変化や介入に対する抵抗は，クライエントにとっては役に立つ正常な反応というものもあります。
- **クライエントとカウンセラーの相性の悪さに由来する抵抗**：クライエントとカウンセラーの相性が悪い場合に抵抗が起こることがあります。何らかの理由からクライエントが単純にカウンセラーのことを好きになれないことが原因です。
- **カウンセラー自身の人間関係の問題に由来する抵抗**：カウンセラーだからといって人間関係に問題をもっていないわけではありません。カウンセラー側で，ある種のクライエントのことが嫌いである場合もあります。また，逆転移の問題が起こっている場合もあります。結果的にそのカウンセラーは，クライエントに対して歪んだ見方をしてしまうのです。そうなるとカウンセラーは，クライエントの感情に無関心になったり，どうすればよい援助関係が保てるかについて考えたりしなくなってしまいます。こうした場合，クライエントが示す抵抗というのは，大方カウンセラー側に原因があるのです。
- **カウンセラー側の道徳的態度に関連する抵抗**：あるカウンセラーは，道徳的なあり方を重視します。そのようなカウンセラーは，自らについても，またクライエントについても反道徳的行為に厳しく対することになります。反道徳的であるとクライエントを責める援助者は，結局のところ，クライエントに自己批判を求めていることになります。そうなると援助の試みは自己批判を求めるものとなり，クライエントはそのような援助には抵抗を示すことになります。
- **不快な状態を恐れての抵抗**：最も手強い種類の抵抗のひとつとして，欲求不満耐性の低さに由来する抵抗があります。この欲求不満耐性の低さは，論理情動行動療法では"不快からの不安"(discomfort anxiety)と呼ばれています。あるクライエントは，"すぐに楽しくなりたい"と望みます。こうしたクライエントは，不合理な信念に基づく考え方をしています。結局そのような考え方は"不快からの不安"に結びつきます。不合理な信念の例としては，「変わることは難しすぎる。そんなに難しいはずがない」「よくなるために苦痛に耐えなければならないなんて，そんな馬鹿な」「不快な状態に耐えるなんて，できっこない」「頑張れと言われても，私には無理な話だ」「生きることは，もっと楽でなければ」といった考え方があります。論理情動行動療法では，このようなクライエントの短期間で楽になろうとする姿勢を，長い目でみて楽になろうとする姿勢に置き換えていくように指導します。また，"楽して得られるものはない"ということも教示するようにします。

- **疾病利得によって起こる抵抗**：多くのクライエントは変化することに抵抗を示しますが，それは，問題を抱えることで逆に何らかの利益を得ていることがあるからです。つまり，問題とされている状況から得ている利益が問題による苦しみより大きい場合には，あえて変わろうとしないわけです。クライエントは，問題が解決されていくと，それまで見えなかったツケを払わなければならないことに気づきます。例えば，男性のクライエントがカウンセリングによって感情を表現することができるようになったとしましょう。しかし，社会に出て感情を表現してみても何も報われることがなければ，結局はもとの状態に戻ってしまうのです。報われるものがないならば，まだ無理して自己表現しないほうが楽だとなってしまうのです。
- **絶望感からの抵抗**：問題行動を修正することは不可能だと確信しているため，変わろうとしてもそれは無意味であると考えて，抵抗するクライエントがいます。そのようなクライエントは，カウンセリングの中で着実に改善を示していたとしても，ほんのちょっとでも後戻りすると，「本当は，自分には救いがないのだ」と非合理に結論づけてしまうことがあります。
- **変化することや成功することへの恐れからの抵抗**：何らかの症状や問題を抱えていることで，クライエントは，失敗する危険を回避しているということがあります。例えば，あるクライエントは，過度の羞恥心や人前で話すことへの不安を抱えているために，失敗する可能性のある事態を避け，その結果，実際に失敗を経験しないですんでいます。恥ずかしがり屋ということで人々に近寄らなければ拒絶されずにすみますし，人前で話すことの恐怖は人前で恥をかくことからクライエントを守っているともいえます。もし，クライエントがこうした問題の症状を除去してしまうと，失敗や拒絶の中に自分自身を曝け出すことになってしまいます。"自分にとっては症状がなくなることは破滅であり，恐怖でもあるので，症状にしがみついている方がまだましだ"と語るとクライエントもいるくらいです。

以上，抵抗の類型をみてきました。このことからもわかるように，抵抗は，たとえさまざまな感情障害の症状に悩み，カウンセリングに助けを求めてやってきたクライエントであっても，しばしば援助者の側の努力に対して頑強に抵抗してくることを示しています。このような抵抗は，少なくとも部分的には，カウンセラーがクライエントに何をし，何をしなかったかのかに対応して生じてくるものです。しかし，それ以上に，クライエントの側に，カウンセラーの援助に抵抗せざるをえない理由があるのです。それは，クライエント自身が援助を求めておきながら，その自ら求めた援助に対して抵抗せざるをえない理由なのです。

難しいクライエントとは，どのようなタイプか

Ellis（1985）は，援助者にとって最も手強いクライエントは援助者自身であるとしています。そして，その最も手強いクライエントである自分自身の抵抗にどのように対処するかについて述べています。Ellisの主張の要点は，「カウンセラーが理想的水準を保って仕事をするなどということは，ほとんど不可能である」「カウンセラーとてひとりの人間であり，過ちを犯すことは当然ある」ということです。クライエントと同様にカウンセラーも，しばしば非合理な信念をもつことがあります。"カウンセラーは疑問の予知のない完璧な者であるべきだ"といった思い込みなどは，そのような信念のひとつです。そのような信念をもつカウンセラーは，例えば，抵抗を示すクライエントに出会った時，「この抵抗が起こったのは私の落ち度で，自分がもしあるべき完璧なカウンセラーであるならばクライエントは協力的で，もっと創造的に変化してくれるはずだ」という考え方をしてしまうのです。

したがって，"自分自身の抵抗（や逆転移）を扱うことは，援助者としてのあなたにとって最も大きな挑戦となる"というEllisの主張には多くの点で同意できます。クライエントのできること，またできないことに常に注意を払っているだけでなく，時にはクライエントに対するあなた自身の反応にも注意を注ぐべきなのです。そうした反応は，自分自身とクライエントの双方に関してさまざまなことを教えてくれます。もし，あなたが，"援助者は完璧であり，完璧な仕事をするものだ"という思い込みをもってクライエントに対したならば，結果として，あなたの態度は，クライエントの抵抗をさらに一層手強いものにしてしまいます。特に，あなたが"世の中は公平でなければならない"という非合理な信念をもっている場合には，"援助者が完璧であるから，クライエントも完璧に自己に直面すべきだ"ということになり，クライエントの抵抗をますます強いものにしてしまいます。

難しいクライエントに対して有効な援助を行いたいならば，忍耐力をもち，クライエントがいろいろと対応策を試す余地を提供することが必要となります。また，クライエントがどのような行為に及んだとしても，それに対する援助者自身の逆転移について理解していることも大切となります。なぜならば，そのようなクライエントは，特に逆転移を引き出そうとする傾向が強く，それに援助者が無闇に反応したならば，さらに一層難しい状態になるからです。

以下に難しいクライエントとして，どのようなタイプがあるのかを示します。それを参考に，こうしたクライエントについて心に留めおくようにして下さい。

下記のタイプは，多くの援助専門職との話し合いで話題となった事例の中から主要なものをまとめたものです。したがって，難しいクライエントのすべてを網羅しているわけでないことには留意してください。

相談意欲の乏しいクライエント　自分の意志で援助を求めて来る…そんなクライエントと関わるという贅沢は，現実には少ないかもしれません。実際，裁判所の決定で送致されて来るクライエントがいます。他者からの紹介によるクライエントは，少なくありません。親から言われてくるクライエントや他の援助専門職からの紹介などで来談するクライエントも，多くいます。また，配偶者との問題からやむにやまれず，来談する羽目になるクライエントもいます。このような意欲の乏しいクライエントは，変化しようという気持ちがなく，提供される援助にほとんど価値を認めないことが多くあります。

事例　ハーマンという男性が飲酒運転で捕まって有罪になり，やむなく飲酒運転者ためのグループワークに参加しました。この男性がグループに参加したのは，裁判官の判決に従っているだけであり，それが唯一の動機です。彼の中にあるのは，刑務所に行くよりグループに出席する方がましだという判断です。この場合，彼は進んでグループに参加するかもしれません。しかし「自分に問題があると思う」とは言わないでしょう。それよりも，単に運が悪く，それが重なった結果こうなったと思う方が自然かもしれません。したがって，クライエントが心から自分を変えたいと望むとは限らないわけです。

このようにクライエントに意欲が乏しい場合，援助者の方が防衛的になったり言い訳がましくなったりするものです。面接室にいるクライエントが変化に向けての意欲を示さないと，つい援助者の側が責任を感じて申し訳ないと思ったりします。しかし，それは間違いです。先のハーマン氏の例であれば，彼が現在の状況にあるのは，彼自身の責任です。それは，彼自身が自分で決定したことなのです。行動の結果を受容しなければならないのは，彼自身なのです。したがって，そのような状況に対して，彼よりも援助者の側が頑張りすぎてしまうと，彼が自分で取り組む余地を奪ってしまうことになります。

このような場合には，2人での時間の使い方について何らかのきまりを作るように積極的に動いてみるのがよいでしょう。こうした意欲のないクライエントを相手にする時には，援助をする側も意欲が低下することを覚えておくとよいでしょう。このようなクライエントに対しては，抵抗に関する簡単な説明をし，できる限り多くの情報を提供するつもりであると伝えることが役立ちます。それで抵抗が解けることもあります。

クライエント側に，援助とはどのようなものかに関して誤解があり，そのために援助を求めることを躊躇している場合もあります。そのような場合には，クライエントに対して，誰も無理に来談を強制することはないという事実をはっきりと告げる方がよいでしょう。最終的には，自らの意思でカウンセリングを受けるのか，それともカウンセリングを受けないという判断をするのかをクライエント自身が決定することになります。もしカウンセリングを受けないならば，受けない結果生じる事態をクライエントが引き受けるという判断を自ら選んだということになります。いずれにせよ，援助者はクライエントが望むならば援助のための時間をとる意志があることを伝えた上で，2人できちんと話し合って，その後の契約を結ぶようにしましょう。

沈黙して殻に閉じこもるばかりのクライエント　ほとんど何もしゃべらないクライエントに対する場合，援助者の側に不安が起きてくるものです。例えば，面接室の中のこんな状況を想像してみましょう。…クライエントは，ほとんどうつむいて床を見ている状態です。あなたの質問には礼儀正しく簡潔に答えますが，自分からは何も語ることはありません。…こんな面接がダラダラと続くと，あなたは，自分があたかも歯を抜く時の歯医者になったように感じるはずです。クライエントに「あなたは，ほんとうにここに来たいのですか」と訊ねたくなります。ただし，訊ねたとしても，クライエントは「はい，もちろんです」と答えるでしょう。ところが，クライエントの送ってきた人生や面接で話したいことなどを訊ねると，「わかりません」と答えが返ってくるだけです。

　このような場合，あなたは，クライエントをしゃべらせるために何かをしなければと感じるでしょうか。クライエントの沈黙を自分へのあてつけと受け取ってしまうことはないでしょうか。あるいは，あらゆる手段を使って殻から引きずり出さなければと思ってしまうことはないでしょうか。そのように，事態に巻き込まれてしまい，クライエントの問題が見えなくなってしまう前に，沈黙そのものを全体のコンテクストの中に位置づけ，その意味を探るようにするのがよいでしょう。その場合，「一体，この沈黙は何を意味しているのだろうか」と自問すると同時に，直接その問いをクライエントに伝えてみるのがよいでしょう。

　このような場合の沈黙は，概して次のような意味をもっています。"恐れを抱いて，緊張している"，"援助者を専門家とみて，質問や指示が出されるのを待っている"，"自分のことを頭が悪いと思っている"，"考えをことばにする練習として頭の中で繰り返し言っているうちに自己卑下的になった"，"以前話してもしっかりと聴いてもらえなかった経験をもっている"，"生まれ育った文化が沈黙を美

徳としている"，"黙ってよく聴くという教育を受けてきた"，"質問されたことに答えればよいと信じている"，"幼児期より，沈黙し，殻に閉じこもることで自らを守る習慣をつけている"。このように，沈黙にはさまざまな意味があります。すべての沈黙を頑強な抵抗と解釈する必要はありません。それは，単に援助者の介入に協力できない状況にあるというだけなのかもしれません。

　沈黙するクライエントは，さまざまな点で援助者に影響を与えます。援助側は，「もし自分がこういう場合にかけるべきことばや，なすべきことを知っていたら，もっとクライエントは心を開いて語ってくれるのではないか」などと考え，自分自身に批判的になることがあります。そもそも，こうしたタイプのクライエントに何とか話をさせようとしたり，何がなんでも殻から引きずり出そうとしたりすること自体が間違いなのです。こういう場合は次のように言うと効果的です。

　「私は，あなたがこのグループの中でとても静かだということに気がついていました。それと，あなたがグループの他の参加者が話すことにじっと耳を傾けていることにも気づいていました。でも，まだあなたのことばは，ほとんど聞いていませんね。このグループに参加することは，あなたにとってどのようなことなのかを知りたいのです。グループの中で黙っていることは，あなたにとって苦しいことなのでしょうか。それともまったく気にならないことなのでしょうか」

　もし，このクライエントが自らの沈黙を問題であると思っていないならば，クライエントに変化を求めようとするあなたの試みは，骨折り損になるでしょう。黙したグループ参加者には，黙っているのに何らかの理由があるのでしょう。もし，クライエント自身が自らの沈黙を問題だと思ったなら，沈黙という行動がどうして問題になるのかについて一緒に探っていくことができます。したがって，「何を考えていますか。どう感じていますか」としつこく質問して，何とかクライエントを殻から引き出そうとするのは得策ではありません。あなたがクライエントを殻から出すのが自分の責任だと感じている限り，クライエントは，沈黙という，自分自身の問題に決して立ち向かおうとはしないでしょう。

　おしゃべりなクライエント　何もしゃべらないクライエントと好対照なのが，およそ倦むことを知らないかのようにしゃべり続けるクライエントです。場合によっては，話しているうちに自分で何を話しているのかわからなくなるクライエントもいます。ひとつの話題から別の話題へと話がぽんぽんと跳びます。こうしたクライエントは，誤解されたくないがために細大漏らさず伝えることに注意を払っているわけです。話はしばしば一貫性を欠き，聞いている側としては，どこが話しの中心なのかわからなくなってしまうこともあります。そして，個々の問

題によってどれほど困っているかを訴える代わりに，援助者に対して枝葉のことばかり話すことになってしまうのです。

> **事例** バーサという女性が来談しました。面接に入ると彼女は，しゃべって，しゃべって，しゃべり続けます。あなたが彼女を遮ろうとしてあらゆる努力しても，徒労に終ります。いずれにしろ彼女からは，「先生，私は，先生が私の言うことを理解して下さっているかどうか確かめたいのです」という返事が返ってくるだけです。バーサは「彼はこう言った。彼女がこう言った」という，ひとりで会話するパターンにはまっていました。

このように彼女がしゃべり続けるのは，防衛の表れであると言えます。しゃべり続けていれば，ひとつの所に長く留まることがありませんし，そのことから出てくる感情を味わうことも，深く洞察することもせずにいられるのです。もし彼女が話すペースを緩め，彼女が話題にしていることをその場で深く"経験"すると，間違いなく彼女は，不安になるのです。このようなバーサと関わる場合，あなたは圧倒されると感じるでしょう。彼女は自分の苦痛に満ちた状況について語っているのですが，どこか他人事のように，また演技的に話をします。あなたは，彼女が話す内容に関する自分の解釈を伝えることも，彼女が話している途中で割り込むこともできません。そこであなたがバーサを援助するためにできることは，彼女自身の行動が自分を守るためにどのような役割を果たしているかを彼女に気づかせることなのです。そういう場合の言い方としては，次のようなものがあります。

- お母さんとの関係について話していた時，あなたは目に涙を浮かべていましたね。でも，すぐに話題を変えましたね。お母さんと一緒にいた時に自分が感じていたことを話す代わりに，お母さん自身について話し始めました。すると涙が止まりましたね。
- あまり多くのことを話されるので，お話について行くのが大変です。なぜ，そんなに一度にすべてのことを話そうとなさっているのでしょうか。
- ちょっとここでお話を止めてみましょう。そして，今この瞬間にあなたがどのように感じているのかについてお話下さいませんか。
- 私がよくわかるよう，細かい所まで一生懸命にお話下さってありがとうございます。でも，ちょっと話がこんがらがってきて，かえって理解することが難しくなっています。本当にお話を理解したいのですが，あまり細々としたところに入り込んで行くとわからなくなってしまうのです。

第4章 初心者が直面する問題

- あなたが言おうとしていることを，まとめて手短に一言で言うと，それはどのようなことでしょうか。

多くのことばであなたを翻弄するバーサのようなクライエントと関わる場合，あなた自身に起きている反応を取り上げていくことが援助につながります。もちろん，その場合，あなた自身が，そのクライエントと面接するのが非常にきついと気づいていることが前提となります。おそらくバーサにあっては，日常生活においても，あなたに対してするように周囲の人にもしているのでしょう。そこで，面接の場面で，援助者であるあなたが，彼女と一緒にいてどのように感じるかを伝えることは，彼女が人からどのように見られているのかを知らせることになります。そして，それは，彼女が他者への対し方として他に方法がないのかを探るよい契機となります。逆に，もし，あなたがいつも自分を抑え，"無条件の肯定的配慮"をもって話を聴いているふりをするなら，彼女はすぐにあなたが気乗りしていないことを見抜くでしょう。その点では，彼女の態度を真剣に取り合わないと，かえって彼女のおしゃべりを強化してしまうことになるのです。

自分で自分の状況に圧倒されるクライエント　あまりに多くの問題を抱えているため，いつも押しつぶされそうになっているクライエントがいます。そのようなクライエントは，援助者も同様に圧倒してしまいます。クライエントが関わる所は，いたる所で混乱が起きてくるといった状況になっています。このタイプのクライエントは，一方で問題を抱えながら，他方で問題を起こしつづけており，まるで問題を起こすために生きているかのようです。クライエントは，毎週面接にやって来ては，「先生，ちょっと聞いてくださいよ。この１週間，大変なことがあったんですよ」と興奮気味に話し始めます。確かにクライエントが語る問題の中には，本当に深刻なものもあります。しかし，あたかもそうした出来事を報告すること自体に興奮しているような感じもあります。いつも問題に圧倒されているクライエントの例としてルースを紹介しましょう。

事例　ルースは，面接室に入るなり喋り始めました。「この１週間で起こったことを話しますね。まず，通っているカレッジの期末試験で"不可"の成績を取ってしまい，奨学金も取れなくなってしまいました。もし奨学金が取れないとカレッジには残れません。それと，娘はボーイフレンドとの問題をいろいろと抱えていて，夜遅くにやってきては私と話したがります。もちろんきちんと聴いてやりますが，朝起きた時にはぼろ雑巾になったような気分なんです。そうなると１日を乗り切る元気も湧きません。息子も学校で問題を抱えています。息子のカウンセラーに呼ばれてわかったのですが，かなり無断欠席しているようで

す。それで，息子の学校に顔を出さなければならないんです。うまく行ってないことだらけなんです。もちろん全部のために割く時間なんてありませんよ。その上，今週はトイレが詰まってしまって，泣きっ面にハチです。修理だ何だと連絡したりするのは，私しかいないですしね。ああ，そうそう台所の流しのゴミ捨ても壊れてしまって，おかげで台所は洪水ですよ。こういうこと全部を自分できちんとできないといけないのはわかっているんですけどね。夫は家に帰ってきても，することといったらテレビの前にどっかり腰を降ろしてビール片手にスポーツ観戦するだけなんですよ。家事は何もしないんですよ。こうしたことを全部自分ひとりで抱え込むなんて不可能ですよね。学校では優等生にならなければならないし，水道屋になって水漏れもなんとかしなければならないし，子どものカウンセラーもやって，挙句の果てにぐうたら亭主のことまで理解しなきゃならないんです。ああ，どこから始めたらいいんでしょうねえ。ほんと八方塞がりって感じですよ」

　読者の皆さんには，この話はちょっと大袈裟で芝居がかっていると感じるかもしれません。ただ，これに近いようなクライエントがいるのは事実です。こういう話を聞いていて，いざ援助として何かをする段になるとなかなか動きがとれないものです。きめ細かな配慮をしながらも，ある程度は積極的かつ強制的に介入しなければ，ルース自身が問題に圧倒されてしまうばかりか，あなた自身も圧倒されてしまい，万策尽きて途方にくれてしまうことになるでしょう。とはいえ，どこから手をつけたらよいかわからないというのが実際でしょう。次々と語られる彼女の話を聞いていると，次第に重荷を負わされているような気分になってきます。そして，彼女の問題を自分がすべて解決してあげなければならないような気持ちになってきます。

　このような場合，あなたは，他の形式の抵抗と同様に，クライエントであるルースと共に，いかにして彼女が自分で自分を圧倒することになっているのか，その仕組みを探っていくことが必要となります。こんな風に彼女に言ってみるのもひとつの手です。「ルース，あなたは，自分自身を押し潰すほどたくさんの問題を抱えていますね。そのことはよくわかりました。でも，残念ながら私たちには１時間しかありません。それで，実際問題として１週間に起こったすべての問題に取り組むことは無理です。どうでしょうか，ここはひとつ腰を据えて，この面接で最も扱いたい問題は何かを探ってみませんか。まずは今の段階で，あなたがとりあえず何とかしなければと感じている，最も切羽詰まった問題を選び出してくれませんか」。

　このように彼女が焦点を定めるのを助けることによって，あなたは，彼女が問

題の海にのみ込まれて自分を見失い，溺れてしまうことがないように守る役目を担うことができるのです。

いつも「はい，でも…」と言うクライエント　このタイプのクライエントは，カウンセラーの介入が役立たずに終る理由を見つける天才です。こうしたクライエントに接した場合，援助者は，すぐにやる気が失せてしまいます。なぜなら，援助者がどんなに素晴らしい洞察やヒントを提案しても，最終的な結論はいつも同じ「お断り」なのです。「はい，でも」症候群のクライエントの例を以下にいくつか挙げてみました。

援助者「あなたが私にお話し下さったことを奥さんにも話すという件については，あれからお考えになりましたか」

クライエント「はい。でも，先生は，私の妻のことをご存知でないですよね」「はい。それは，役立つとは思いますよ。でも，妻はすごくそのことを恐がると思うんですよね」「でも，いずれにしろ，妻は変わらないと思いますよ」「話したいとは思いますよ。でも，役に立たないと思いますね」

援助者「私が何か提案するたびに，あなたは，私の提案が上手くいかない理由をたくさん探し出してきますね。あなたは本当に変わりたいと思っていらっしゃるのでしょうか」

クライエント「もちろん変わりたいと思っています。でも，先生は私の状況がわかってらっしゃらないと思いますね」「先生は，私に期待しすぎておられます。私なりにやろうとしています。でも，とにかく上手くいかないんですよ」「もちろん，変わりたいと思っていますよ。でも，いろいろと変われない理由があるんですよ。結局，私の努力は神のみぞ知るというわけです」

こうしたクライエントを援助しようとした場合には，あなたは，いとも簡単にやる気を失ってしまう危険性があります。この種のクライエントに対して腹を立てるのに，それほど時間はかかりません。というのは，あなたがクライエントをどれほど助けたいと思っていても，クライエント側は，ある意味で「私のことは，誰も助けられっこない」ということを，あの手この手で証明しようとしているからです。結果的に，あなたは自信を失い，援助することを諦めたくなってしまいます。したがって，あなたは，自分がクライエント以上に無理をしていると感じたならば一度立ち止まって，クライエントがカウンセリングで一体何を実現したいのか，もう一度話し合う機会が来ていると考えてみるのがよいでしょう。

他人を責めるクライエント　このタイプのクライエントは，自分が被害者か殉教者ででもあるかのように思っています。自分の身にふりかかったあらゆることを，いつも周りの状況や他人のせいにします。

事例 キャリーは，当初自分の不幸はすべて周りの世界が悪いと短絡的に決めつけていました。しかし，次第に自分の不幸には自分自身も一役買っていることに気づくようになっていきました。キャリーは，来談当初，人生は自分の力ではコントロールできないものだと考えていました。その時は，自分の不幸に自分自身が一役買っているなどとは夢にも思っていませんでした。その理由は，自分以外の誰かに難癖をつけるのに一所懸命だったからです。彼女は，自分の不幸の元凶を次から次に挙げていきました。"夫が理解してくれない"，"子どもがわがままで思いやりがない"，"生理の前はいつも惨めな気分になる"，"満月の夜は恐ろしくなる"，"ひどいアレルギーがあって，したいことができない"，"あまりに落ち込んでいるので体重が減らない"等々と続きます。

　キャリーが自分の問題の焦点を自分の外側に置いている限り，周りが変わらなければ，彼女の問題もまた変わりようがないことになります。そして，彼女が"外にある何か"のせいにし続ける限り，彼女が問題としている事柄はすべて面談室の外側に存在していることになります。その結果，あなたが援助者としてできることは限られてしまいます。あなたは，彼女自身と向き合って問題解決を図ることは可能です。しかし，彼女から遠く離れて存在する問題の原因のすべてに対処することは不可能なのです。あなたが天空の月を動かすことはできないように，彼女の生活に関わりをもつ人々を思うように変えることはできないのです。
　このようなキャリーに対してあなたがうんざりしたとしても，それは何も不思議ではありません。彼女と言い争いを始めてしまうこともあるでしょう。彼女が自分を犠牲者に仕立て上げるのに対して反発することもあるでしょう。そして，彼女が相も変わらず自分のしていることをわかろうとしない場合には，おそらく彼女を他にリファー（紹介）してしまいたくなるでしょう。
　こうした形の抵抗を受ける場合には，クライエントのひとつひとつの行動にこだわらないようにすることが大切です。また，クライエントの偏った考え方を揺さぶろうとするあまりに，援助者自身が自分を見失わないように気をつけなければなりません。ただし，クライエントに向かっていくことも大切です。クライエントの行動に対してあなたが感じたことや考えたことを伝えてみるのもよいでしょう。クライエントの話に辛抱強く耳を傾けることもできます。そして，クライエントが望むものを手に入れるためには，どのようなことならする気があるのかを尋ねてみるのもよいでしょう。

援助要求を否認するクライエント　一見，問題をもってないように見えていて，実際には難しいクライエントという場合もあります。このタイプのクライエ

ントが，例えば夫婦のカウンセリングに来たとします。その場合，クライエントは夫婦間の両方に問題があるとは考えず，相手の問題を解決してほしいという態度をとります。そのため，結婚生活の問題に自分が関与している部分には目を向けないようにします。実際，この種のクライエントは，夫婦の問題があたかも存在していないかのように振る舞うこともあります。こうしたクライエントが，相手側の問題を主張することもあります。そのような場合，クライエント自身にも問題があることをわからせようとしても，結局それは，貴重な時間を無駄にするだけです。クライエントは，自分に問題があることを，あくまでも否認するわけです。このように否認するには，それなりの理由があるのです。それは，問題を認めさえしなければ，その問題に取り組まなくてもよいからです。ロイの事例を見てみましょう。

事例 もし，あなたがロイに「ここに相談に来られて何をしたいのでしょうか」と訊ねたら，彼はおそらく次のように答えるでしょう。「妻が私に『あなたもカウンセリングに行って下さいね』って言うんですよ。だから私は，彼女のためにここに来ているんです」。

　このような彼の抵抗は，いったん彼の言うことを額面どおりに受け取って，彼には問題はないという立場を受け入れてあげることで容易に回避できます。そして，妻の問題によって彼自身がどれくらい悩まされているかを尋ねることで，彼がその存在すらも否定したがっている問題そのものに直面させることができるでしょう。これは，ロイの否認を逆手にとる方法です。

　また，別のアプローチとしては，彼がカウンセラーの面接室に来談することにはどんな意味があるのかを訊ねる方法もあります。彼が，「いや，特に何もありません。私に関しては問題ないですしね」と答えたなら，その時あなたは，さらに次のように返答することができます。「今日，面接室に向かっている時，どのようなことを考えていましたか」とか，「奥さんを助けるためにここに来ていると以前おっしゃいましたね。あなたの判断では，彼女にはどういう点で助けが必要だと思われるのでしょうか」とか，あるいは「あなたには何の問題もなくて，ただ奥さんに言われて来たとおっしゃいましたよね。その気もないのにカウンセリングに来ることには，抵抗ないのですか」などです。

　大学院のカウンセリング教育訓練課程に所属する学生の中には，自分は他者を援助することにいかに関心をもっているかを語ることは簡単にできても，自分自身の生活においてどのような問題があるかについてはまったく要領を得ないという者がいます。そのような学生が自分の問題を話す際には，それを過去のこととして語ることが多いようです。そのような場合，学生たちは「自分に問題があっ

た」ことを認める覚悟はできていますが,「その問題はすでに解決済みで終ったことだ」という姿勢を維持しています。

　あなたが学生ならば,所属している教育訓練課程には,体験学習の授業や個人的成長を目的とした活動が組み込まれているかと思います。さて,ここで少し考えてみて下さい。そうした活動で,あなたは,はたしてどれだけ心を開いて,自分の生活で実際に起きている出来事を話せているでしょうか。自分の生活を真剣に見直そうとしてきたでしょうか。心開いて語ることに抵抗は感じなかったのでしょうか。他の人があなたに与えてくれたフィードバックにどのくらい耳を傾け,またそれに真剣に答えようとしてきたでしょうか。もし,あなたが自分自身の実生活に潜む問題に取り組むのが難しいのなら,それと同じことをクライエントにするように求めることができるでしょうか。つまり,クライエントに対して,問題になっていることを的確に査定し,その問題に効果的に関わるために現実に直面するよう求めることができるでしょうか。そのような観点から,問題解決に関する援助要求を否認するクライエントへのアプローチを見直してみることも大切です。

　自己の道徳基準を振りかざし,人々を判断するクライエント　自分が最も正しいと信じ,人々を自らの基準で判断するクライエントがいます。このタイプのクライエントは,あなたの介入に対しても常に疑問を投げかけてきます。世の中に対する自分の見方が絶対に正しいと思っており,すべての人が同じような見方をするべきだと考えています。

　こうしたクライエントを例として,家族カウンセリングのために来談した父親のことを考えてみましょう。その父親は,あらゆる事物についての彼なりの視点をもっており,またそれを確信しています。家族カウンセリングのセッションにおいて彼は,家族メンバーのそれぞれに言いたいことがあるようです。例えば,妻に向かっては,「おまえの問題は,あまりにいろいろなことをしようとしすぎることだ。食事を作り,子どもを育て,支払いをして,自分も学校に行き,さらにパートで働くなんて無理だろう。どうして,他の者に任せられないんだ。どうして,もう少し家庭にじっとしていられないんだ。大体,大学なんてくだらないものに通っていること自体が問題なんだ」と言います。そして息子に向かっては,「おまえがコツコツと勉強していたら,問題は今の半分もなかったんだ。怠惰は悪魔の業と言うだろう。自由時間がたくさんあったのに,その大半を無駄にしやがって」と言い放ちます。そして,娘には,「おまえは,どうして教会にきちんと行かないんだ。私は,お前をそんな風に育てたつもりはないぞ。近所からどう

見られると思ってるんだ」と言います。

　もちろん，決めつけるタイプのクライエントが皆，ここに挙げた父親のようだというわけではありません。なかにはもっとわかり難い場合もあります。例えば，難しい事例としては，口に出して言うことがこの父親ほどわかりやすいものでない場合などがあります。そのような違いはあるにしても，このタイプのクライエントの根本に共通してあるのは，この父親と似た考え方なのです。このように自分を正当化し，他人を鋭く批判するタイプのクライエントと関わる際には，時には，思いのまま厳しい説教や演説をしてもらうこともあります。それが，クライエントと援助的な関係を形成するきっかけを提供してくれることがあります。例えば，そうした厳しいお説教と関連して，どのような出来事や人物を連想するのかを尋ねたりします。それに対しては，自分に対して批判的であった親を思い出すことが多いといえます。それは，クライエントが自分の内面に無意識に抱えている親イメージでもあります。

　このようなクライエントへの介入では，他人を厳しく裁く時に，周囲の人間関係において，どのようなことが起きているのかに気づいてもらうことが目標となります。この種のクライエントの場合，自らの道徳主義を振りかざすことで，他者との距離がますます離れたものになってきています。まさに道徳主義は，クライエントを他者から引き離してしまっているのです。そのことに気づくことができた時初めて，クライエントは自らの行動をどこか変えなければいけないと思うかもしれません。

　援助者に過度に依存するクライエント　クライエントの援助者への依存の表れ方は，さまざまです。例えば，まずカウンセラーにチェックしてもらわないと一切動かないクライエントがいます。常に自分のことをどう思っているのかを援助者に言ってもらうことを望むクライエントもいます。いつでも電話をかけたがるクライエントや，カウンセラーと友だちになりたがるクライエントもいます。いつ，何をどうすればいいのかを，いちいち指示してもらうことを望むクライエントもいます。

　もし，あなたのクライエントにこうした依存を示すタイプが多いなら，あなたは，自分自身がクライエントの依存を助長している何かをもっている可能性がないかを見直すべきです。例えば，クライエントがあなたのことばを文字通りに解釈する可能性も考えずに，単に励ましの意味で「いつでも電話して下さい」と言っているかもしれません。また，クライエントが職業の採用面接を受けると知った時に，面接の終了後にすぐに電話をして結果を知らせるように言っているかも

しれません。

　このように，クライエントからの依存は援助者自身の自己満足につながっていないかどうかに注意することが，まず必要となります。こうしたクライエントは，通常何かを決定することに怖れを抱いています。したがって，その中からひとつを決定するという選択肢の存在は，クライエントを脅かすことになります。万が一"過った選択"をしてしまった場合でも，その責任を取らなければならないからです。自由に選択できるということは，選択できる機会を建設的に活用できることであると同時に，選択の失敗も含めてその責任を引き受けるということでもあります。したがって，何らかの選択をするという場合には，当然のことながらリスクを負うという点で不安がつきものです。多くのクライエントは，選択の責任をカウンセラーに押しつけようとします。そうすることで，自分で選択する自由，そしてそれに伴う責任から逃げようとします。つまり，クライエントは，ある意味で自分の両親のような役割を援助者が引き受けてくれるのを期待しているということです。

　こうしたクライエントは，カウンセラーに対して転移反応を起こしやすく，カウンセラーを権威者として奉ります。それに対して援助者は，クライエントの操作に乗せられてその役を演じ，クライエントの依存傾向を助長することが起きています。それは，クライエントのもつ"自分には救いがない"というイメージを強化していくことになります。クライエントが実際にしていることは，勝手に援助者を自らの上に据え，自分を依存する弱い立場に置き，援助者を操作するということです。したがって，援助者が思い通りに自らを依存させてくれなければ，すぐに腹を立てるのは，当然といえば当然です。

　受動的攻撃行動を示すクライエント　このタイプのクライエントは，自分が心理的に傷つくのを避けるために，相手を間接的に操作するという手段をとります。そして，敵意や皮肉を抵抗の一部として利用するのが，このようなクライエントの抵抗のスタイルです。何かをしたり言ったりする時には，常に回避的です。例えば，あなたが反応すると，すぐにクライエントは，「まあ，そんなに真剣にならなくてもいいですよ。私がああ言ったのはほんの冗談なんです。先生は，私の言うことを真に受けすぎですよ」と言い返してきます。

　受動的な攻撃性をもつクライエントの示す一般的徴候としては，以下のようなものがあります。"よく遅刻する"，"ほとんどしゃべらない"，"万事が上手く行っていると言いながら，顔の表情はそうではない"，"相手が話している時に皮肉っぽく笑う"，"眉を上げる，顔をしかめる，ため息をつく，頭を振る，退屈そう

にする，などさまざまな非言語的反応を示すわりには，口では『なんでもないです』としか言わない"といったことがあります。また，"人の注意を引きつけたがるが，それができると何もしない"，"さまざまな挑発的，誘惑的な言葉を使う"なども，このようなクライエントの特徴です。

　このような受動的攻撃性を用いるクライエントは，非常に厄介です。援助者は，まるで誰かに殴られたように，攻撃を受けていると感じるのに，何がそうしたのかわかりません。それは，クライエントの攻撃的行動が掴み所のないものであり，直接扱うのが難しいからです。しかし，その一方で，この種のクライエントは，敵意あることを言ったり，すごい皮肉を言ったりします。そのため援助者は，まるでひき逃げにあったような状態になります。その結果，援助者は，このような行動のスタイルをもつこのタイプのクライエントに対しては，必ず強い反応を起こしてしまいます。

　こうした間接的な行動に介入するためのひとつの方法は，自分がどのように反応をしたかを援助者が認識し，それをクライエントに伝え，分かち合うことです。逆に，こうした行動を扱う場合に注意深く避けなければならないのは，決めつけないことです。具体的には，援助者は自分に対して行われた行動について説明し，その行動がどのように自分に影響したかを相手に話します。それによって，クライエントからのさらなる敵意は，案外回避できるものです。また，クライエントに自分の行動に気づいているのかどうかを尋ね，それにどういう意味があると思うか訊ねてみるという方法もあります。

　もし，あなたがこうしたクライエントに関わる場合，次のようなことを考えてみる必要があるでしょう。「このような受動的なやり方で敵意を示してくるクライエントに対した時，実際に自分が知っている人で，誰を連想するだろうか」「人が自分に真面目に関わってくれなかったり，人が自分に何か隠し事をしていると思ったりした時，自分はどう感じるだろうか」「クライエントが敵意を示してきているとわかった時，それに反応するのがよいのだろうか。反応の適切なタイミングは，いつなのだろうか」。

　知性偏重のクライエント　感情を抑圧し，感情を切り離して自己表現をするクライエントは，また違った意味で難しいクライエントです。こうしたクライエントは，自分の感情に触れそうになるといつも小さな講義を始めます。いつも，自分がどうして問題をもっているかを知的に説明しようとし始めるのです。自己診断し，自分の問題の本質について抽象的に理論化することには非常に長けています。しかし，それは，"頭の中で考えている"限りは安全であるということを

学んできているからです。このタイプのクライエントにとっては、嫉妬、痛み、抑うつ、怒りなどの感情に触れることは、安全なことではないのです。繰り返しますが、この種のクライエントは、不安を経験しなくていいように自分を感情から切り離すことを学んできているのです。

　こうしたクライエントには攻撃せずに、感情のレベルに降りていくようにもっていきます。もし、あなたが援助者ならば、「ほとんど感情を表さない人と一緒にいて、自分がどのように感じるか」をクライエントに伝えることはできるでしょう。しかし、そこでクライエントの自己防衛を剥ぎ取ってしまっては、援助にはなりません。クライエント自身が自己の感情に向き合う準備を整えることが、まず必要です。

　ここで、常に知的であろうとする男性と関わる場合を考えてみましょう。あなたが彼の知性化という防衛を取り除くことができたとしましょう。それであなたは、その防衛を解いた彼を助けることができるでしょうか。抵抗が解けて、溜めに溜めた感情に一気に直面したクライエントに対して、あなたは何を提供できるのでしょうか。彼の苦しみの激しさに圧倒され、そこから逃げ出したくなることはないでしょうか。クライエントの恐れが表面化した時に、もしあなたがその場に一緒に居続けることができなければ、クライエントは「自分の感情を表現しても、がっかりするだけだ。結局、誰も責任をとってくれない。やはり感情には触れないに限る」と確信し、従来の態度を強化することになってしまいます。

　感情を防衛として利用するクライエント　感情を切り離して知性化することで防衛するクライエントと好対照なのが、感情を過剰に表出し、自分を防衛しているタイプのクライエントです。この種のクライエントは、泣きたい時に涙を流せます。つまり、感情に"身を任す"のが得意で、感情を吐き出すのを楽しんでいるようにも見えます。援助者は、次第にこのような行動によって縛られ、動きが取れなくなっていきます。援助者は、クライエントの感情を額面通りに受け取ることができなくなるでしょう。うんざりしてしまったり、またクライエントにいいように手玉に取られている気になったりするかもしれません。クライエントは、誠実ではないと感じるようになる場合もあります。

　ここで注意していただきたいのは、クライエントの感情表現がすべて"抵抗"なのではないということです。真実の感情を表現しているクライエントの場合には、問題にはなりません。問題になるのは、感情的なものにこだわることで、自分を防衛するタイプのクライエントです。こういうクライエントと面接する場合には、援助者は、自分自身の中に何が起こっているのかによく気を配っておく必

要があります。

　例えば、あなたは、非常に感情的なクライエントに会っているとしましょう。その時、あなたは実生活で見知った人物を連想するかもしれません。そして、その人物は、感情を露にすることであなたを操作する人物だったとしましょう。具体的には、泣いて部屋から飛び出すことによって、いつもあなたに罪の意識をもたせることに成功していた妹を連想したとします。このような時にこそ、あなたは自分の心の動きに注意する必要があるのです。クライエントは、さまざまなやり方で感情を表現してきます。それに対してあなたは、他の人物を連想したりして、クライエントに共感できなくなっている自分に気づくことがあるでしょう。そういう時には、どうして共感できなくなっているのかを考えるとよいのです。

抵抗に効果的に取り組むために

クライエントを援助することが非常に難しいと思われる場合には、クライエントに関わる方法について考え直してみることが大切です。効果的な援助者の行動スタイルには、ある程度共通していると思われる特徴があります。以下にそのいくつかをまとめてみました。

- クライエントに対する自らの反応を、相手をやり込めることなく表現する。
- 皮肉に対して皮肉で返したり、敵意に対して敵意で応じたりしない。
- クライエントができるだけ多くのものを得られるように、必要な情報を提供する。
- クライエントの抵抗をやめさせるより、むしろどんな形の抵抗であれ、それについて探ることを辛抱強く支援する。
- クライエントについて決めつけをしない。その代わりに、クライエントにとって害となっている行動を見出し、それについて説明する。
- クライエントの行動によって自分がどのような影響を受けたのかを伝え、共有する。
- 独断的に言い切ることを避ける。その代わりに、可能性としてこういうこともあるのではないかというようにして自分の見立てや直観を伝える。
- 異なる文化に属するクライエントを尊重し、そのクライエントの文化に対する紋切り型の見方を避ける。
- 難しいクライエントに対して、その人の行動が自分にどのような影響を与えているのかを批判せずに伝える。
- 自分自身の中に起こった逆転移の反応をしっかり見抜く。
- 援助専門職という権力を利用して、助けを求めてやって来談しているクライエントを脅かさない。
- クライエントの反応を過度に個人的なものとして受け取らない。

- 解決を与えるよりも問題そのものをより深く探ることに焦点を当てていく。

　私たちがワークショップをする時，参加者の興味は手強いクライエントの問題行動に対する特別な対処法を身につけることに集中しがちです。しかし，読者の皆さんは気づいておられると思いますが，本章の議論の中で私たちは，クライエントを変えるための単純な方法を提示することはしませんでした。その代わりに，ひとりの人間であり，かつ援助専門職である援助者自身に焦点を当ててきました。もちろん，援助者が自分自身を省みても，それは，抵抗や防衛の行動を示すクライエントを変えることに直接結びつくわけではありません。しかし，自分自身の防衛についてより深い理解ができるばかりでなく，それを通じてクライエントの行動のパターンや動きについて重要な示唆を得ることが可能となります。

　あなたは援助者として，"クライエントがどうしてあなたのところに来談したのか"，"クライエントは何を得たいのか"，そして，"クライエントのニーズをどうすれば満たすことができるのか"などに注目することが必要になります。もし，あなたがクライエントの抵抗を打ち破りたいという誘惑に耐え，クライエントに対しての決めつけもしないならば，クライエントの抵抗が弛んでくる可能性が高くなります。また，あなたが自分自身というものをしっかり保ち，クライエントに対する自分自身の反応について明確に自覚していれば，クライエントの行動をクライエントと共に探っていく道が拓けてくるはずです。

　クライエントが自分を守るために起こす行動に対して，カウンセラー自身も自分を守るための行動をもって報いても，それは，結果的にクライエントにこれまでのやり方を死守させるだけのことです。このことは，ぜひ肝に銘じていただきたいと思います。

5　復習のために

☐ 効果的な援助者は，クライエントの転移や自分自身の逆転移に気づいています。そして，そのような転移や逆転移に対しては，それを取り去るのではなく，その意味をよく理解し，クライエントの変化を援助できるように活用します。

☐ 逆転移は，援助者がクライエントに対してもつ非現実的な反応に関連しており，援助者の客観性を妨げる傾向があります。逆転移の存在をより敏感に感じとるための方法のひとつとして，自分自身が心理療法を受けるということがあります。

他の方法としては，スーパーバイズのセッションの中で，自分自身とクライエントに対する自分の反応について焦点を当てることも，逆転移に気づくのに役立ちます。

❑ 抵抗は，さまざまな形で現れます。そこで大切になるのは，そうした抵抗がどのようにクライエントを防衛しているのかを理解することです。また，抵抗のすべてがクライエントの頑強さから来ているわけではありません。援助者側の態度や行動に起因している抵抗もあります。少なくとも，クライエントの抵抗は，援助者の側の要因に何らかの影響を受けているといえます。

❑ 援助関係の目標は，抵抗を取り除くことではなく，抵抗がどのような役割を果たしているのかを理解し，そして，さらなる内面探求の糸口として抵抗を活用することです。

❑ 難しいクライエントには，さまざまなタイプがあります。例えば，あなたの逆転移反応を引き起こしてしまい，援助関係を複雑なものにしてしまうクライエントもいます。その時に重要なのは，そのクライエントにラベルを貼って決めつけてしまわないようにすることです。

6 これからすること

1. あなたにとって，最も苦手なクライエントとはどのような人物でしょうか。そのような人を思い描いてみてください。そして，その人があなたにとって問題となる原因について考えてみましょう。何がその人を難しいクライエントにしているのでしょうか。実際に，そのような人がクライエントとして来談したら，あなたはどうしようと思いますか。その人の援助ができないと感じた時には，どのようにするのがよいでしょうか。

2. 自らの内に生じる抵抗について考えてみましょう。あなたは，自分自身の失敗や限界をどれくらい素直に受け入れることができるでしょうか。あなたがクライエントになった場合，自分を変えることに対してどのような抵抗を示すでしょうか。あるいは，クライエントがあなたにとてもよく似通った人物であった場合，あなたは，自らの内にどのような抵抗を発展させるでしょうか。そして，自分が示すと思われる抵抗について，あなたの考えが適当なものかどうか，あなたのことをよく知る友人と話し合ってみましょう。

3. 本文の中に難しいクライエントの行動を記述した一覧表を示しました。その中であなたが援助的に関わる上で最も難しいと思われるのは，どのような行動

でしょうか。クライエントが呈する行動に対して，あなたはどのように反応するでしょうか。あなた自身の反応を見直すことから，あなた自身の特徴が見えてきます。クライエントの行動への反応を通して見えてきた自分自身のあり方について，実習日誌にまとめてみましょう。

　"この章で考えてほしいポイント"として本書の冒頭に示した問いをもう一度見直してください。それは，あなたが援助専門職として活動する際に経験する自信のなさや恐れについて明らかにしてくれるでしょう。冒頭の問いの中で気にかかる項目を選び，それについて思いついたことを書き出してみましょう。また，最も気がかりな項目が扱っている問題を解決するためには，どのような手段をとるのがよいでしょうか。問題解決の手段についても考えてみましょう。

　本文中に示した"難しいクライエントや抵抗に関する質問項目"を見直してみましょう。難しいクライエントや，そのようなクライエントが示す抵抗に対して，より援助的に関るためにはどうしたらよいのかについて，思いついたことを書き出してみましょう。

4．さらに深く学ぶために参考文献を以下に示します。なお，完全な文献資料については，本書の巻末の引用・参考文献リストを参照してください。まず抵抗を扱う際の論理情動行動療法の方法については，Ellis（1985）が参考になります。また，抵抗に直面し，それを扱う方法については，Kottler（1991）が役立つでしょう。臨床事例が難しくなってしまう理由や，難しいケースに出会った場合にどうすればよいかなどについては，Kottler（1992）が参考になります。最後にMay（1983）は，援助過程における転移や抵抗について考えるための豊かの示唆を与えてくれるでしょう。

第5章

援助専門職が直面する倫理的問題

> ### ▶▶▶ この章で考えてほしいポイント
>
> 1. 援助専門職になる教育訓練段階において,あなたが最も関心をもっている倫理的問題は何でしょうか。
>
> 2. 臨床現場では,倫理的観点からみて,単純に善悪を判断できない事態がしばしば生じます。これを倫理的ジレンマといいますが,そのような事態に直面した場合,あなたは解決のためにどのような方法をとり,どのような倫理的判断をするでしょうか。
>
> 3. あなたの場合,どのような時にクライエントを他にリファー(紹介)したいと思いますか。リファーする際の理由として,どのようなことがありますか。リファーはどのような方法で行いますか。
>
> 4. どのような援助関係でも守秘義務には限界があります。守秘義務の目的と限界に関して,クライエントにどのように理解してもらいたいと思いますか。
>
> 5. クライエントがカウンセリング以外の日常場面で援助者と話したいと言ってきた場合,あなたは何と答えますか。クライエントとの,援助場面以外での付き合いをどう考えますか。過去のクライエントについてはどうでしょうか。
>
> 6. クライエントがあなたに性的な魅力を感じていると明らかにした場合,あなたはどうしますか。何と答えるでしょうか。逆にあなたがクライエントに性的な魅力を感じたなら,どうしますか。
>
> 7. 援助を求める人との間で,援助専門職が二つの役割を同時に担う場合(例えば,カウンセラーであり,かつ教師である場合など),そこに二重関係が存在するといえます。二重関係は,基本的に倫理に反すると主張する人もいます。しかし,二重関係は避けられない場合もあるので,必ずしも問題になるとはいえないと言う人もいます。あなたは二重関係についてどう考えますか。
>
> 8. あなたは,過去のクライエントや学生との二重関係(社会的関係,性的関係,ビジネス関係,職業関係)についてどう考えてきましたか。こうした関係が適切かどうかを決める際に,あなたは,倫理的,法的,臨床的な観点から検討す

ることができますか。
9. 倫理的に適切な実践活動を遂行するために，倫理規定はどのような役割を果たすでしょうか。あなたは，倫理規定の価値についてどう考えますか。
10. 不正行為に関する訴訟が多くなってきています。あなたは，訴訟に巻き込まれる可能性についてどのように考えますか。そのような危険を減らすためには，どのような対策をとる必要があるでしょうか。

1 この章のねらい

　どのような援助専門職を選んだとしても，いつか必ず倫理的な判断をせざるをえない事態に直面します。後述するように，援助専門職になるということは，倫理規定を実践場面に適用できるようになることでもあります。そこで本章では，援助専門職が直面することになる倫理的関連事項の紹介と解説をします。
　近年，倫理的問題への関心は高まってきています。専門誌には援助領域での倫理的，法的，職業道徳的な問題に関する記事がよく見られるようになりました。倫理的なテーマについては，多くの本が出版されています。大学や大学院の教育訓練課程でも，倫理がテーマとして論じられることが多くなってきています。米国では，多くの大学院の教育訓練課程で倫理的，職業道徳に関する問題を専門的に論じる授業が必修となってきています。このように倫理への関心が高まる傾向が見られます。それは，援助専門職が不正行為で起訴される風潮が出てきていることへの反応と考えられます。不正行為で起訴される危険を減らす方法については，本章のテーマのひとつとして扱います。援助専門職は，現実の社会的場面でさまざまな法的義務を強制されています。しかし，ただ単に義務を守ればよいというのではなく，実践活動において倫理面にさらに一層敏感になることが求められます。倫理面に敏感になるということは，クライエントにとって何が最もよいことなのかに注意を集中することによって可能となるのです。
　なお，本章は，倫理的問題に関して詳細な情報を読者の皆さんに提供するわけではありません。むしろ，本書の記述を契機として，皆さんが本書の最後に参考文献として掲げてある倫理関連の書物を読み，倫理的問題についてさらに理解を深めていただければと思っています。また，このテーマについて理解を深めるために，倫理に関する授業や，あるいは少なくとも倫理的，法的，専門的問題をテ

ーマとする学会やワークショップに参加することをお勧めします。

2 倫理的問題に関する質問項目

　あなたは，実践活動における倫理について，主にどのような点に関心をもっていますか。おそらく教育訓練を受けている段階では，倫理について関心をもつことはないかもしれません。しかし，倫理については，今後実践活動をする上では必ず直面することになります。その点で，倫理的問題の重要性についてぜひ自覚してほしいと思います。そこで，以下に倫理に関する文章を示しましたので，それぞれの文を読んで自分に当てはまる場合には○，当てはまらない場合には×を書き入れてみましょう。

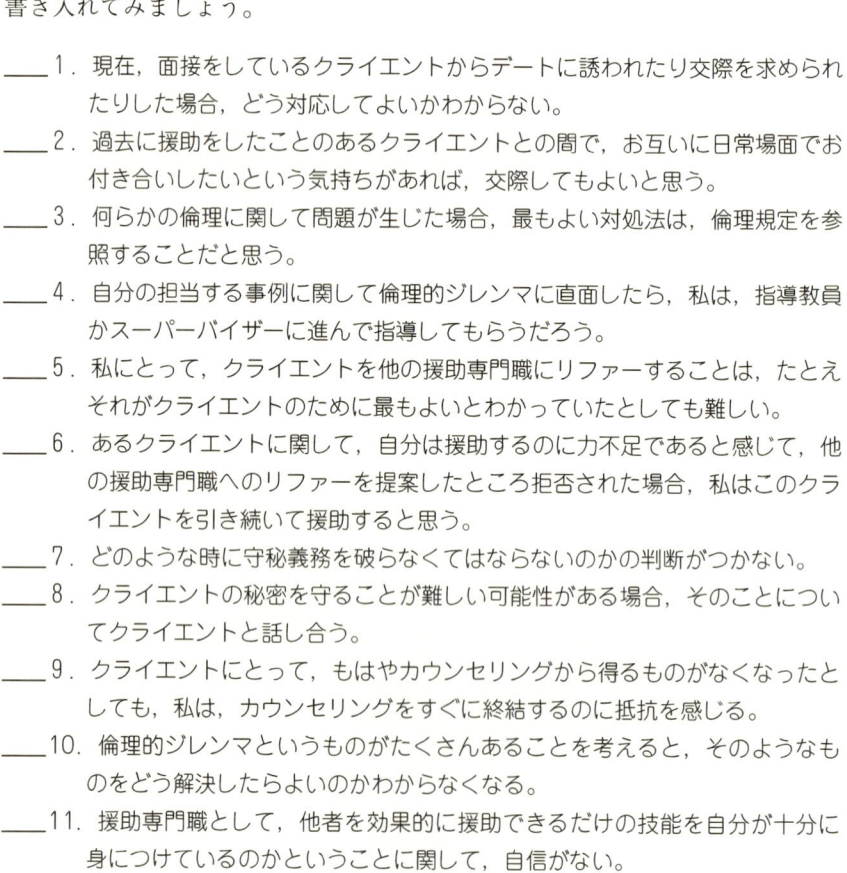

____1．現在，面接をしているクライエントからデートに誘われたり交際を求められたりした場合，どう対応してよいかわからない。

____2．過去に援助をしたことのあるクライエントとの間で，お互いに日常場面でお付き合いしたいという気持ちがあれば，交際してもよいと思う。

____3．何らかの倫理に関して問題が生じた場合，最もよい対処法は，倫理規定を参照することだと思う。

____4．自分の担当する事例に関して倫理的ジレンマに直面したら，私は，指導教員かスーパーバイザーに進んで指導してもらうだろう。

____5．私にとって，クライエントを他の援助専門職にリファーすることは，たとえそれがクライエントのために最もよいとわかっていたとしても難しい。

____6．あるクライエントに関して，自分は援助するのに力不足であると感じて，他の援助専門職へのリファーを提案したところ拒否された場合，私はこのクライエントを引き続いて援助すると思う。

____7．どのような時に守秘義務を破らなくてはならないのかの判断がつかない。

____8．クライエントの秘密を守ることが難しい可能性がある場合，そのことについてクライエントと話し合う。

____9．クライエントにとって，もはやカウンセリングから得るものがなくなったとしても，私は，カウンセリングをすぐに終結するのに抵抗を感じる。

____10．倫理的ジレンマというものがたくさんあることを考えると，そのようなものをどう解決したらよいのかわからなくなる。

____11．援助専門職として，他者を効果的に援助できるだけの技能を自分が十分に身につけているのかということに関して，自信がない。

____12. 私の担当するクライエントに自傷他害の恐れがあるとわかった場合，どうしてよいかまったくわからない。
____13. クライエントとの関係を職業上のものに留めておけるかどうか心配になることがある。
____14. 援助関係において性的魅力を感じる事態への対処法については，何も訓練を受けていない。
____15. 過去のクライエントとの間で，仕事上の取引をすることは，倫理的には何ら問題のない，妥当なことであると思う。
____16. 私は，クライエントに助言を多く与えすぎたり問題の解決法をすぐに教示しすぎたりして，クライエントの依存心を助長する傾向がある。
____17. クライエントの危険な行動に関して他者に警告し保護する義務があることは知っているが，そのような場合，どのような行動をとるべきかわからない。
____18. 倫理的に適切な実践をするためには何が必要なのか，倫理規定はどのような内容で構成されているのかにとても関心がある。
____19. 同僚が非倫理的なことをしていると知った場合，そのような事態に対してどのような手順で対処したらよいかわかっている。
____20. 自分が援助専門職として行った活動に対して，不正行為ということで訴訟される可能性があることを知っているし，そのことに関心を払っている。

　さて，上記の質問項目に全部答えたなら，次に，現時点であなたが関心をもっている倫理的問題について考えてみましょう。そうすることで，倫理的な問題について疑問や関心をもつことができ，この後に続く本章の内容をより積極的に読めるようになります。また，自分の意見に確信がもてない領域を見つけて，その点について授業などで議論してみましょう。

3　倫理に基づく判断

　倫理的な面で適切な実践とは，ただ単に専門職団体の倫理規定を学び，それに従うだけのことではありません。それを越える多くのものを含んでいます。例えば，倫理的なジレンマに取り組む場合は，明白な答えが見つかることはなかなかないものです。ほとんどの問題は複雑で，単純には解決できません。したがって，倫理的な判断をするということは灰色の領域を扱うことであり，曖昧さに対処する辛抱強さを身につけておくことが求められます。
　あなたが属する専門職の倫理基準を知っておくことは，もちろん大切となりま

す。しかし，知識だけでは十分ではありません。倫理規定は，あなたがクライエントとあなた自身にとってよりよい判断をする助けとなる枠組みでしかないのです。それは，すべての結論を導くような教義ではないのです。その点で，単なる知識を越えたあなた自身の判断する能力が必要となるのです。また，判断の基準は，活動を運営する機関によって異なります。あなたが所属する機関に独自な倫理規定と，そのガイドラインについても知っておかなければなりません。

　倫理の授業を始めるにあたって，学生は，現場実習で疑問に感じた倫理的問題について確実な解答がもらえることを期待して参加する場合があるようです。そのような学生は，倫理的問題に対処するのに最も適切な方法を見出すためには，人間的な面だけでなく職業的側面も含めての自己探求が必要であるということを考えていません。倫理について，私たちは，1冊の本（G.Corey, M.Corey, & Callanan, 1998）を著しています。多くの読者は感想として，本を読んで得られた答えよりも，さらに多くの疑問が生じてきたと述べています。そのような場合，著者である私たちは，「その本の目的は，答えを提供することよりも，読者が倫理的なジレンマに対して自分の頭で考えて，それに取り組むことができる力を育てることです」と答えています。

事例　ここでスーザンの例を考えてみましょう。彼女は，研修生として所属する地域の機関で，倫理に反することが行われているのに気づきました。彼女や他の研修生は，難しいクライエントを担当するよう求められていました。彼女には，その種のクライエントは明らかに自分の能力の限界を越えているとわかっていました。さらに悪いことに，その機関ではスーパービジョンをあまり受けることができませんでした。彼女の上司は，定期的なスーパービジョンを行おうとしませんでした。彼女とケースについての打ち合わせをする予定になっていても，「忙しい」という理由でその約束を守れないことも多くありました。

　そのような時にスーザンは，大学の現場研修に関する授業で，現場のスーパーバイザーが研修生の行動に倫理的，法的に責任をもっていることを知りました。そこで彼女は，どうしたものかと考えてしまいました。彼女は，学期の途中で実習先を変えたくはありませんでした。しかし，この状況をそのままにしてよいとも思えませんでした。ただ，現在の状況が問題であることを，上司でもあるスーパーバイザーに突きつけてよいかわからず，ひとりで思い悩むようになりました。彼女は，どのように対応してよいかわからず，大学の現場研修担当の教授に面談を申し込みました。その教授は，彼女が現場研修をしている機関のスーパーバイザーと，彼女の指導の責任を共有する立場にある人でした。

　その面談でスーザンは，教授からコンサルテーションを受け，そこで解決に向

けてのいくつかの選択肢を探りました。ひとつの選択肢として，彼女が自分で研修機関のスーパーバイザーに話すことにし，その人と面談の約束を取りつけるという方法がありました。また，別の選択肢としては，スーザン，研修機関のスーパーバイザー，そして研修担当の教授とが話し合いをもち，現状について一緒に検討するという方法もありました。

　話し合いの結果，その研修機関は，学生の実習先としては不適切であるとの結論を出すことも可能です。ここで大切なのは，スーザンが問題に対処するために，何らかの助けを得ることができると知ることです。このような状況でしばしば起きるのは，面倒を起こして嫌な思いをするよりもただ我慢すればよいと，ひとりで結論づけてしまうことです。これでは，倫理的にも不適切な対応といわざるをえません。

　倫理の授業に出た初めの頃，スーザンは，実践の場で起こりえる問題状況に対して，ひとつひとつ対処の方法を回答として与えられるものだと思っていました。しかし，学期の終わり頃までにわかってきたことは，倫理の規定や基準は一般的な枠組みでしかないということです。それらは，枠組みとして，事態に対する方向づけを与えてくれます。しかし，実際の個々の状況に対処するためには，その既定や基準を事態に合わせて具体的に適用することが必要となるわけです。スーザンは，それに加えて，倫理的な判断をする際には，コンサルテーションを受けることが大切であることも学びました。

　ここでもうひとつ例をみてみましょう。それは，倫理のガイドラインを解釈するにあたっては，クライエントにとっての利益を最も優先させて援助関係を考えるべきであるということに関わっています。

> **事例**　カウンセラーは，アルコール依存の家族との関係で苦しんでいるクライエントの話を聴いていました。カウンセラーは，話を聴いているうちに，自らの親もアルコール依存であること，そしてそれで自分自身も苦しんできたことを思い出し，辛い気持ちになってきました。カウンセラーは，クライエントに自分の個人的な気持ちを話すべきかどうか迷っていました。

　このようなカウンセラーの告白は，カンセラー自身のために必要なのか，それともクライエントのために必要なのかが，そこで問われることになります。つまり，このような告白はクライエントが問題から抜け出すのに役立つのか，それともその妨げになるのかということがテーマとなります。それに対する判断と答えを，どのようにして導き出したらよいのでしょうか。このように倫理的問題は，

臨床的な判断と密接に関わってくるのです。

　責任ある実践をするためには，十分な情報を得た上で，賢明で責任ある判断をし，それに基づいて行動しなければなりません。そのためには，積極的に同僚に相談すること，常に最新の知識や技能を学ぶようにすること，絶えず自己理解を深めるようにすることが必要となります。倫理的問題について深く考え，賢明な判断ができるようなることは，まさに自分自身が進化していく過程といえます。そして，それには，常に開かれた柔軟な心でいることが何よりも重要です。

専門職綱領と倫理的判断

さまざまな援助専門職の組織が倫理規定を作成しています。そして，その倫理規定は，援助専門職のための広範なガイドラインを提供するものとなっています。倫理規定をまとめているメンタルヘルスの専門的組織としては，米国心理学会（the American Psychological Association（[APA], 1995)），全米ソーシャルワーク協会（the National Association of Social Workers（[NASW], 1996)），米国カウンセリング学会（the American Counseling Association（[ACA], 1995)），米国家族療法学会（the American Association for Marriage and Family Therapy（[AAMFT], 1991)），全米ヒューマンサービス教育機構（the National Organization for Human Service Education（[NOHSE], 1995)）などがあります。このようにさまざまな組織が倫理規定を作成していますが，HerlihyとCorey（1997b）は，それらの倫理規定の目的を以下のようにまとめています。

- 倫理規定は，倫理的に健全な実践活動の本質を援助専門職に教示するものです。したがって，倫理ガイドラインを具体的な状況に適用するのにあたっては，単純にガイドラインを当てはめればよいというのではなく，倫理についての鋭敏な感受性を備えていることが必要となります。
- 倫理規定には，専門職としての説明責任（accountability）のあり方が示されています。倫理規定の最終的な目的は，心理的サービスの利用者を保護することです。そして，それが，援助専門職が説明責任を果たす前提となります。
- 倫理規定は，実践をよりよいものにする触媒の役割を果たします。倫理規定があるからこそ，援助専門職は倫理原則の字義と精神を真剣に検討します。そのような検討は，よりよい実践に結びつくことになります。

　倫理規定は，必要です。しかし，実際に倫理的責任を果たしていくためには，それだけでは十分ではありません。たとえ専門領域の倫理ガイドラインを熟知したとしても，それに加えて自らの倫理的態度を発展させなければなりません。倫理的態度が確立して初めて，倫理的に適切な実践が可能となります。あなたがど

れだけ倫理的に適切に活動しているかを判断するためには，常に自分自身の実践について検討する作業を続けなければなりません。

　援助専門職の組織が出している倫理ガイドラインの多くは，一般論を述べたものにすぎません。したがって，あなたが直面するさまざまな倫理的問題に対して明確な答えを出してくれるものではありません。倫理規定は，手引きにはなります。しかし，あなたの代わりに判断をしてくれるものではないのです。援助専門職の一人ひとりが，自らの行動に対して責任を負わければならないのです。倫理に関しては，白黒がはっきりしない灰色の要素が多分にあります。それは，倫理的ジレンマとして，一人ひとりの援助専門職に判断を迫ってくるものです。そこで，そのような灰色の領域にしっかりと向き合い，問題が何なのかを探り出し，その問題について同僚と議論し，さらには自らが倫理的に適切な行動をしているのかをモニターしていくことが，援助専門職の一人ひとりに求められることになります（Herlihy & Corey, 1996a）。

　倫理規定は，倫理についての自覚を促すためには重要です。しかし，所詮は形式的な倫理原則です。倫理的責任を満たすためには，積極的で，しかも慎重に行動を創造していく方法が必要となります。残念ながら，倫理原則でしかない倫理規定は，そのような行動を創造していく方法に取って代わることはできません。規定は基本的な課題については定めていますが，ひとりのクライエントと向き合う場合にどのように課題を成し遂げるかについては教えてくれないのです。倫理ガイドラインを特定の状況に適用し，倫理的に最も正しい行動を決めるために，倫理的な判断を行うのは，援助者の務めなのです。

　倫理規定は，不正な活動が行われたとされた場合に，援助専門職を保護するために作成されているという面もあります。公認されている専門職規定を守って良心的に活動をしていても，訴訟に巻き込まれることもあります。そのような場合に，援助専門職を守る手段は必要です。倫理規定に従って活動していたか否かが，法的手続きにおいて証拠として認められることになるでしょう。訴訟において，訴えられた援助者の行為に関する判決は，その人と同等の資格と義務をもつ他の援助専門職の行為との比較に基づいてなされます。

　全米ソーシャルワーク協会の倫理規定（1996）によると，倫理規定は倫理的な行動を保証するものではありません。また，倫理的問題や議論のすべてを解決できるものでもありません。さらに，道徳的判断がなされる社会において適正な行動を選択することの難しさを減じるものでもありません。倫理的に適切な判断をするためには複雑な過程が含まれるのですが，倫理規定はその複雑さを単純化す

るものではないのです。その代わりに倫理規定は，専門職が目指すべき倫理的な原則と基準を明確に定義します。それは，同時に専門職の行動の善悪を判断するための原則と基準ともなります。実際，以下に示すように，全米ソーシャルワーク協会の文書は，倫理的判断はひとつのプロセスであるということを強調しています。

　価値観，倫理原則，倫理基準とが矛盾した時に，これらをどのように順位づけて判断すべきかに関しては，ソーシャルワーカーの間でも意見の相違がみられる。具体的な状況において，何らかの倫理的判断をする場合には，個々のソーシャルワーカーが，倫理的判断に関するそれまでの学習と経験に基づいて判断をしなければならない。また，その状況に関して，職業的倫理基準に照らして同僚間で議論した場合にどのような判断が下されるのかについても考慮しなければならない。

　倫理的判断は，ひとつのプロセスである。ソーシャルワークの現場では，複雑な倫理的問題が数多くみられる。そのような複雑な倫理的問題に対しては，簡単に解決が得られるということはまずない。倫理規定は，倫理的判断が求められる，どのような状況にも関連している。したがって，ソーシャルワーカーは，倫理規定にあるすべての価値観，原則，基準を考慮していくべきである。ソーシャルワーカーは，倫理規定の字義を知っているだけでは意味をなさない。ソーシャルワーカーの判断と行動は，倫理規定の精神と一貫していることが求められるのである。

　以上，倫理規定とはどのようなものかについて簡単に説明しました。皆さんには，充分に時間をとり，自分が専攻しようと思っている（あるいはすでに仕事をしている）専門職分野の倫理規定をじっくりと読むことを，まずお勧めします。そして，倫理規定の有用性と限界について吟味してみてください。倫理規定について考えるにあたっては，読んでいて，あなたが賛同できないと感じる部分を見つけるようにしましょう。何らかの基準に照らした場合，倫理規定のこの部分には賛成できないという内容があるはずです。また，あなたの臨床活動について，倫理規定に反していることがないかどうかも検討してみましょう。もし，倫理規定に反する活動をしているならば，その行動の適切さを説明する根拠がどうしても必要となります。さらに，専門とする分野の倫理規定に違反した場合，どのような結果を招くことになるかについても，しっかりと確認しておくことが必要です。

　ところで，倫理的に適切な実践をしている専門職とみなされるためには，所属する専門分野の倫理規定にすべて従わなければならないのでしょうか。あなたが自らの専門分野の倫理規定に全面的に賛同し，それに従うならば，あなたは倫理的に正しい専門職ということになるのでしょうか。このような疑問を考えるにあ

たっては，倫理の規定やガイドラインを実践場面に適用することの難しさを考慮に入れる必要があります。実践場面では，援助者として複雑な問題に直面します。そのような場合，専門分野のガイドラインの知識をもっていることに加えて，それを現実の状況に即して適切に解釈できなければなりません。したがって，専門分野の倫理規定を理解することは専門職としてスタートする際の重要な課題ではありますが，それが最終目的ではないことは忘れないようにしましょう。

倫理的判断の形成モデル

現場では，白黒をはっきりすることが困難な倫理的ジレンマという事態がしばしば発生します。このような事態に対処するためには，専門職組織の倫理規定を知った上で，解決困難な倫理的ジレンマについて系統立てて検討することが必要となります。そうすることで，賢明な倫理的判断が可能となります。その際，どのような行動をとることが最も適切であるのかを判断するためには，コンサルテーションを受けることが何よりも重要となります。ここでは，コンサルテーションを受けることの重要性を何にも増して強調しておきたいと思います。2人以上の同僚あるいはスーパーバイザーに相談するのがよいでしょう。そうすることで問題のさまざまな側面を見ることができるからです。

以下に，Forester-MillerとDavis（1995）が定式化した倫理的判断の形成モデルをまとめたものを示します。このモデルは米国カウンセリング学会の倫理基準ケースブック（Herlihy & Corey, 1996a）に掲載されているものです。

1. **問題を明らかにする**：できるだけ多くの情報を集めて，あなたが直面している状況を明らかにしましょう。その際，「これは倫理上の問題か，法律上の問題か，職業道徳上の問題か，それとも臨床上の問題なのだろうか。あるいは，その中の2つ以上の問題が複合していることはないだろうか」と自問してみるとよいでしょう。問題に法的側面があれば，法律的なコンサルテーションを受けましょう。多くの倫理的ジレンマは複雑なので，問題をあらゆる観点から考えてみる必要があります。少なくとも簡単な解決を求めることは，避けるべきです。倫理的な問題が含まれているかどうかを見定めたり，問題の特徴を見極めたりするためには，コンサルテーションを受けることが役立ちます。
2. **倫理ガイドラインを適用する**：問題の特徴が全体としてどうなっているのかが明らかになったならば，次は倫理規定を参照しましょう。そして，その問題と関わる事項があるかどうか調べましょう。その問題と関連するガイドラインがあれば，それに従うことで問題は解決できます。しかし，問題がより複雑で明白な解決法が見当たらない場合には，さらに以下のステップを踏む必要があります。

3．倫理的ジレンマの特質を見定め，コンサルテーションを受ける：ここでは，「どうすればクライエントの自立性と自己決定を最も促進できるのだろうか。どのような行動をとれば，クライエントを害することを最小限に止められるだろうか。どのような判断がクライエントを最もよく守ることになるだろうか。クライエントが自らに適した解決法を見つけるには，どのようにしたらよいだろうか。クライエントが安心して解決法を探ることができる援助的雰囲気を形成するには，どうしたらよいだろうか」といったことを，まず自問してみましょう。そして，経験豊富な同僚やスーパーバイザーに相談するのがよいでしょう。
4．実行可能な方法を考える：どのような行動をとるのがよいのかについて，できるだけ多くの可能性を考えてみましょう。そのためにブレインストーミングをしてみましょう。また，その際には同僚にも話を聴いてもらい，案を出してもらうとよいでしょう。
5．すべての選択肢について起こりうる結果を予測し，方法を絞る：ここまでの段階で，解決に向けてさまざまな選択肢が出てきたと思います。それらのすべての選択肢について，それを実行した場合に起こりうる結果を考慮して，ひとつひとつの選択肢を検討し，評価します。望ましい結果が得られそうもない選択肢や，新たな問題を引き起こしそうな選択肢は除いていきましょう。そして残った選択肢のうちで，あるいはその組み合わせで状況に最も適合するものを見つけましょう。
6．選んだ方法について評価する：選んだ方法を再吟味して，それが新たな倫理的問題にならないかどうか考えましょう。もし問題になるようであれば最初に戻り，判断過程の各段階の見直しをする必要があります。適切な方法を選ぶことができれば，あなたはその計画を実行する用意ができたと言えます。
7．その方法を実行する：倫理的ジレンマについては，他の専門職は，同じ状況でも異なる方法を選ぶこともあります。自らの計画を実行するにあたっては，そのことを心得ておくことも重要です。いずれにしろ，あなたは，自らの手持ちの情報の中で最もよいと判断した行動を実行していくしかありません。それを実行した後，あなた選んだ行動が予期した通りの効果と結果をもたらしたかどうかを評価することも必要です。そのために，その後の状況を追跡していくとよいでしょう。

　たとえ，ここで述べたような系統立ったモデルに従ったとしても，あなたは，実際の事例において最善の決定ができたのかどうか不安に感じることがあるでしょう。倫理的問題についての考えは，ただ単に黒か白かに分類できるというものではありません。多くの倫理的問題が議論になっていることからもわかるように，明確な答えははっきり出てこないのです。倫理と法律を組み合わせて考えなければならない場合もあります。

したがって，法律的ジレンマに関してはあなたひとりで考えているだけでは不十分です。同僚，スーパーバイザー，あるいは仲間の実習生との間で問題を話し合い，解決に向けての努力に協力してもらうことが必要となります。そのような作業を積極的にすることで初めて，倫理的に正しくありたいと願っていることを示すことができるのです。また，あなたが倫理的問題に的確に対処しようとするならば，あなたの仕事に影響する法律についての情報を得ること，あなたの専門分野における新しい発展に注目すること，あなたの価値観が実践に与える影響についてよく考えること，自己反省を重ねることなどが必要となります。専門職としての自覚と倫理的責任の感覚を磨くことは，終わりのない課題なのです。

4 自らの能力を知り，クライエントをリファーする

自分の能力の限界を越えた実践活動はすべきではありません。このことは，すべての援助専門職の規定に記載されています。ただし，自分の能力という点に関しては，考え方によっては極端な方向にいってしまう場合もあるかもしれません。例えば，一方の極として，自分は効果的な援助をするだけの知識や技能を身につけることができないのではないかと恐れ，自己不信に陥る場合です。これは，自分の能力の限界を非常に狭く考える場合です。他方の極としては，自信過剰になってクライエントが示すどんな問題も解決できると思い込むことです。これは，自分の能力の限界を非常に広く考える場合です。

いつ，どのようにして他にリファーするか

リファー，つまりクライエントを他の専門職に紹介することは，援助専門職にとって主要な責任のうちのひとつです。このことは，たいていの専門組織の倫理基準に明記されています。それでは，いつ，どのようにしてリファーすればよいのでしょうか。そして，それはどのようにして学ぶのでしょうか。そもそも，なぜリファーをしようと思うのでしょうか。また，どのような形式でリファーするのが最も適切なのでしょうか。リファーできる機関がほとんどない場合には，どうしたらよいのでしょうか。このような疑問に関してまず言えることは，クライエントへの援助が援助者の能力では不可能な場合や，援助者の個人的要因が有効な援助関係を形成し維持する妨げになる場合には，他機関へのリファーが極めて重要となります。また，その援助者との間でクライエントが問題を改善できない場合もリファーを考えるべきです。

援助専門職であろうとするならば，自分が援助できるクライエントの範囲はど

れくらいなのかを知っていることが必要となります。そのために，自分自身の能力を見極めることができるようにならなければなりません。ただし，援助が難しいと感じるクライエント全員をリファーしてしまったら，誰も残らなくなってしまいます。そこでリファーを提案しようと思ったならば，その理由について考えることが大切になります。あなたが援助専門職としてまだ経験が少ない場合には，経験豊かな人に率直に相談することがとりわけ重要となります。また，クライエントに対しても，必要に応じて「私としては，どのようにしたら，あなたのお役に立てるかわかりません。しかし，あなたにとって役立つ機関は知っていますし，そこをご紹介できます」と伝えることができるとよいと思います。初心の援助専門職の中には，不明な点があってはならないと思っている人がいます。そのような人は，「どのようにするのが最もよい援助なのかについて迷っている」とクライエンとに伝えるのを躊躇しがちです。そのような時には，まずスーパービジョンを受けることを勧めます。スーパービジョンを受けることで不明な点がすべて解決できることはないにしても，そこから必ず多くを学ぶことができます。

リファーできる機関がどうしても限られている場合があります。人口の少ない地域ではメンタルヘルスの施設が不足しているため，特にそのようなことになります。ある援助者は，「充分な援助を提供できていないクライエントがいます。しかし，それでも，そのようなクライエントにとっては，頼ることのできる援助専門職は，私しかいないのです。リファーできる一番近い所でも100キロ以上もありますからね。どうしょうもないですよ」と述べています。そのような状況で特に重要となるのは，どのような対応をするのがそのクライエントにとって最善であるのかを最初から考えておくことです。

事例 あなたが地域メンタルヘルスセンターの研修生である場合を考えてみましょう。あなたにとっては，コミュニティという現場での活動は初めての経験です。そこで初めて受けもったクライエントのひとりに性同一性の混乱を示す者がいました。クライエントの男性は，どうしてよいかわからずにいます。彼は，自らの同性愛傾向を貫き離婚すべきか，それとも結婚生活を続けるべきか悩んでいます。あなたは彼の苦しみに圧倒されただけでなく，彼の迷いそのものを不快にも感じています。このような状況に直面し，あなたはどのように対処してよいかまったくわからなくなってしまいます。

ここであなたは，クライエントに対してどのように伝え，どのように対応したらよいでしょうか。以下に，このような場面において，あなたが取ることのできる対処の仕方をいくつか示します。

- 自分の不快な気持ちを否定し，感情や反応を表現しない。
- あなたの同性愛に対する拒否的反応をクライエントに伝え，結婚生活を続けるよう説得する。
- 不快に思い，圧倒されているが，クライエントと一緒に問題に向き合っていきたいと思っていることをクライエントに伝える。そして自分の価値観を押しつけるのを避けるためにスーパービジョンを受けることも話す。
- この仕事に就いたばかりであり，どうしていいかわからないので，リファーしたいと思っていることをクライエントに話す。

さて，あなたは，このような事態をどのように考え，どのように対処していくでしょうか。

終結するか否かを判断する

倫理基準によると，援助がクライエントにとって役立っていないことが明らかであれば，援助関係を続けることは妥当ではありません。ただし，その援助が真にクライエントのためになっているか否かの見極めは，微妙な問題を含んでいます。援助者にとってクライエントの変化や成長が見られないとしても，そのクライエントがカウンセリンリングで確かに自分は成長していると主張する場合もあります。そのような場合，あなたはどのようにしますか。以下の事例を読んで，あなたが同じような状況に直面した場合，どのように対応するかを考えてみましょう。

事例 あなたは，ある女性のクライエントとの面接を一定期間続けてきています。彼女は，約束どおりあなたの所にやってきます。しかし，決まって「特に話すことはありません」と言います。そこであなたは決意をして，彼女に「あなたは，カウンセリングの面接でこれ以上自分自身について考えることを望んでいないのではないでしょうか」と伝え，現実への直面化を試みました。彼女は，それに同意しながらも，なお来談を続けます。ついにあなたは，彼女がこのカウンセリングの関係から何も得ていないと結論し，彼女にカウンセリングの終結を提案します。彼女は面接に対しては熱心でないにもかかわらず，終結するというあなたの提案にはかなり抵抗を示しました。さて，あなたは，この抵抗にどのように対処しますか。

5 クライエントの権利

あなたは，クライエントの権利についてどのように考えますか。クライエントの権利とは，どのようなことでしょうか。援助関係を形成するにあたって，クラ

イエントの権利と責任についての教示をするには,どのようにしたらよいでしょうか。少なくともクライエントは,援助を受けるにあたって自分に権利があることに気づいていない場合が多いといえます。それは,たいていのクライエントにとって,専門的な援助を受けるのは初めての体験だからです。クライエントは,専門的な援助関係において,自分に何を期待されていて,そして援助者に何を期待すればよいのか,よくわからずにいることが多いのです。

　以上の点は,インフォームド・コンセントに関する事項に相当します。この点に関しては,たいていの専門的組織の倫理規定には,クライエントは充分な情報が与えられるべきであると記されています。つまり,倫理的観点からして,クライエントは,援助関係の開始や継続についての判断をするための充分な情報が与えられなければならないのです。全国ソーシャルワーカー協会と米国カウンセリング学会の倫理規定は,インフォームド・コンセントの本質を次のように記載しています。

　　ソーシャルワーカーは,妥当なインフォームド・コンセントを行い,それに基づく専門的関係においてのみクライエントにサービスを提供すべきである。ソーシャルワーカーは,インフォームド・コンセントとして以下のことをクライエントに明瞭で理解しやすい表現で伝えなければならない。それは,サービスの目的,サービスに関連するリスク,保険会社の要望によってサービスに条件がつくこと,必要となる費用,考えられる他の選択肢についての情報,援助を受けることを拒否したり,取り消したりする権利がクラエインとにあること,どれくらいの時間をかけるかについての取り決めといった事柄である。さらに,以上の事項についての話し合いにおいて,クライエントが質問する機会をもてるようにしなければならない (NASW, 1996, 1.03.a.)。

　　カウンセリングの開始時,あるいはその過程においても必要な際には,カウンセラーは,クライエントに次の事項を伝える。具体的には,カウンセリングの目的,目標,技法,手続き,限界,潜在的リスク,サービスによって得られる利益,およびその他の適切な情報である。また,カウンセラーは,診断の意味,検査や報告の利用法,料金,支払い方法について順をおってクライエントに説明し,確認していく。クライエントには,守秘義務を求める権利がある。それと共に,守秘義務には限界があることについての説明を受ける権利もある。守秘義務の限界としては,スーパービジョンや専門職による介入チームにおいては情報を共有することなどを含むものである。さらに,クライエントには,ケース記録に関する明確な情報を得る権利,自分が受けているカウンセリングの方針決定に関与する権利,勧められたサービスを拒否する権利,および拒否した場合の結果について助言を得る権利がある (ACA, 1995, A.3.a.)。

インフォームド・コンセント

クライエントの権利を保護するための最もよい方法は，まずクライエントに充分な情報を伝え，それに基づいてクライエントが意思決定できる段取りをすることです。インフォームド・コンセントは，クライエントが意思決定をするのに充分な情報が与えられることと関連しています。クライエントは，援助専門職と援助関係を形成するにあたっては，それに伴ってどのようなことが起きてくるのかについての情報を与えられる権利，およびその援助関係に関して自主的な判断をする権利があります。インフォームド・コンセントには，そのようなクライエントの権利が含まれています。つまり，クライエントには，自らが援助関係に積極的に関与するために必要な情報が与えられる権利があるのです。そこで援助者は，初回面接が始まった時点から援助関係が継続する限り，必要な情報をクライエントに伝え続けなければなりません。ただし，その伝え方については注意が必要です。情報を伝えないことは問題ですが，逆に最初から多くの情報を与えすぎて，クライエントを圧倒し，混乱させてしまうのも問題です。その点で，インフォームド・コンセントの伝え方には微妙なバランスが必要となります。

Bednar, Bednar, LambertとWaite (1991) によると，インフォームド・コンセントは，比較的新しい法律理論に関連しているようです。これは，現在発展しつつある理論であり，人間の自己決定の重要性を認めることを前提として法律を考えるという視点に立つものです。上記書物の中で，インフォームド・コンセント理論はメンタルヘルスの実践において標準的な要素になりつつあると述べられています。確かに，ほとんどの援助専門職は，援助過程に関する適切な情報をクライエントに伝えることを倫理的義務とすることには同意しています。しかし，どのような情報をどのような方法で知らせるかについては，いまだ一致が得られていないのが現状です。そこで，インフォームド・コンセントとしてクライエントに何を伝えるのが最もよいのかを判断する際には，次のような事項について自問してみるのがよいでしょう。

- 援助の目標は何か。
- どのような援助サービスを提供しようと思っているか。
- あなたがクライエントに期待することは何か。クライエントがあなたに期待することは何か。
- 採用する可能性の高い援助方略には，どのような危険性と有用性があるか。
- 自己紹介として，どのようなことをクライエントに伝えたいか。
- 援助サービスの提供者として，どのような資格をもっているか。

- 料金のことをどのように考えるか。
- 専門的援助として，どのくらいの期間を要すると想定するか。終結の時期をどのように設定するか。
- 守秘義務には，どのような限界があるか。どのような時に，法的な報告義務が生じるのか。
- 担当する事例に関して相談できるスーパーバイザーや同僚がいるか。
- クライエントに援助の方法を提案する際に代案を用意しているか。
- 保険との関連で一定の条件下で行われる活動の場合，保険対象として認められる面接回数に関して，どのような情報を伝えるのか。
- 守秘義務の限界，介入の焦点，適切な介入目標，短期介入の活用について，どのような情報を伝えるのか。

　メンタルヘルス活動の従事者の中には，インフォームド・コンセントの条項を記載した書類をクライエントに渡すという方法をとっている人もいます。あなたは，どのような方法をとりますか。あなたとあなたのクライエントにとって最も有効な手段は，どのようなものかを決めておく必要があります。私たちは，インフォームド・コンセントについてわかりやすく書かれた用紙を準備しておき，それを最初の面接の時にクライエントに手渡すことを薦めています。そうすればクライエントはそれを家に持ち帰り，次の面接までに読んでおくことができます。このような方法をとることで，クライエントは質問のための基礎知識を得ることができ，貴重な時間を節約できます。クライエントがカウンセリングの予約をするに至ったということは，何らかの切迫した問題で援助を必要としているということです。したがって，一度に多くの，しかも詳細な情報を提示して，クライエントを圧倒してしまわないように留意しなければなりません。援助過程についてあまりに詳細に説明してしまうと，それ以降の面接を継続しようというクライエントの気持ちをくじいてしまうことがあるからです。

　しかしその一方で，クライエントは，自らが受ける援助については，さまざまな要素を考慮した賢い選択をすることを望みます。そのために必要となる重要な情報を提示するのを控えてしまうのも問題です。どのような情報をどのくらい提示するかは，クライエント側が決めることだといえます。そこで援助過程の進行に合わせて，クライエントに質問をするように促し，それに応じて有用なフィードバックを返していくという教育的な方法をとってみるもよいでしょう。具体的には，対象となっている問題についての評価，あるいは問題への介入の方法についての質問を受け，それに答えていくという教育的な方法をとることは，援助者

の訓練にもなります。なお，クライエントの質問に答えていくことは，援助の初期段階には特に重要となります。というのは，援助過程がどのようなものかをクライエントに教示することは，初回面接だけで完了できないからです。その後，初期段階の数回にわたって継続して行わなければならない課題となります。

　援助専門職には，重要な事実と採用する援助方略については，隠さずにわかりやすくクライエントに説明する責任があります。クライエントとの信頼関係を築くために最もよい方法は，援助の初期から隠し事をせず公明正大であることです。クライエントとカウンセラーとの間の援助関係がいかに重要かということを知れば知るほど，クライエントは，カウンセリング経験から学ぶことが多くなります。クライエントは，カウンセリングとはどのようなものかを自らの経験から次第に理解するようになります。したがって，十分な情報が与えられることで，クライエントは積極的になり，援助関係における責任を援助者と共有できるようになるものなのです。

　守秘義務　援助関係は，信頼を基礎として築かれるものです。クライエントが援助者を信頼していなければ，意味ある自己開示や自己探求はできません。信頼感は，クライエントがどれだけ確実に秘密保持が保証されていると感じるかによって見積もることができます。

　クライエントには，援助関係において守秘義務が遂行されるように要求する権利があります。しかし，援助者の責任にも限界があります。クライエントの秘密を守る義務は，絶対的ではありません。そこで，どのような時に守秘義務を破るべきかについての倫理感覚を磨いておく必要があります。

　守秘義務に関する倫理では，クライエントと援助専門職との関係は個人的信頼感に基づくものであり，クライエントは，そこで開示したプライバシーが守られるように要求する権利があることが前提になっています。信頼関係が形成されると，クライエントは，社会的に認められない種類の秘密を打ち明けても守られるといった保証を望むようになってきます。しかし，その中には，法的に許されない事実などが含まれている場合があります。それは，守秘義務の範囲を越えることになります。そこで援助者は，守秘義務の限界に関わると思われる状況について，倫理的な側面や法的側面から事前に話し合っておくことが必要です。

　米国では，州によっては守秘義務を維持できない特定の状況を法律で定めているところもあります。一般的なガイドラインで示されている例としては，クライエントに自傷他害の恐れが明白に差し迫っている場合があります。そのような場合には，援助者は情報を明らかにしなければなりません。しかし，そのようなこ

とが法律で定まっていない地域もあります。特にそのような地域では、法律を盾に守秘義務を破ることができませんので、ほかの選択肢をとることもあります。

近親相姦や児童虐待を発見した場合には、その事実を報告することは法的な義務となります。援助専門職であれば、通常、虐待の兆候を査定する方法を学んでいますので、児童虐待や放置の疑いが生じた場合には、それを報告するように倫理的、法的に義務づけられています。したがって、援助専門職は、児童虐待の存在が疑われた場合、適切にそれを報告する手続きを知っていなければなりません。米国においては、児童虐待や放置によって身体が傷つけられている場合、それを報告することはすべての州で義務づけられています。

児童虐待に関する場合や他人をひどく害する恐れのある場合に加えて、クライエントが自分自身を傷つけそうな場合にも対処行動をとるよう求められます。例えば、クライエントが自殺を計画している場合、仮にそのクライエントが誰にも知らせないでほしいとあなたに頼んだとしても、あなたは単にこの状況を見過ごしてはならないのです。ヒューマンサービス関連の専門職は、訴訟を受けた場合、弱い立場にあります。守秘義務の扱いが不適切であった場合、裁判では負けることが多くなります。したがって、あなたは、援助専門職として法律を学び、それに従い、そして専門領域の倫理原則に常に注意を払うようにすべきです。倫理規定を単純に適用できない倫理的ジレンマに相当する状況に対処する際には、その領域の専門的組織から有益な情報を得ることができます。

このように、守秘義務に関連する問題については的確な判断が必要となります。そこで以下の事例を提示しましたので、あなた自身、援助専門職として事例に関わっているという立場で、その状況に取り組んでみてください。それを参考として守秘義務に関連する問題に対処する際の考え方について検討してみましょう。

事例　1. 児童虐待：地域の心理援助機関に2人の少女が伯母に連れられて来ました。伯母は、少女たちをそれまでの数カ月間、保護していました。11歳の少女は比較的話をしましたが、もうひとりの13歳の少女は沈黙しがちでした。あなたは、少しずつ、これまでどのようなことがあったのかなど彼女たちの話を聴いていきました。すると次第に、複数の伯父や伯母たちと同居していたこと、彼女たちに淫らに触ろうした伯父がいたこと、彼女たちをひどく叩く伯母がいたことなどがわかってきました。11歳の少女は、叩かれた後に姉が自殺を図ったことを語りました。あなたはこの少女たちを援助しようとした場合、どのような行動をとるでしょうか。それは、どのような理由からでしょうか。あなたは、自分が働いている地域にある児童保護施設の電話番号を知っていますか。

2．家出の計画：ある学生が研修生として小学校のスクールカウンセラーをしています。彼女は，子どもたちに「ここでの話は，すべて秘密にするからね」と言っていました。ある日，ある男の子が家出をしようと思っていると言い，その詳細な計画について打ち明けました。その研修生は，子どもたちに守秘義務に例外があることを伝えてなかったので，どうしたらよいかわからなくなりました。もし彼女がその男の子の家出のことを報告したら，男の子は裏切られたと感じるでしょう。もし報告しなかったら，彼女は両親に通知しなかったことで不正行為に問われるかもしれません。この状況で彼女があなたの所にアドバイスを求めに来たとしたら，あなたはどのような提案をするでしょうか。

3．学生が守秘義務を破った場合：あなたは地域のメンタルヘルス機関の研修カウンセラーで，週1回の事例検討会にメンバーとして参加しています。ある日，あなたは，その事例検討会に参加している数人の実習生たちとレストランで昼食をとっていました。その時，実習生が，自分たちの事例について事細かに話し始めました。クライエントの名前や詳しい事情をレストランの他の客に聞こえてしまうくらいの大声で話し始めました。この状況であなたはどうするでしょうか。

援助専門職にはさまざまな組織がありますが，いずれの組織の倫理規定でも，以下に示すように援助関係において秘密を守ることの重要性を明示しています。ただし，それらは，単に秘密を守ることの重要性だけでなく，秘密厳守については条件があり，その点で守秘義務には限界があることも明示しています。

　ヒューマンサービスに関わる専門職は，クライエントのプライバシー保護と守秘義務の権利を守らなくてはならない。しかし，クライエントに自傷他害の恐れが生じた場合や，その機関のガイドラインが法律（例えば地方，州，連邦政府の法律）と判断を異にし，しかも法律に従わなければならない場合などは，守秘義務の例外に相当する。専門職は，援助関係が始まる前に守秘義務の限界について伝えておかなければならない（NOHSE, 1995）。

　クライエントの行動によって自傷他害の危険が疑われる時は，ヒューマンサービスの専門職は，個人の安全を守るために，専門的な方法によって適切な行動をとらなくてはならない。この行動には，コンサルテーションやスーパービジョンを受けること，そして（あるいは）守秘義務を破ることも含まれる（NOHSE, 1995）。

　ソーシャルワーカーは，専門的にやむをえない理由がある場合を除いて，サービスの過程で得たすべての情報について守秘義務を守るべきである。例外として，ソーシャルワーカーの守秘義務を維持することが適切でなくなる場合とは，一般的に次のような事態である。それは，重大な危険がクライエントや他者に差し迫っていることが

予測でき，その危険が及ぶのを防ぐために報告が必要となっている場合，あるいは，法律などの規則によってクライエントの同意なしに報告が強制的に求められる場合である。そのような場合には，ソーシャルワーカーは，報告すべき理由に直接関連する情報のみに絞り，必要最小限の守秘情報のみを明かすべきである（NASW, 1996, 1.07.c.）。

　カウンセラーは，カウンセリングの開始時において，およびその過程においても必要に応じて，クライエントに守秘義務の限界について伝えなければならない。そして，守秘義務を破らなくてはならない状況については，早めに予測して対応すべきである（ACA, 1995, B.1.g.）。

　守秘義務には限界があります。しかし，援助専門職は，敬意をもってクライエントの話を聞き，その情報をクライエントの利益のために使わなくてはなりません。あなたは，クライエントのことやクライエントの秘密を話題にしたいという誘惑にかられるかもしれません。とりわけ他人がいつもあなたのしていることに興味をもっていればなおさらです。面白い話ができれば，あなたはよい気分になるということもあるでしょう。また，クライエントの話に圧倒されて，ひとりでは担いきれないと思った時，話すべきではないことも他人に話してしまうかもしれません。

　このような誘惑があるかもしれません。しかし，あなたは，援助専門職である以上，クライエントについて話す場合どのようにしたらよいのか，そしてクライエントのことをどこかに報告する場合，守秘義務のルールを破らずに報告するにはどのようにしたらよいのかを学ぶ必要があります。もちろんクライエントは，守秘義務が絶対に保証されるものではないことを知っておくべきではあります。しかし，法律によって情報を明かさなくてはならない場合や専門的な必要がある場合を除けば，援助専門職は秘密を漏らさないということをきちんと保証すべきです。

　守秘義務については，援助関係の開始時にクライエントとの間で話し合っておくべきです。また，援助過程の途中でも，必要に応じて話し合われるべきです。HerlihyとCorey（1996b）では，守秘義務について，以下の事柄をクライエントと話し合っておくことが望ましいと述べています。

- 援助関係において，守秘義務は保たれる。ただし，それは，ある特定の情況を除いてである。ある特定の情況においては，クライエントにとって最善の援助を提供するという観点から，守秘義務を越えて第3者に情報を伝えることが許される

場合がある。特定の情況とは次に示す場合である。
- 守秘情報は，クライエントが望む場合，あるいはクライエントが許可する場合には他の援助専門職に伝え，情報を共有することがある。
- 援助専門職の守秘義務は，絶対的ではない。法律や社会的道義といった他の社会的義務が，援助関係における守秘義務に優先される場合がある。例えば，誰かの命に関わるような危機的事態においては，守秘義務を破ることが要請される。
- クライエントが未成年の場合，家族やグループのカウンセリングの場合には，守秘義務は保証されない。

結婚・家族カウンセリングにおける守秘義務

夫婦や家族を援助する場合，守秘義務は独特の意味をもってきます。援助専門職の中には，ある家族メンバーからどのような情報を得たとしても，ほかのメンバーには絶対に漏らしてはならないと主張する者もいます。逆に，家族の中で秘密を作ることはすべきでないという意見をもつ者もいます。家族メンバーがお互いにオープンになるのを援助するためには，秘密をもつのは好ましくないというのが，そのような人たちの見解です。そのような見解をもつ人たちは，すべての秘密を明るみに出すよう促します。したがって，あなたが夫婦や家族の援助をする場合，そこで聞いた秘密をどのように扱うかについて，あなた自身の方針を決めておくことが重要となります。そして，夫婦や家族との援助関係を開始する前に，あなたの方針を伝えておくことが必要となります。

事例 オーエンは，結婚前から個人面接を受けていました。結婚後には妻のフローラも面接に数回参加し，夫婦カウンセリングを受けました。オーエンは妻の参加しない面接で，数カ月前に同性愛関係があったことをカウンセラーに打ち明けました。彼は，離婚されるのが怖くて妻にはそのことを隠しています。その後，カウンセラーが2人に会った時，フローラが「夫に無視されているように感じている。夫が本当に結婚生活がうまくいくように努力しようとしているのかどうか疑わしい」と不満を述べました。彼女は，「夫が結婚生活を続けたいという気持ちになり，夫婦の困難を乗り越えられるよう努力することが確認できるまでは，夫婦カウンセリングを続けたい」と希望しました。カウンセラーは，オーエンが陥った困難な事態は同性愛関係に起因していることをわかっています。カウンセラーは，夫婦面接ではそのことについて言わないことにしました。そして，そのことに言及するかどうかは，夫の決定に任せることにしました。

- このような事態において，カウンセラーが行った倫理的判断をどう思いますか。
- あなたが同じような状況にあったら，どのようにするでしょうか。

- オーエンが「自分はAIDSに罹っているのではないか。そのことが心配でならない」と打ち明けた場合を想像してみてください。あなたは，どのようにするでしょうか。あなたは，このような情報を夫が妻に隠すことをどのように考えますか。深刻な倫理的問題と考えますか。この事例のような場合，守秘義務を破り，何も知らない妻に警告し，彼女を守る義務を優先すべきでしょうか。

グループ・カウンセリングにおける守秘義務

グループ・カウンセリングにおいてリーダーの役割をとったことのある人ならば，グループにおける守秘義務については特別な配慮が必要なことは理解できると思います。具体的には，倫理的観点，法律的観点，専門的観点から守秘義務について考慮しなければなりません。守秘義務の限界を伝えることは個人面接においても必要ですが，グループという場においては，さらにその点を明確にしていかなければなりません。グループ内で多くの人が情報を共有するため，グループにおいては守秘義務を保証できません。したがって，そのことを，まずグループのメンバーに伝えておかなければなりません。

もちろんグループのリーダーは，守秘義務の重要性をグループのメンバーに伝え続けなければなりません。しかし，それと同時に，メンバーの誰かがグループで共有されている情報を不適切にグループ外の人に話をしてしまう可能性もあることを知らせておく必要もあります。リーダーはメンバーに働きかけ，守秘義務が破られる可能性を感じているならば，遠慮せずにそのことを話題にするよう促すことが必要となります。もし，メンバーから自分たちの責任として守秘義務について話し合いたいという申し出があれば，自由に話し合えばよいでしょう。

あなたがもうひとりの援助専門職と協力して，2人でグループのリーダーを務めているとしましょう。グループのメンバーから，「グループでどのようなことを話しても，情報がグループ外に漏れることがないという保証がほしい。しかし正直言って，このグループでそのような秘密保持が守られるのか心配である。それで，このグループに参加することに躊躇する気持ちがある」という意見が出されたとします。あなたはメンバーの心配にどのように対処するでしょうか。

警告し，保護する義務

守秘義務に関しては，裁判所が例外を設定しています。それは，裁判所がクライエントに自傷他害の恐れがあることを判断する正当な根拠がある場合です。そのような場合，メンタルヘルスの専門職は，守秘義務を破り，危険が及ぶ可能性のある人を保護する義務が生じます。つまり，あなたが援助専門職であるならば，クライエントの秘密を守る倫理的義務がある一方で，クライエントや他者を守る必要がある場合には秘

守の厳守を破る法的義務もあるのです。次のような状況を考えてみて下さい。

事例 大学の学生相談センターに新しいクライエントが来談したとします。彼は，子どもの頃に父親からひどい虐待を受けていました。そして今は，そのことで父親に強い恨みをもっていると語りました。彼は，そのことで父親を殺すと脅しており，あなたに銃を持っていることを告げました。さて，あなたはどうするでしょうか。

援助専門職には，危険の恐れがあるクライエントから人々を守る義務と，クライエント自身を守る義務という二重の義務があります。最近の判例に照らし合わせてみると，メンタルヘルスの専門職は，このような二重の義務の存在をますます意識せざるをえない状況になってきています。暴力的になる恐れのあるクライエントから人々を守る義務の中には，市民社会にダメージを与えてしまう場合の責任も含まれます。専門家が危険性を予知できなかったり，暴力行為で犠牲者が出る可能性を警告しなかったり，危険な人物に対処しそこなったり，危険性が残っているクライエントを早々に退院させてしまったりすれば，それは，暴力的になる恐れのあるクライエントから人々を守る責務を果たさなかったことになります。

HIVの問題 警告することで他者を保護する援助専門職の責務に関して，議論の的となっている倫理的ジレンマのひとつに，HIV陽性のクライエントと関わる場合の問題があります。HIV陽性のクライエントと関わる場合には，援助専門職として，秘密が厳守されなければならないというクライエントの権利と，第三者がクライエントのHIVについて知る権利との間のバランスをとることが必要になるからです。ACA倫理規定（1995）では，致死性の高い伝染病の患者と関わる場合の援助専門職の役割について新しい基準が追加されています。

　　クライエントが致死性の高い伝染病にかかっているとの情報を確認し，しかもそのクライエントとの関係から病気が伝染する危険が高いと判断された他者がいる場合，カウンセラーは，クライエントの病気に関する情報をその他者に明らかにしても正当化される。なお，カウンセラーは，その情報を他者に明らかにする前に，クライエントが病気のことをその人にまだ話しておらず，近い将来も話すつもりがないことを確認すべきである（B.1.d.）。

現時点では，法的には，病気についての警告をする責務はありません。法的義務として問題を解決するためには，裁判所の判断が必要となります。そのため，HIV陽性のクライエントを援助する専門職は，裁判所の判断があるまでは，倫理的にどのような行動をとるべきかの判断に迷わざるをえない事態に直面すること

になります。誰が特に危険な状態であるのかの査定や，HIV罹患者と親密な関係にある人に伝染する危険性がどの程度差し迫ったものかの評定は，難しい作業です。秘密を明かすことは，慎重に判断されなければなりません。クライエントが病気について親密な相手に話しておらず，しかもその後も話すつもりがない場合にのみ，援助専門職は秘密を相手の人に明かすべきです。致死性の高い伝染病に関するACAのガイドラインでは，カウンセラーに守秘義務を破る許可を与えています。しかし，警告する責務があるとは述べていません。そのため，このような中途半端な規定では，不正行為として訴えられた場合にはあまり役に立たないと思われます（Herlihy & Corey, 1996b）。このことと関連して，法律と倫理との間で葛藤が生じ，援助専門職が難しい局面に立たされる事例を示します。

事例 ある男性クライエントは，自分がHIV陽性であることを告白しました。しかし，パートナーあるいはパートナーたちとの性行為については何も語りませんでした。面接が進み，性的関係をもっているのはひとりではなく複数いること，しかもその中のひとりは彼の病気について知らないことを打ち明けました。彼は，そのパートナーとはしばらくの間，避妊せずにセックスをしていたので，今になって自分の状態を明かしても意味がなく，ましてや今さら性行為を改めても，すでに手遅れだと考えていました。

次の問について考えてみましょう。あなたは，この事例にどのように対応するでしょうか。あなたの行動を決めるのにACAガイドラインはどれほど役立つでしょうか。あなたは，面接の当初，インフォームド・コンセントの一環として情報を他者に明かす可能性があることを伝えていますか。伝えているとしたら，なぜそのようなことをするのでしょうか。あるいは，伝えていないとしたら，なぜそうしないのでしょうか。あなたは，この事例に類似した状況において，倫理的責務と法的責務についてはどのように考えますか。倫理的行動と法的行動との葛藤をどのように解決しますか。最善の判断をするためには，どのようにするのがよいでしょうか。

自傷行為の場合 援助専門職には，他者に警告し他者を危険から守る責務に加えて，自らを傷つける恐れのあるクライエントを保護する責務もあります。援助専門職の多くは，自殺企図が疑われる十分な理由がある時には，守秘義務を破る倫理的責任および法的責任があることをクライエントに伝えます。クライエントが自分の人生は自分の自由だという態度をとるとしても，援助専門職はクライエントを保護する法的義務があります。問題は，クライエントが本当に自殺を図

りそうな時を見極めることです。

　自殺予防についてはさまざまな立場があります。Fujimura, Weis and Cochran (1985) は，援助者が危機状況を認識し，評価し，そこに効果的に介入することを学んでいれば，たいていの自殺は防止できると主張しています。危機状況にあるクライエントの多くは，一時的に絶望はしています。しかし，目下の問題に対処する方法についての教示を受ければ，自殺の可能性は大幅に減ると考えています。したがって，メンタルヘルスの専門職は，クライエントが深刻な危機状態にあると判断したら，適切な対処行動を起こすべきということになります。逆に，自殺防止のために適切な行動ができなかった援助専門職は，その責任を負わなくてはならないということになります。

　Szasz (1986) は，自殺予防について反対の立場を取っています。彼は，自殺は道徳的行為であり，最終的にその責任を負うことのできるのは本人だけだと考えています。そのため，入院などの強制的な自殺防止方法に反対しています。また，彼は，無理矢理に自殺を防止しようとすることによって，援助専門職は，基本的には警察権力と組んで強制力を行使することになるとも主張しています。確かに，自殺を予防されることで，結果的にクライエントは自分自身の行動への責任を奪われてしまうことになります。Szaszは，希死念慮やその傾向をもつクライエントが専門的な援助を求めて来る場合，援助専門職には，それに応えて援助を提供する倫理的義務と法的義務があることには同意しています。しかし，援助を求めていない，あるいは援助を積極的に拒否しているクライエントに対して，援助専門職は，援助を受け入れるように説得するか，あるいは放っておくかどちらかの義務があるという立場をとっています。

　クライエントには，自分の人生をいつ，どのように終えるかを決定する権利があるとの立場を擁護する者もいます。しかし，専門的組織の倫理規定では，援助専門職は自殺予防の試みを積極的にしなければならないということで意見が一致しています。Wubbolding (1996) は，希死念慮のあるクライエントに関する論文で，カウンセラーは自殺の恐れのあるクライエントとの関わり方を知る必要があると主張しています。カウンセラーには，自殺予防については最高水準の倫理的な判断が求められるとも述べています。Wubboldingは，自殺の可能性を査定し，介入が必要な状態かどうかを判断するための6つの質問を提案しています。

1．自殺を考えていますか。
2．過去に自殺未遂したことがありますか。

> 3．自殺の計画がありますか。
> 4．自殺の方法を考えていますか。
> 5．一定期間は自殺せずに生きるということを約束できますか。突然，あるいは故意に自殺したりはしないという約束ができますか。
> 6．自殺するのを思いとどまらせてくれるような親しい人はいますか。死にたくなった時に相談できる人はいますか。

　Wubbolding（1996）は，クライエントが自殺を真剣に考えておらず過去に自殺未遂をしたことがなく，具体的な計画や方法も存在せず，自殺をしないとの約束をきちんとできるならば，自殺の可能性は低いと述べています。そのような場合，介入の緊急性は弱くなります。逆にクライエントが，一定期間は生きてみてほしいという提案に同意しないのであれば，面接場面を越えて何らかの介入行動をとる倫理的責任が出てくることになります。その際の介入の方法には，親，配偶者，精神科医，その他のクライエントにとって重要な人に事態を知らせることが含まれます。

> **事例**　うつ状態のクライエントが，「すべてを終わりにしたい」と告白しました。彼は，援助者に「あなたを信頼しているからこそ，このことを話題にしたんです。だから，他の誰にも言わないでください」と頼んできました。彼は，どれほど自分が絶望的な気分かを話したくて，面接にやってきていました。その気持ちを援助者であるあなたにわかってほしい，さらに最終的にはどんな決断をしても受け入れてほしいと思っています。あなたは，彼に何と伝えるでしょうか。そして，あなたは，このような事態にどのように対処していきますか。

クライエントの自律性を尊重する

　おそらくクライエントの最も基本的な権利のひとつとして，援助者によって自らの自律性（autonomy）が護られるということがあるでしょう。ところが，援助者は，微妙にクライエントの依存的な態度や行動を助長してしまいがちです。例えば，援助者は，クライエントが自ら方針を見出すのを援助するのではなく，クライエントに代わって判断を示したりすることがあります。その結果，クライエントは，自らの行動および行動を変化させることに対してほとんど責任を取らなくなってしまいます。援助専門職の倫理規定では，多くの場合，援助者がクライエントとの間に依存関係を作らないよう警告しています。仮にクライエントがあなたに依存的になっているとしても，あなたがその依存性を助長するならば，クライエントの成長を阻害することになり，それは倫理的な問題となるのです。あ

なたは，クライエントの依存的態度をどのくらい助長しているでしょうか。あるいは，自律的態度をどのくらい促進しているでしょうか。あなた自身のあり方について知るために，以下の問いに答えてみてください。

- 私には，事例を終結するのが苦手という面はないだろうか。クライエントを"失う"という感覚をもってしまい，終結するのが難しくなることはないだろうか。収入が減ってしまうことを心配しているだろうか。
- 私は，クライエントが援助者を必要とする以上に，クライエントを必要としていないだろうか。私には，クライエントに必要とされたいという欲求がないだろうか。クライエントが自分に依存を示してきた時に，有能感を感じるということはないだろうか。
- 私は，クライエントが自分でできることを実行するように援助しているだろうか。クライエントから簡便な解決法や解答を求められた場合，それに答えたくないと感じることはないだろうか。クライエントが切羽詰って解決法を求めてきても，それに答えたくないと思うことはないだろうか。
- 私は，どの程度クライエントに自分自身で答えを見出すように援助しているだろうか。
- 私は，自分の力を維持するために，援助過程を神秘的なものにしていることはないだろうか。援助過程がどのようなものかについて，クライエントにしっかりと説明しているだろうか。

　援助者の中には，クライエントの，自分への依存性を助長し，それによって自分が重要人物であると感じようとする者もいます。そのような援助者は，自分が全能であり，クライエントの人生を導くことができると確信しています。要するにクライエントの依存欲求を利用して有能感を得ているのです。クライエントが無力な役割を演じて助けを乞うならば，こうした援助者はすぐに問題解決法を教えてしまうでしょう。このような行動は，結局はクライエントの助けにはなりません。それでは，クライエントが自分の足でしっかりと立ちたいという気持ちを弱めてしまうことになるからです。

　援助専門職としてのあなたの仕事は，結局はクライエントがあなたを必要としないようにもっていくことです。つまり，クライエントがあなたの力を頼らずに，自分の力を頼りにできるように援助することが，援助専門職の主な仕事となるのです。クライエントの依存を強めることは，クライエントが援助者から独立して自分自身でやっていくことを信じないと言っているようなものなのです。

6 クライエントとの専門的関係を維持する
二重関係についての議論

　倫理規定は，クライエントとの間に二重の，あるいは多重の関係を作ることに注意するように促しています。二重（多重）関係は，専門的援助関係を効果的に維持するのを阻害する関係と定義されます。そのような関係は，援助専門職が援助を必要とする人との間で2つ以上の役割を同時にあるいは継続して引き受ける場合に起こります。援助専門職が，自らのクライエント，学生，スーパーバイジーのうちの誰かと，他の異なる関係をもったならば，それが二重関係ということになります。そうした状況では，利害関係の問題が起きてくる可能性が高くなります。また，援助を求める人を搾取してしまう可能性は無視できません。倫理ガイドラインでは，二重関係について以下のような例を挙げています。参考にして下さい。

　　カウンセラーは，クライエントにとって優位な立場にいる。そのことを認識し，クライエントの，カウンセラーへの信頼と依存を利用しないようにすべきである。二重関係は，カウンセラーの専門的判断を損ない，クライエントに危害を与える可能性を高める。したがって，カウンセラーは，二重関係を何としてでも避けなくてはならない。（二重関係の例としては，クライエントとの家族関係，日常的関係，金銭的関係，ビジネス関係，個人的に親密な関係等々が含まれる。）二重関係が避けられない時には，カウンセラーは，専門的な観点から注意深く行動することが求められる。具体的には，インフォームド・コンセント，コンサルテーション，スーパービジョン，記録に残す等の方法を用いて，専門的判断が反故にされたり，不適切な搾取が起きたりしないことを保証する措置をとらなければならない（ACA, 1995, A.6.a.）

　NASWの倫理規定（1996）は，不当な搾取やクライエントに危害が及ぶ可能性に関与する要因に焦点を当てています。

　　ソーシャルワーカーは，クライエントや過去のクライエントとの間に二重，多重の関係をもってはならない。クライエントを不当に搾取したり，害したりする危険性があるからである。二重，多重の関係が避けられない場合には，ソーシャルワーカーは，クライエントを守る手段を取るべきである。専門的援助関係とは異なる関係の条件を明確に設定し，文化の違いにも細かな配慮をした上で，その限界を規定すべきである（NASW, 1996, 1.06.c.）

　NOHSEの倫理基準（1995）は，援助専門職とクライエントの力関係と地位の

違いに焦点を当てています。

　ヒューマンサービスの専門職は，クライエントとの関係において力と地位が不平等であることを認識すべきである。不平等な関係であるので，二重，多重の関係を結ぶことによって，専門職にある者が，クライエントを害したり不当に利用したりする危険性が増し，専門的判断が損なわれる。したがって，不平等な関係を認識することで，二重，多重関係の危険性を認識できるのである。ただし，地域や状況によっては，クライエントとの日常的場面における接触や非専門的接触が避けられない場合もある。そのような場合には，それがクライエントを害したり，不当に利用したりする関係にならないように注意しなければならない。いずれにしろヒューマンサービスの専門職は，専門的判断を損ない，クライエントを害したり不当に利用したりする危険性のある二重関係は避け，援助関係において暗黙の前提となる信頼感を維持しなければならないのである（NOHSE, 1995）。

　援助専門職は，倫理的観点から二重関係の問題にますます注意を払うようになってきています。1980年代には，性的な二重関係の問題が専門誌ではかなり注目されていました。現在では，性的関係を含む二重関係をもつことは，倫理に反することはすでに明らになっています。さまざまな専門的組織において，倫理規定でそのような二重関係を禁止しています。1990年代には，性的関係のない二重関係や多重関係の問題が注目を集めてきました。性的関係のない二重関係や多重関係は，さまざまな種類のものがあります。そのような関係を倫理的観点からどのように判断するかについては，現在のところ，一致した見解は得られていません。

　性的関係のない二重（多重）関係は，複雑な構造をとりやすいといえます。したがって，そのような関係に関しては，倫理的観点から絶対に正しい答えを簡単に出すことはできません。援助専門職は，クライエントと面接する際に，あるいは地域社会において活動する際に，常にひとつの役割だけを担っているとは限りません。また，ひとつの役割しか担わないことが常に理想的だともいえません。多くの場合，援助専門職は，援助関係において多くの役割をもつことでバランスをとっていると考えることもできます。二重関係の例としては，親族や友だちをクライエントとして引き受けることがあります。さらに，自分のクライエントや学生とデートをすること，クライエントと性的に親密になること，クライエントから規定外の見返りを得ること，スーパーバイザーとカウンセラーの2つの役割を兼ねること，クライエントとの間でビジネスの取り引きを行うこと，個人カウンセリングとコンサルテーションの両方を兼ねること等々，客観性を保つのが難

しくなるような役割の兼務が挙げられます。

　HerlihyとCorey (1997a) が示しているように，援助専門職の行動には，それ自体は二重（多重）関係といえなくても，二重（多重）関係を形成する可能性のある行動があります。そのような行動の例としては，クライエントから小さな贈物をもらうこと，クライエントの卒業式の招待を受け入れること，支払いの代わりに物をもらうこと，性的意味合いのない身体的接触をすること等があります。これらの行動は，専門的活動としての枠組みを越えたというよりは，枠組みに懸かる状態だと指摘する研究者もいます (Gabbard, 1995; Smith & Fitzpatrick, 1995)。

　専門的活動の枠組みに懸かる行動は，標準的な活動から外れた何かをしたということです。それに対して枠組みを越えた行動は，クライエントを害する重大な侵害になります。対人関係における枠組みは，流動的なものです。したがって，クライエントとの関係の枠組みは，どのような専門的関係を結ぶかによってその都度定義し直し，組み直されることになります。なお，枠組みに懸かる行動は，クライエントにとって害になるということはないかもしれません。しかし，それによって専門的活動の枠組みが曖昧になり，クライエントを害する二重（多重）関係の発生につながる可能性があることは，心に留めておく必要があります。

　最近の倫理規定の改訂では，二重（多重）関係については，広範囲にわたって具体的な言及をするようになってきています。適切な限界を設けること，利害関係の問題を認識すること，倫理的観点をもって対処することが明確に述べられるようになっています。こうした問題に触れている倫理規定としては，ACA (1995)，APA (1995)，NASW (1996)，AAMFT (1991)，NOHSE (1995) があります。それに加えて，専門職資格認定委員会でも，この問題に取り組むための規約を作成しています。二重（多重）関係の問題に対処するためには，倫理規定の存在がある程度役立ちます。しかし，倫理規定を特定の状況に当てはめ，倫理的推論と判断をしたとしても，それで割り切れない場合が多いといえます。

　これまで述べてきたように，現状としては，二重（多重）関係に関しては見解の一致がみられているわけではありません。援助専門職の中には，二重（多重）関係を禁止するきちんとした法律と倫理規定を求める者もいれば，締めつけは個々の援助者が実践家として培ってきた自信を損なうことになるとする者もいます。いずれにしろ，多くの援助専門職は，すべての二重（多重）関係を避けることはできないと述べています。また，二重（多重）関係が必然的に危険で，非倫理的で，非専門的なものというわけでもないと述べています (Herlihy & Corey, 1997a)。

このことは，特に僻地の小さな町などで当てはまります。地方にいけば，援助専門職は，どうしても多重関係に巻き込まれる可能性が高くなります（Sleek, 1994）。その土地の薬屋，医者，機械工，銀行員，大工，美容師などがクライエントになり得るからです。しかも，地方の援助専門職は，その地域の商店街などでクライエントに出会ってしまうこともあります。他の人がいる前で挨拶をして，クライエントと顔見知りであることを認めてしまってもよいものかどうか迷うところです。商工会議所のような地域の組織に属していたり教会のメンバーになったりすると，自分のクライエントがメンバーの一員で会ったりします。そのような場合，どのように対応するかは難しいところです。地方では，援助専門職が複数の役割をとるのが通常のあり方です。そのため都会で活動をしている同僚に比較すると，はっきりした線引きをすることの難しさを多く経験することになります。そこで，倫理的観点から二重（多重）関係を評価する際には，実践の場が都会か地方かということを考慮しなくてはならないでしょう。

　以上みたように，二重（多重）関係に関してはさまざまな見解があります。しかし，カウンセラーと従業員の役割を兼ねたり，カウンセラーと恋人の役割を兼ねたりすることが不適切であるという点については，ほとんどの援助専門職が同意するところです。援助専門職が複数の役割を担う時にはいつでも，利害関係のぶつかり合い，客観性の喪失，クライエントの搾取などの危険性が出てきます。このような二重（多重）関係の弊害については，回避できるものもあれば，回避することが難しいものもあります。いずれにしても，援助専門職は，倫理的であることを重視する限り，クライエントの利益を常に優先することを保証するように注意を怠らないことが必要となります。HerlihyとCorey（1997a）は，援助専門職が2つ以上の役割を引き受ける場合のガイドラインとして，以下のような項目を示しています。

- 援助関係を結ぶ当初から，健全な枠組みを形成するようにしましょう。インフォームド・コンセントとしてクライエントに渡す文章の中に，専門的援助関係は日常的関係やビジネス関係とは異なることを明示し，二重（多重）関係についての方針を伝えるようにしましょう。
- クライエントとの協働作業として，専門的援助関係の枠組みを設定するようにしましょう。クライエントが援助専門職としてあなたに期待すること，あなたが援助専門職としてクライエントに期待することを話し合った上で，専門的援助関係の枠組みを設定するようにしましょう。
- クライエントとの間で2つ以上の役割を担っている場合には，インフォームド・

コンセントが欠かせません。クライエントは，二重（多重）関係に伴うリスクの可能性について知る権利があります。援助過程においては，二重（多重）関係の可能性について，その都度クライエントに伝え，今後起こり得る問題と葛藤について話し合い，インフォームド・コンセントをして援助を進めていくことが必要となります。
- 同僚によるコンサルテーションは，客観的な見方を得たり，予期できない問題を見極めたりするのに最も役立ちます。あなたが2つ以上の役割を取っていたり，二重関係にあったりする場合には，定期的に同僚に相談するのがよいでしょう。
- 二重（多重）関係が特に問題になる時やクライエントを害する危険性が高い時には，スーパービジョンを受けて活動することが最善の方法です。
- 援助専門職を教育したりスーパーバイズしたりする立場にある者は，二重（多重）関係に関連する問題を学生と話し合っておくことが必要です。具体的には，力関係のバランス，援助関係の枠組み，適切な限界設定，援助関係の目的，権力の濫用などの問題にどう取り組むかについて話し合っておくことになります。また，多重役割や役割葛藤によって，微妙なものであってもクライエントに何らかの被害が生じる場合には，それにどう対処するかといったテーマの話し合いも重要となります。
- 法律の観点からは，クライエントと二重（多重）関係について話し合った記録を文書で残すのがよいでしょう。あなたが援助専門職として危険を回避するためにとった行動も，すべて書き留めておきましょう。
- 必要であればクライエントを他の専門職にリファーしましょう。

性的関係のない二重関係については，今後も議論が続くことになるでしょう。この問題について，HerlihyとCorey（1997a）は，次のように指摘しています。

　複雑な倫理的問題に関しては，完全な同意に至ることはあり得ないかもしれない。また，同意に至ることが理想的ともいえない。その点で，倫理規定には限界があるともいえる。しかし，私たちは，倫理規定の限界を踏まえた上で，知り得る限りの知識を駆使して，援助専門職として誠実に自らの姿勢を明らかにし，自らの実践ガイドラインを開発する努力を怠ってはならない。

HerlihyとCorey（1997a）は，援助専門職が二重（多重）関係の問題に直面した時に適用できる意志決定のモデルを提案しています。それは，二重（多重）関係の可能性が避けられない場合は，①クライエントにインフォームド・コンセントをきちんとする，②コンサルテーションを受ける，③活動を記録し，モニターする，④スーパービジョンを受ける，というものです。もし，その二重（多重）関係を避けることができるのであれば，援助専門職は，まず該当事例にとっての

利益とリスクの可能性を評価します。そして利益がリスクよりも大きいとしたら，その関係は正当化できます。しかし，リスクが利益よりも大きいならば，援助専門職はその関係を断り，クライエントにその理由を説明し，他の専門職へのリファーを提案するのが順当な判断ということになります。なお，二重関係が避けられない事例でも，その援助過程で他の選択肢を利用することはあり得ます。そのような場合においても，同様に上記の手続きを踏むことになります。

　次節以下では，特定の二重関係を取り上げ，そこで生じる問題をみていくことにします。読者の皆さんは，そのような関係において一般的に問題となるテーマと，それに対処するためのガイドラインを学ぶと共に，それを個々の具体的状況に当てはめて考えてみて下さい。ひとりのクライエントに対して，あなたが複数の役割をとったことで混乱が生じ，その結果，倫理的ジレンマが生じたとしましょう。あなたは，そうした倫理的ジレンマを解決するために，どのような対処法をとるでしょうか。このような事態に直面した場合，あなたが参考とするガイドラインは，どのようなものでしょうか。このような点を自問しつつ，以下の節を読み進めてください。

専門的関係と個人的関係との二重関係

あなたは，あるクライエントに非常に魅力を感じていたとしましょう。そのクライエントから「友だちになりませんか」言われたならば，個人的な交友関係を結びたくなることもあるかもしれません。もし，あなたがそのクライエントのことが好きで，しかもあなたにはあまり友だちがいなかったとすれば，この誘惑は特に強力になります。援助専門職として心理援助の枠組みに関する限界設定についてクライエントとしっかり話し合った経験のない者は，クライエントとの間で日常的な交友関係をもってしまう過ちを犯しがちです。そのような援助者は，クライエントに対して「個人的な交友関係をもつことはできません」と伝える際に，クライエントが拒否されたという感情をもってしまうのではないかと心配します。そして，自分はそのような感情を扱うことはできないと考え，不安になります。さて，あなたの場合はどうでしょうか。

　クライエントとの専門的関係と個人的関係のバランスをとることは，まさに危ない橋をわたるようなものです。クライエントが援助者と個人的関係をもちたくなるような誘惑的刺激を与えないようにしなければなりません。そのような刺激を与えることは，援助専門職としてあえて危険を冒すことです。特にクライエントとの個人的関係が問題となりやすいのが，専門的援助を終え，クライエントと別れる時です。あなたは，その時にクライエントと別れるのが難しいと感じるか

もしれません。また，仮にクライエントとの二重関係において，あなたが客観性を維持できたとしても問題は残ります。二重関係をもつことで，問題への直面化と心理的なサポートをバランスよくクライエントに提供できるということもあるかもしれませんし，二重関係がクライエントの回復へのよい刺激になるということもあるかもしれません。しかし，あなたにとってはそのようなことが可能であっても，クライエントにとっては2種の関係を別々にしておくことは困難なのです。

　二重（多重）関係を考えるポイントとして，援助者の理解とは別に，二重（多重）関係は必ず不平等な関係に結びつくということを忘れてはなりません。援助者がどのように考えようとも，二重（多重）関係は，上下関係などの不平等な関係になっていくのです。二重関係として，あなたがクライエントと友人関係を結んだとしましょう。その場合，そのクライエントであり友だちである人は，あなたが専門職として時間と配慮を注ぐことに対して費用を支払っているのです。それは，平等な関係とはいえません。たとえ料金がかかっていないとしても，そこでの関係は，平等とはいえないのです。なぜならば，あなたは，相手の人に耳を傾け，アドバイスを与え，現実に直面するように援助しているからです。平等な関係とは双方が与え与えられるものであり，本来の友人関係とは，そのような平等な関係でなければならないのです。

　援助専門職がクライエントとの間で日常場面において社会的つながりをもったり，時には友人関係を形成したりすることはあります。そのような関係が倫理的に考えて適切であるか否かを判断するためには，さまざまな要因を検討しなくてはなりません。そのような場合，援助者は，「日常場面での社会的関係をもつことが，そのクライエントに有効な援助をする際の妨げにならないだろうか」「友人関係となることで，クライエントが自分と関わりにくくなることはないだろうか」「二重関係をもつことで生じる悪影響を客観的に判断できるだけの距離を保っているだろうか」ということを自問してみるとよいでしょう。なお，このような二重（多重）関係について考える場合に，その援助者が日常生活においてどのような人間関係をもっているのかということも注意しなければならない点です。日常的な友好関係がほとんどなく，クライエントとの個人的な関係がその人の唯一の人間関係であるといった援助者では困ります。その援助者の知り合いのほとんどがクライエントであるといった場合には，助ける役割を担うはずの援助者が，実際には，逆にクライエントに助けてもらっているのではないかという疑いが生じてきます。

事例 あなたは，あるクライエントから「昼食をご一緒しませんか」と誘われました。あなたは，そのクライエントとすでに何回かの面接を重ねてきています。面接室の外で会うことの理由を尋ねたところ，クライエントは，日常場面であなたのことをもっとよく知りたいからと答えました。そして，援助してもらっていることへのお礼の気持ちを伝えるために，ランチをご馳走したいのだとも付け加えました。困ったことに，そのクライエントの相談内容は，人に拒否されることへの恐れでした。クライエントは，今度こそ失敗を恐がらずに挑戦してみようと思ってあなたを昼食に誘ってみたと述べました。あなたは，この場合どのように対応するでしょうか。そのクライエントが同性か異性かによって，対応に違いはあるでしょうか。この件に関するあなたの判断は，クライエントに対するあなたの感情によって左右されるでしょうか。

過去のクライエントと友達になる

現在カウンセリングをしているクライエントとの間で個人的関係と専門的関係を同時にもつことは，どう考えても問題があるといえます。しかし，カウンセリングが終結した後にカウンセラーとクライエントが友人関係になることは問題ないとする研究（Salisbury & Kinnier, 1996）があります。その研究報告によると，調査の対象となったカウンセラーの33％は「終結後5年経ていれば以前クライエントだった人との性的な関係は認められると考えている」とのことです。また，70％のカウンセラーは「終結後2年経てば過去のクライエントとの友人関係は許される」とみなしており，そのうちの33％のカウンセラーは「実際にそのような友人関係をもったことがある」と報告しています。終結後のクライエントとの友人関係はどのような状況ならば認められるのかを判断する際に最も気にかけなければならない事柄は，関係をもつことによってその人を傷つけてしまわないかという点です。SalisburyとKinnier（1996）は，現行の倫理規定では過去のクライエントとの友人関係に関するガイドラインはないに等しいと述べています。その上で，何のためにどのような友人関係が形成されるのか，そしてそのような友人関係が過去のクライエントにどのような影響を与えるのかを調査する必要があると指摘しています。

AndersonとKitchener（1996）は，カウンセラーが過去のクライエントとの間で恋愛や性的関係を含まない関係をもつことに関しては，倫理的にはほとんど一致した見解がみられていないと述べています。クライエントとカウンセラーの関係は，永久に続くと思っているカウンセラーもいます。しかし，AndersonとKitchenerの研究に参加したカウンセラーの多くは，一度クライエントになった

ならば，ずっとクライエントであり続けるといった考え方には賛成しませんでした。この研究では，過去のクライエントとの間で"性的ではない"関係をもつことに関する質問には，大多数のカウンセラーは「終結からある程度の月日が経っていれば，倫理的に問題ない」と答えています。ただし，残りの少数のカウンセラーは，そのような関係が倫理的に問題がない条件として次の2点を挙げていました。ひとつは，過去のクライエントが以前のカウンセラーとの間で専門的な援助関係に再び戻らないことがはっきりしているという条件であり，もうひとつは，そのような関係が他のカウンセラーとのカウンセリングを妨げることがないという条件です。

　過去のクライエントと友人になることは，倫理に反してはいないかもしれません。しかし，実際にはさまざまな問題が生じる可能性があります。長い目で見れば，過去のクライエントは，近い将来友人としてよりも，再びあなたをカウンセラーとして必要とする可能性が高いともいえます。過去のクライエントと友人になってしまうと，そのクライエントはあなたの専門的援助サービスを利用できなくなってしまいます。

　現在の，また過去のクライエントと友人になることについて，あなたはどう思いますか。あなたがクライエントとの間で個人的関係，あるいは日常場面での社会的関係を作りたくなるとしたら，その理由は何でしょうか。現在のクライエント，あるいは過去のクライエントと個人的関係をもつことになるとしたら，その前にそのクライエントとどのような事柄を話し合っておくことが必要でしょうか。

物品やその他の贈与を受けること

　心理療法やカウンセリングを行う代わりに物品を受け取ったり，何らかのサービスを受けたりすることは，問題になる可能性があります。Glosoff, CoreyとHerlihy (1996) は，専門的援助サービスと交換に贈物を受け取ることを二重関係とみなしています。そして，援助者が贈物をクライエントの示す好意として受け取ったとしても，そこにはいくつもの落とし穴があることを指摘しています。クライエントが，カウンセラーの専門的援助サービスの料金を支払うことができない場合，その代償として何らかの物品や活動（例えば，援助者の家を掃除する，秘書として働く，その他の個人的な仕事をするなど）を申し出ることがあります。しかし，その申し出を受けると，クライエントは援助者の私的情報を知ることができるようになり，かえって複雑な立場に立たされることになりかねません。結果的に，このようなことは，援助者とクライエントの関係を妨害することになります。

　贈物をすることは，多くの文化圏で認められている習慣です。しかし，カウン

セリングの活動に関連する贈物は，問題となります。クライエントとしてカウンセリングがあまりうまく進展していないと感じた場合，贈物をもってくることがあります。その裏側には，援助者が言ったことをやってくれていないという不満が込められていることがあります。また，援助者の側では，クライエントによってもたらされた物品やサービスに満足できず，その結果，質のよい援助を提供しようという気持ちが削がれてしまうこともあります。

現在，ほとんどの援助専門職の倫理規定で，贈与に関するガイドラインが設けられています。贈物を受け取ることは，明確な禁止事項とはなっていません。しかし，以下に示す倫理規定によって明らかなように，贈与に関しての取り決めが定められています。

　カウンセラーは通常，カウンセリングの見返りとしてクライエントから物品やサービスを受け取ることは控えるべきである。贈与が行われことによって，専門的援助関係に問題が生じかねないからである。具体的には，葛藤が持ち込まれ，関係の操作や歪曲が起きてくるといった，贈与にまつわる独特の問題が生じてくる可能性がある。その関係が搾取的ではなく，贈与はクライエントからの申し出であり，明確な文書での取り決めがなされており，しかもそれがその地域の専門家の間で認められることであるならば，カウンセラーは贈与に応じられる（ACA, 1995, A.10.c.）。

　ソーシャルワーカーは，専門的サービスへの支払いとしてクライエントから物品やサービスを受け取ることは避けるべきである。贈与によって，ソーシャルワーカーとクライエントとの関係に利害関係の混乱，搾取，不適切な枠組みの問題が生じる可能性がある。贈与の中に何らかのサービスの供与が含まれる場合には，特にその可能性が高くなるといえる。ソーシャルワーカーが贈与を受け入れることができるのは，非常に限定された状況においてのみである。その状況とは，次のような条件がすべて満たされている場合である。つまり，贈与がその地域の援助専門職の間で慣習として認められている，贈与を受けることが援助活動をする上で本質的に重要な意味をもっている，強制ではなくクライエント主導で提案されたものである，クライエントのインフォームド・コンセントがあって始められたものである，といった条件が満たされている場合である。そのような場合でも，ソーシャルワーカーは，熟考の上で贈与の受理を行うべきである。なお，専門的援助サービスへの代償としてクライエントから贈物やサービスを受け取ったソーシャルワーカーは，そのことがクライエントや専門的関係に有害でないことを示す責任をすべて負っている（NASW, 1996, 1.13.b.）。

おそらく，贈与に関して最も安全な対処の仕方は，専門的援助サービスと交換に物品やサービスを受け取るのは控えることです。援助関係の中に葛藤が持ち込

まれ，搾取や関係の混乱につながりかねないからです。ただし，援助専門職として活動する中では，このような問題に直面することは充分にあり得ます。そのような時には，その場その場で状況を充分に評価して対処しなければなりません。

> **事例** あなたはこの数カ月の間，ウエインというクライエントとカウンセリングを続けてきました。彼はこれまできちんと料金を支払っており，カウンセリングの方も非常にうまく進展していました。ウエインは，ある日の面接にとても落ち込んでやってきました。それは，大手ディーラー会社の自動車機械工としての仕事を失ってしまったからでした。彼は，他に緊急の支払いの約束があるため，あなたとのカウンセリングがどうしても続けられないと思っています。彼は，あなたの車にいくつか故障があると知って，数回分のカウンセリングの料金を支払う代わりに車のエンジンを完全に分解修理すると提案してきました。彼は，この時点でどうしてもカウンセリングを中断したくないので，その提案に同意してほしいと，あなたに頼んできました。カウンセリングで扱っている問題があるにもかかわらず，彼は，無職になってしまいました。あなたの車は分解修理がどうしても必要な状態にあるとしたら，あなたはどうするでしょうか。

- あなたは，ウエインが提案した交換条件に心が傾くでしょうか。もしそうだとするなら，それは，なぜでしょうか。
- もしウエインの依頼を受ける方向に心が傾くならば，あなたは，実際の行動に移る前に，2人の間でどのような話し合いをしておくことを望みますか。逆に彼の提案を受けないとするならば，ウエインとの面接を終わらせてしまいますか。
- ウエインの依頼を受け，カウンセリングとの交換条件として修理してもらったはずのあなたの車が混雑した高速道路で故障してしまったとしましょう。このことは，ウエインとのカウンセリングにどのような影響を与えるでしょうか。特にその故障が彼の拙い修理のせいだとしたらどうでしょうか。
- あなたは，ウエインに「カウンセリングの代償として車の修理をしてもらうといった交換条件を好ましく思わない」と伝えたとしましょう。それに対して彼は，「今の自分は，カウンセラーとしてあなたを必要としている。それなのに自分は見捨てられてしまったと感じている」と自分の気持ちを表現しました。それに対してあなたは何と答えますか。

性的な魅惑に対処する

援助専門職として，自分がクライエントに魅力を感じることを後ろめたいと思う者がいます。また，クライエントが自分に惹かれていることを察知すると，それを不快に思う者もいます。このことからわかるように性的な感情は，あたかも存在しないかのように扱われる傾向があります。そのため，援助専門職としてそうした感情を認め，それ

を受け入れることが難しくなっています。Pope, Sonne, and Holroyd (1993) は，対人援助の活動における性的な魅力に関する研究，理論，訓練が欠如しており，しかもそのことを議論する機会もないことを指摘しています。そして，その結果，援助者は性的な魅力を感じる事態が生じた時に，それを扱うことができなくなっていると主張しています。カウンセリングでは，性的な感情を話題にすることにはさまざまなタブーが関連してきます。そのため，援助者が性的魅力を感じた場合，そのような経験は好ましくないものとみなされがちです。援助関係の中で援助者に性的感情が生じてきた場合，それへの典型的な反応としては，次のようなものが挙げられます。それは，意外な感じ，驚き，ショック，罪悪感，自分の問題が未解決であることへの不安，コントロールを失うことへの恐れ，批判されることへの恐れ，オープンに話せないことへの欲求不満，性的接触ができないことへの欲求不満，援助課題の混乱，援助関係の枠組みと役割の混乱，援助活動の方向性の混乱，性的側面をもったクライエントへの怒り，クライエントの要求を妨げることへの不安などです。

　Pope, Sonne と Holroyd (1993) は，その著書『心理療法における性的感情：セラピストおよび訓練中のセラピストの内面を探る』の中で，心理療法におけるタブーのひとつである性的感情に関して沈黙を破って，意見を述べています。そこでの議論は以下に示す前提に基づいてなされています。

- 援助者の性的感情と反応を探究することは，教育訓練課程および卒後の専門性の発展において非常に重要な側面である。
- 性的感情は，クライエントとの性的親密さとは明確に区別されるべきである。
- 援助者が（自らの性的感情を満たすために）クライエントを利用することは，あってはならない。
- 援助者のほとんどは，クライエントに性的魅力を感じたことがある。そして，そのことで不安や罪悪や混乱を感じることも多い。
- 援助者が援助関係における性的魅力を認識し，それを扱うのを避けないことが大切である。
- 援助者は，自分を批判せずに支えてくれる他者との安心できる関係の中で，最もよく自分の感情について探究することができる。
- 性的感情について理解することは，簡単なことではない。援助者は，自己の性的感情を探究する過程で，個人的な事柄，それも複雑な，しばしば予測できない事柄に関与していかなければならないからである。

　援助専門職がクライエントに性的魅力を感じたとしても，それは，悩み苦しむ

ほどのことではありません。援助の誤りでも，罪深い邪悪なことでもありません。そのように考える必要はありません。しかし，ここで大切なのは，援助者が自分の感情に気づくこと，一線を越えた行動に出ないこと，そして不適切にクライエントと性的に親密な関係に陥らないことです。クライエントが性的な魅力をもっている人物だと気づくことと，その魅力にとらわれてしまうこととは別の事柄です。したがって，その両者を分けて考える必要があります。援助者にとっては，クライエントの性的魅力に惹かれてしまった場合の行動パターンを理解しておくことは重要です。また，援助者は，そのような事態が起きつつあることを示す兆候に気づき，予防的に考えて対応できるようにしておくべきです。Gill-WigalとHeaton（1996）は，クライエントの性的魅力に惹かれ，適切な援助関係の枠組みを越えている場合，共通して起きてくる行動をまとめています。援助者側にこうした行動が起きてきた場合は，要注意です。

- 特定のクライエントとの面接時間を超過したくなる。
- 特定のクライエントの前で有能になったように感じる。
- そのクライエントといると楽しさが増す。
- 性的な事柄について面接で話し合うのを楽しむ。
- そのクライエントについての性的な空想が持続する
- そのクライエントがいると性的な興奮を感じる
- そのクライエントに認められたいという気持ちが強くなる。
- そのクライエントとの身体的な接触を望む気持ちが強くなる。
- このクライエントを助けることができるのは自分だけだと感じる。
- そのクライエントのことを考えると不安と罪悪感を覚える。
- 専門的援助関係から性的関係への移行は危険だという考えを否定したくなる。

クライエントに魅力を感じることに対処する方法の学習は，自分の感情を認識すること，そしてクライエントに最善の援助を提供する妨げになる感情が生じる機会を少なくすることといった段階を踏んで進みます。Gill-WigalとHeaton（1996）は，クライエントの魅力に対処する方略として，以下の方法を勧めています。

- クライエントに魅力を感じた場合，そのような事態に責任ある対処をするためには，自らの欲求を行動化したり，そのような感情を助長したり，膨らませたりしてはならないという認識をもつこと。
- 魅力を感じるという自分の感情を否定しないこと。無視しようとした場合，責任

ある対処はできない。
- スーパーバイザー，信頼できる同僚やセラピストを見つけて話し，性的に魅力を感じている自分の状態についてより明確に理解すること。
- あなたの性的感情がクライエントの変化発展を妨げるといったことが起きる前に，責任をもって自らカウンセリングを受ける必要性を受け入れること。
- 明らかな一線を設定することにより，適切な枠組みを維持する責任があることを認識する。

以下の事例について，あなたならどう対処しますか。考えてみましょう。

事例 1．あなたの同僚の男性カウンセラーが女性クライエントとの間に問題があると打ち明けました。彼は独身で，その女性にとても惹かれています。彼は，面接時間を延ばしたいという気持ちが強くなっています。もし彼女がクライエントでなければデートに誘いたいと思っています。彼は，そのような気持ちをもっていることを認めています。現在彼は，専門的援助関係を終了した時点で彼女と個人的関係を始めるべきかどうか迷っています。彼は彼女に自分が彼女に対して性的魅力を感じていることを話し，彼女も彼を魅力的だと思っていることを認めているようです。あなたの同僚は，これからどうしたらよいかについて，あなたに意見をもらいたくてやってきました。あなたは彼に何と言うでしょうか。もしあなたが彼と同じような状況に置かれたら，どうするでしょうか。

2．あなたのクライエントが，カウンセリングの面接の中で，あなたにとても性的な魅力を感じていることを打ち明けました。そのクライエントは，このような気持ちをもつことを心苦しく思っており，カウンセラーであるあなたが，そのことをどのように考え感じているのかをとても気にしています。そのような気持ちを打ち明けられた場合，あなたは，それにどのような影響を受けると思いますか。そしてクライエントが気にしている事柄に，どのように応えますか。

3．面接場面でクライエントが，性的感情とそれにまつわる空想を詳しく語り始めました。それを聞いているうちに，あなたは気まずくなってきて顔が赤くなりました。クライエントは，あなたが赤面したのに気づいて，「何かふしだらなことを言いましたでしょうか」と尋ねてきました。あなたは，それに何と答えるでしょうか。

教育訓練課程との関連 StakeとOliver（1991）は，カウンセラーがクライエントに性的魅力を感じた場合，あるいはクライエントがカウンセラーに性的な魅力を感じていると表明した場合には，カウンセラーは倫理的観点に基づいてそれに対応する準備をすべきであると述べています。また，Pope, Keith-SpiegelとTabachnick（1986）は，教育訓練課程において，実習生がカウンセリング場面

での性的魅力に対処するための教育の必要性が認識されてしかるべきであると主張しています。実習生が性的魅力を感じることは，人間として自然な反応です。したがって，教育訓練課程において性にまつわるタブーを取り除き，実習生がそのような気持ちをもつことを自然な反応として認め，それを受け入れられるようにしていくことが必要となります。そうしなければ，実習生は，性的魅力を感じることが援助専門職として望ましくないことだと思い込んでしまうでしょう。

　Pope, Keith-SpiegelとTabachnick（1986）は，クライエントに魅力を感じることは一般的に男性カウンセラーにも女性カウンセラーにも同様に起こることを明らかにしています。その点に関する質問への回答者のほとんど（87％）が，クライエントに性的に惹かれたことがあると答えています。しかし，その大多数（82％）は，クライエントと実際に性的関係をもつことを現実問題として真剣に考えたことはないと言っています。クライエントに惹かれても行動することを慎んだ理由としては，"専門職としての価値観"と"クライエントに最善の援助を提供することへの配慮"といったことが挙げられていました。実際にクライエントと性的感情のおもむくままに行動した事例は，比較的少ないといえます。ただし，ほとんどの援助者は，性的な魅力を感じること自体に後ろめたさ，不安，また混乱を感じたと答えていました。それと同時に，回答者の69％は，性的魅力を感じたことがクラエインとの援助を行う上で役立つ側面もあったと報告しています。なお，大学院の教育訓練課程において性的魅力に効果的に対処するための適切な教育を受けたと回答した者は，なんと9％のみでした。

　PopeとVasquez（1991）は，「クライエントに魅力を感じることは，倫理に反することではない。むしろ，その気持ちを即座に，慎重に，そして適切に認識し，扱うことが重要な倫理的責任となる」と述べています。また，それに加えて，同僚に相談すること，スーパービジョンを受けること，自らがカウンセリングを受けることが性的魅力を取り扱うのに有効な方法であるとも述べています。同じようにBartellとRubin（1990）は，実習生が性的魅力を認識，それをモニターし，行動化を避けるといった手段をとるための心構えをもてるようになることが必要であり，そのためには教育が決定的に重要な役割を担っていると指摘しています。また，専門的援助関係において危険な性的接触が起こらないようにするためには，性的関係を禁止する規約を公表することが必要であると主張しています。

　Rodolfa, Kitzrow, VohraとWilson（1990）は，援助関係における性的魅力の個人的，専門的，倫理的，法的次元に焦点を当てた教育訓練プログラムを開発しています。そのプログラムでは，実習生がクライエントに性的魅力を感じること

と，性的な行動化をすることとの違いについて検討できるようになっています。プログラムの制作者は，援助専門職のほとんどが実践経験を積む中で必ず性的ジレンマに出会うのであるから，その事実を認め，大学院の教育訓練過程の中に性的魅力への対処法を学べる正式な訓練を取り入れることを提案しています。

　HerlihyとCorey（1997a）は，援助過程において性的魅力が深く関与している現実を認めた上で，その現実にどのように立ち向かっていくかについて検討しています。その中で，カウンセリング等の人間発達に関連する分野の大学院教育課程において，性的魅力の問題を扱うことにより重点を置くべきだと指摘しています。たとえ一時的にクライエントに性的な魅力を感じることがあっても，それは自然な感情であり，その感情に気がついていれば，援助専門職としてクライエントに専門的援助を提供することは可能です。したがって，実習生は大学院教育課程において，性的魅力を感じても専門的援助が可能になることを保証されるべきなのです。HerlihyとCorey（1997a）は，性的な感情に関して自らの逆転移をモニターすること，同僚に相談すること，性的魅力に惑わされて境界線を越えて不適切な二重関係に陥る微妙な境目に気づき，注意することを学習する意義を強調しています。訓練課程で性的魅力に関する問題を無視することは，それが重要ではないというメッセージを暗に伝えることになってしまいます。それは，ひいては有能な援助専門職が育つ可能性を減じてしまうことにもなりかねないのです。

現在のクライエントとの性的関係

性的な過ちは，メンタルヘルスの従事者に対する不正行為訴訟の主要な原因のひとつになっています。このことは，すでに調査研究によっても明らかになっています。援助者とクライエントとの性的関係に関する研究によれば，こうした過ちは通常考えられているよりも頻繁に行われていると報告されています。このように性的過ちが数多くなされているからといって，その重大性が軽くなるわけではありません。SonneとPope（1991）は，カウンセラーと性的な関係をもったクライエントは近親相姦やレイプのサバイバーに似た反応を示す傾向があると報告しています。それは，裏切り，混乱，罪悪感などの激しい感情です。PopeとVasquez（1991）は，援助者がクライエントとの性的関係を自発的に報告する確率が一貫して下がってきていると指摘しています。この減少傾向は，単純に出来事が減少していると受け取ることもできます。しかし，上記研究では，正直に報告する援助者が以前に比べ減ってきたのかもしれないとの警告もしています。

　過去数年間において，米国心理学会（APA）の倫理委員会に届け出のあった問題の中で最も苦情が多い訴えは，性的関係に関するものでした。問題を起こした

者の処罰，教員の免職，免許取消，高額の賠償金支払いなどは珍しいことではなくなっています。文献によるとクライエントとの性的関係は，倫理的にも法的にも重大な結果を招くことが示されています。

　あなたは本書を読みつつ，自分はこれまでクライエントの誰とも性的過ちは犯してないと思っているかも知れません。おそらくクライエントと性的関係をもってしまった援助者も，以前はあなたと同じように思っていたでしょう。したがって，あなたも援助している人と性的に関係する危険性があることを認識しなければなりません。自分もこの問題に巻き込まれる可能性があると知ることは，少なくともあなた自身の欲求や動機について注意を促すことになるでしょう。また，そのような関係がいかに活動の妨げになるかを考えるきっかけにもなるでしょう。

　援助専門職であることによって，あなたは，敬われたり，誉められたりすることが多くなります。また，何も悪いことをしない人間だと思われるようにもなります。クライエントは，あなたを自分の大切な誰かと比較し，あなたの方を高く評価することも多いでしょう。通常クライエントは，面接時間というほんの短期間をあなたと共に過ごすだけです。その時，おそらくあなたの最もよい部分を見ることになります。その結果，クライエントは，あなたを賞賛することになります。そのような無条件の賞賛は，とても誘惑的なものです。あなたは，次第にクライエントの，そのような賞賛をとても好ましく感じるようになるでしょう。そして，クライエントが自分に対して適度な感情を示すだけでは満足できなくなり，さらなる賞賛を求めるようになってしまうと，援助専門職として域を越え，問題を起こすことになります。

　クライエントは，援助者に関してあらゆることを肯定的に評価して表現してきます。初心の援助者は，そのような肯定的評価をそのまま信じてしまいがちです。クライエントに「あなたはとても性的に魅力があり，自分を理解してくれており，これまで会った他の人とは違った特別な人だ」などと言われると，抵抗なくそのことばを信じてしまうかもしれません。そのような場合，あなたに客観的な自己認識と誠実さがなければ，そのクライエントの感情を利用して，自分の欲求に合わせるようにカウンセリングの方向を定め，やがてクライエントに対して性的に無分別な対応をするようになってしまうでしょう。

　専門的援助に関わる，いずれの組織でも，特別な規定を設けてクライエントと援助者の間の性的親密性を禁止しています。そのような倫理規定においては，単に性的接触の禁止だけでなく，援助者側がクライエントを利用し，搾取する危険性のある行動をしないようにとの警告もしています。クライエントと援助者との

関係が性的なものになった場合，ほとんどの援助専門職の規定では，援助関係を終結して他の専門機関にリファーすることを求めています。性的接触が倫理に反する理由は，"援助専門職は，その専門職という立場に由来する権力をもっている"という事実に尽きます。逆にクライエントは，自らの生活の非常に私的な側面について援助者に話すという弱い立場に置かれています。そのような不平等な関係において，援助者の個人的動機でクライエントを利用し，搾取し，その信頼を裏切ることは簡単に起こるのです。性的接触はクライエントの依存性を助長し，援助者側の客観性を失わせてしまうことからも倫理に反するといえます。

おそらくクライエントとの性的関係に関する最も重要な論点は，その結果としてほとんどのクライエントが傷ついたと報告している点です。クライエントの多くは，性的に搾取され，見捨てられたことに憤り，怒りをもっています。そして，トラウマ的な経験に関する未解決な問題や感情を押しつけられたと感じているのです。

過去のクライエントとの性的関係

近年，援助専門職の規定では，援助者と過去のクライエントとの恋愛関係は，終結後少なくとも2年間は避けるようにと明確な警告をするようになっています。ただし，これは，クライエントとの恋愛関係が2年経過すれば倫理的観点や専門職としての観点から問題がなくなるということを意味しているわけではありません。実際，ACA（1995），NASW（1996），AAMFT（1991），APA（1995）の倫理規定では，過去のクライエントとの関係に関する条件をかなり明確に記載しています。例えば，クライエントに魅力を感じた場合，早めに専門的援助を終結させ，ある期間を置いて性的関係を始めることもあり得ます。そのように性的関係をもつために早めに援助を終結させることは倫理的に問題があるとされます。2年経った後でも，性的な関係をもつ可能性が生じた場合には自らの動機を吟味し，その過去のクライエントのために何が一番よいかを常に考慮することが援助専門職の責務です。クライエントを誘い込んだり利用したりするようなことは，断じて避けるよう注意しなければなりません。

2年経った後に，万が一過去のクライエントと性的な関係をもつような例外的な状況になったとしましょう。そのような場合，2年以上経っていても，援助者側には，それまでそのクライエントを利用し，搾取することがなかったことを示す責任があります。そのような場合，次のような事項を検討しなければなりません。それは，専門的援助関係の終結後どのくらいの時間が経っているか，援助関係の性質と持続期間，援助者とクライエントとの関係が終結となった状況，クラ

イエントの個人的経歴，クライエントの能力と精神状態，クライエントやその関係者を害する可能性，専門的援助関係が終結した後に援助者が性的関係に誘った言葉や行動などです。以下に，過去のクライエントとの性的接触に関する援助専門職の倫理規定を引用します。参考にして下さい。

　カウンセラーは，カウンセリング関係の終結後少なくとも2年間は過去のクライエントとの性的関係をもってはならない。終結から2年経った後でそうした関係をもつカウンセラーは，カウンセリングの持続期間，カウンセリング終結後の経過時間，終結の状況，クライエントの個人的経歴と精神状態，クライエントへの不利な影響，カウンセリング終結後にカウンセラーが性的関係に誘った行動を検討し，その関係が搾取の意味合いをもたないことを吟味し，そのことを記録に残す責任がある（ACA, 1995, A.7.b.）。

　ソーシャルワーカーは，過去のクライエントと性的行為や性的接触を行うべきではない。クライエントに危害が及ぶ可能性があるからである。もしソーシャルワーカーがこの禁止に反した行いをしたり，特異な状況のためにこの禁止の例外が正当化されると主張したりする場合，それが意図的であれ非意図的であれ，過去のクライエントが搾取・強制・操作されていないということを示さなければならない。しかも，そのことを示す責任は，クライエントではなくソーシャルワーカーがすべてを引き受けなければならない（NASW, 1996, 1.09.c.）。

Glosoff, CoreyとHerlihy（1996）は，過去のクライエントとの性的接触に関する倫理については，援助専門職の間で広く討論されていると指摘しています。ただ単に援助関係が終結したからといって，専門的援助関係から性的関係に移行することは正当化されません。そのことは，ほとんどの援助専門職が同意しています。カウンセリング関係が終結しているという事実を提示しても，それだけでは，倫理違反の問責に対する正当な防衛にはなりません。もし，援助者が終結後2年経っている過去のクライエントと性的な関係をもつことを考えるとするなら，現在の倫理規定のもとでは，同僚に相談するか，過去のクライエントと合同で心理療法を受けて相互の転移と期待を検討するという手順を踏むことが望ましいといえます。そのような手順を経て，援助関係終結後の性的関係によって起こり得る危険，終了後も残存している援助過程の側面（転移関係など），継続している不平等な権力関係について意識できていることが重要となります（Herlihy & Corey, 1997a）。その援助関係が援助者とクライエントの間の性的関係を禁じる倫理に則した形で終結し，その証拠があるにしても，それが形だけのものならば，倫理委員会はその内実を検討し，そこに明確な倫理違反があったことを見出すと

いうことになるでしょう（Gottlieb, 1990）。

　法的な観点から，いくつかの州では援助関係の終結から1，2年経った過去のクライエントとの性的関係を禁止しています。援助専門職の中には，カウンセラーとクライエントの関係はたとえ終結後であっても長期間潜在的に続くので，過去のクライエントとの性的関係は倫理に反すると主張する人もいます。このような主張の論点は，たとえ専門的援助関係が終わっても，そこには援助関係における不平等な権力関係が残っており，搾取の危険性が依然として存在するというものです。

　もし，あなたが倫理規定を改訂する委員会のメンバーだとしたら，過去のクライエントとの交友関係，性的関係，ビジネス関係，専門的援助関係について，その妥当性に関してどのような規定を盛り込むべきであると考えますか。そうした関係は，どのような状況においても倫理に反すると考えるべきなのでしょうか，それとも例外も考えられるでしょうか。過去のクライエントから社交的誘いを受けてもよい状況はあると思いますか。過去のクライエントとの間でビジネスの取引を始めることについては，妥当だと思いますか。あなた自身の実践ガイドラインを開発するにあたり，過去のクライエントとの適切な関係を定義するには何から始めるでしょうか。このような点を考えてみましょう。

スーパーバイザーや教師との二重関係

　上述したように二重関係に関する問題が発生する可能性については，事前にクライエントに説明する必要があります。それと同様に援助の専門職を目指す学生や実習生に対しても，二重関係に関する問題について説明しておく必要があります。ACAの倫理規定（1995）は，教育関係やスーパーバイズ関係における二重関係を重要なテーマとして取り上げ，明確な規定を設けています。学生や実習生との間で一線を画し，それを維持するのは，援助専門職を教育する者および臨床スーパーバイザーの責任です。特に学生を教育しスーパーバイズする専門家は，学生やスーパーバイジーと性的関係をもつことを避けなければなりません。何としても学生やスーパーバイジーをセクシュアル・ハラスメントの被害者にさせることがないようにしなければならないのです。

　それに加えて，援助専門職の教育やスーパービジョンに携わる者は，教育し，スーパービジョンをする学生のカウンセラーになってはいけないということがあります。教育やスーパービジョンを担当する者は，あくまでも学生の指導，教育，評価をする者であって，それを超えてカウンセラーの役割を取ってはならないのです。たとえそれが訓練課程における短期間の役割だとしてもです。スーパーバ

イザーは，実習生が，自らの個人的問題がクライエントを有効に援助する際の妨げになることを理解できるように指導する責任はあります。しかし，スーパービジョンの機能をカウンセリングや心理療法の機能へと変更してしまうのは，適切なことではありません。

以下において，指導者と学生，スーパーバイザーとスーパーバイジーとの間の性的関係を含む恋愛関係について，倫理的観点からその問題を簡単にまとめることにします。まず，そのような関係は倫理に反するだけでなく，学生やスーパーバイジーに害を及ぼすことになります。性的関係と指導的関係が重なり合った場合，あらゆるプロセスが混乱したものとなります。その点でスーパーバイジーがスーパーバイザーに恋愛的な感情をもっている場合には，スーパービジョンを受けない方がよいでしょう（Herlihy & Corey, 1997a）。

スーパービジョンの関係，あるいは指導者と学生の関係での性的関係は，地位の格差があるということから，通常は権力の濫用になります。地位の違いから力の差が生じ，スーパーヴァイジーや学生は弱い立場に立たされます。大学の教員の立場にある者からの性的な誘いに直面すると，学生は権力をもった人物から脅されていると感じるものです。学生や実習生は，そのような性的誘いを断ってしまえばその教員による成績評価に悪影響が及ぶと，当然考えます。実際問題として，このような権力関係を経験することは，学生が将来クライエントとの関係を形成する上で悪いモデルになってしまいます。

Tabachnick, Keith-SpiegelとPope（1991）は，援助専門職の教育に携わっている臨床心理士の考え方や行動を調査し，以下のような興味深い結果を得ています。

- 指導者が学生とデートすることについて，回答者の80％はそれを倫理に反した行動とみなしている。95％は自らはこのような行動をしたことがないと答えている。
- 学生と性的関係をもつことについて，91％はそれを倫理に反した行動とみなしている。99％は自らはそのような行動をしたことがないと答えている。
- 学生に性的な興味をもって関わることについて，27％はそれを倫理に反した行動とみなしている。71％は自らはこの行動をしたことがないと答えている。

上記調査を行ったTabachnick, Keith-SpiegelとPopeは，大学では指導者と学生の間に明確な一線を画すことは難しいとみています。調査結果によると，大学教員と学生の間での個人的付き合いや性的関係は依然として問題のままに残っていることが示されています。また，セクシュアル・ハラスメントは，大学において広く行われているという面もあります（Hotelling, 1991 ; Riger, 1991）。

あなたが学生や実習生であるならば，教室においても，また実習現場においてもセクシュアル・ハラスメントのない環境で学ぶことを望む権利があります。理想的には，指導者，スーパーバイザー，コンサルタントの立場にある人から性的な関わりをされないに越したことはありません。しかし，現実には，セクシュアル・ハラスメントに直面することがないとはいえません。したがって，そのような時にどうするか知っておく必要があります。ほとんどの高等教育機関は，セクシュアル・ハラスメント防止の方針を掲げ，セクシュアル・ハラスメントの被害に遭っていると感じた時に相談する機関を設けてあります。ハラスメントの訴えをする際の手続きについては，前もって調べておくようにしましょう。

自分自身の倫理に反する行動に気づく

　本章では，倫理に関する一般的な原則を述べてきました。読者の皆さんには，他者を評価する基準として倫理の原則を利用するのではなく，自分自身の行動を見直すために活用してほしいと思います。他者の欠点や短所はよく目につくものです。そのことをとやかく言うことは簡単です。しかし，率直に自分自身を評価する態度をもつことは，容易ではありません。実際には，同僚の専門的活動のあり方を制御しようとしても，それは非常に難しいものです。むしろ，自分自身の専門的活動のあり方を制御することの方が，容易にできます。したがって，倫理に関してまず行うべきことは，自分自身の行動に目を向けることです。その際，大きな倫理違反ばかりについて考えていると，些細な倫理違反については見過ごしがちになります。そこで，倫理に関連する行為を以下に示しますので，それぞれの事例について自分自身のこととして考えてみましょう。

事例　1．ある男性のクライエントが，あなたに頻繁に連絡してきます。そして，そのたびに，あなたの指示が必要だと弁解します。そのクライエントは，「致命的な失敗をしてしまうのではないか」と恐れて決定ができないでいるのです。あなたは，そこで必要とされることを喜ぶでしょうか。必要とされたという，あなた自身の気持ちによって，彼の依存性を助長してしまっていることはないでしょうか。

　2．あなたは，個人開業で心理援助の活動をしています。女性のクライエントがカウンセリングを続けるかどうか迷っています。彼女は，カウンセリングを終了して"ひとりでやってみよう"と思っています。あなたは，現時点で金銭的に苦しい状況にあります。最近，数人のクライエントが終結したばかりです。あなたは，彼女の決定を支持するでしょうか。金銭的な動機から，彼女にカウンセリングを続けるように促したい気持ちがどこかにないでしょうか。

3．あなたが魅力的であると感じているクライエントがいます。そのクライエントは，あなたのことをとても受容的で，親切で，優しくて，物わかりがよく，強い人だと言います。このクライエントがあなたの生活についてもっと知りたいと言ってきました。あなたは，どのように対応するでしょうか。自分自身の欲求に従って行動することはないでしょうか。クライエントの問題に焦点を当てるのをやめて，自分自身の個人的なことを話し始めないでしょうか。クライエントの来談目的とまったく関連のない個人的な会話に夢中になってしまうことはないでしょうか。

倫理に反する同僚の行動

あなたが，あたかも裁判官のように自分の行動に目を光らせていても，同僚が援助専門職として相応しくない，倫理に反する行為をするのを目にすることがあるものです。援助専門職の行動に関する倫理規定では，そのような場合における最も適切な行動として，その同僚と直接話をする機会を作り，倫理的に問題と思われる点を伝え，状況を改善するように努力することであるとしています。このような手段をとっても改善がみられない場合には，次の手段として専門的組織が定めている方法に従うのがよいでしょう。

それでは，以下に倫理に関わる事例を示しますので，それぞれの場合においてあなたならどうするのか，考えをまとめてみて下さい。

事例 1．あなたの同僚のひとりは，しばしば他の人にも聞こえるような所で自分のクライエントのことを話しています。あなたは，それを不適切なことであると思っています。その同僚は，「クライエントを題材として冗談を言うことは，自分の気晴らしの方法である。人生をあまりにきまじめにとりすぎないようにしているだけのことだ」と言います。

2．女性クライエント2人が，あなたが働いている機関の他のカウンセラーから性的な誘惑を受けたと言ってきました。彼女たちは，あなたとのカウンセリングで，その同僚のカウンセラーに利用されたことへの怒りを語っています。

3．ある女性の同僚が，あなたのクライエントと日常場面での付き合いを始めています。彼女は，そのクライエントを自分の意思をもつ大人とみなしているので，そういったことは許されると思っています。それに加えて彼女は，そのような付き合いを通して問題への洞察が深まり，カウンセリングでよい結果を出せるようになると主張します。

4．あなたからみると，ある男性の同僚は，訓練を受けている範囲を超えて自らの能力以上の実践をしているように思えます。しかも，その同僚は，さらなる訓練や適切なスーパービジョンを受けようとはしていません。彼は，クライエント

が抱えている問題が自分の手に負えない難問であっても，それはただ当たって砕けるしかないと主張しています。

同僚の倫理に反する行為に対処することは，確かに勇気のいることです。もしその人たちが権力のある地位にあれば，あなたは弱い立場にあることになります。そのような関係の中で問題に適切に対処することは難しいともいえます。それがたとえ仲間の場合でも，はっきりとその問題に直面させることは楽しいことではありません。人によっては自己防御的な反応をして，余計な世話だと主張することがあるからです。

7 倫理的基準と法的基準

　援助専門職は，自らが活動する地域で求められる行動規範と，その規範を逸脱した際に起こりうる結果を知っている必要があります。これは，援助専門職の組織であれば，どのような組織でも強調している点です。行動規範については，倫理的事項と法的事項がしばしば絡み合っているものです。したがって，援助専門職は，自らの職種の倫理規定を知っているだけでは十分ではありません。活動している地域や国の条例や法律，およびその法的限界や責任についても知っておかなければなりません。

　倫理的基準と法的基準とは，異なるものです。一般的に倫理規定は，援助専門職にとって最善の実践のあり方を活動の基準として記述したものです。その目的は，専門的行動の最低限の基準を設定することではなく，質のよい実践を保証することにあります。倫理規定は，望ましい活動のあり方を示すものです。したがって，倫理規定を知ることは，規定や原理の背後にあって，その基本となっている精神の理解を伴うものです。それに対して法的基準は，行動として最低限のラインを示したものです。つまり，法的基準は，最低限これだけはしてはいけないということで，政府から強制されるものなのです。政府は，市民に法的基準に従うことを命じることができます。そして，それを拒否した者を罰することができます。カウンセラーは，クライエントとの面接をするにあたっては法律を知り，それに従わなくてはなりません。援助専門職は，法律を守り，専門職の倫理規定に従い，そして自らが活動する場で制定されている規則や規約を遵守することに同意して活動します。このように援助専門職は，さまざまな規範に従って活動しているわけです。そこで，もし援助専門職に法律に関わる問題が生じた時には，

法律の専門家に法的助言を受けることが必要となります。また、倫理的問題については、同僚や熟練者に相談すべきだといえます（Remley, 1996）。

特に未成年者や不本意で来談しているクライエントと関わる援助専門職は、法的に活動が規制されることがあります。したがって、そのようなクライエントに関わる援助専門職は、その部分に関連する法律を学んでおく必要があります。法律で規定される事柄としては、守秘義務、親の同意、インフォームド・コンセント、クライエントの保護、入院患者の市民権です。援助専門職の多くは、詳細な法律の知識をもっていません。したがって、法律に関わる活動の手続きとその実践について法的な助言を専門家からもらうことが望ましいといえます。援助関係に関する法的権利と責任について知っておくことによって、不注意や無知から生じる不必要な訴訟に関わらなくてすむことになります。法的権利と責任を知っておくことによって、クライエントだけでなく援助専門職も守られるのです。

8　援助専門職の不正行為

不正行為とは一般的に、無知や不注意によって適切なサービスを提供できず、その結果としてクライエントに損害や不利益を与えることと定義されます。専門職の不注意とは、通常の実践基準から逸脱していること、あるいは義務として行うべきケアを実行しなかったことです。援助専門職が不正行為で起訴されることがありますが、その場合、以下の3条件がそろっていることが必要となります。

1．クライエントに対する義務を有している。2．不注意や不適切な行為を実際に行った。3．その不注意や不適切な行為とクライエントが主張する損害との間に因果関係がある。

不正行為として訴えられる理由　不正行為の理由として最も多く取り上げられてきているのは、守秘義務の侵害と不適切な性的行為です（いずれのテーマについても、すでに本章において論じています）。しかし、この他にも、援助専門職が不正行為をしたとして訴訟の対象となる理由はあります。関連文献において訴訟につながる原因として次のような項目も取り上げられています。

- クライエントを見捨てること。
- クライエントの人格とプライバシーを尊重しないこと。
- クライエントの不適当な死。

- 適切なスーパーヴァジョンを受けていないこと。
- リファーが必要とされる時に，それを怠ること。
- 危険なクライエントから他者を保護するのを怠ること。
- 不適切に料金を徴収すること。
- 自らの専門的訓練と技能を詐称すること。
- 誤った診断とアセスメント技法の不適切な使用。
- クライエントとの契約を破ること。
- インフォームド・コンセントを怠ること。
- 自殺企図に対して妥当な保護を怠ること。

これらは，訴訟問題に発展する可能性が強い行動一覧です。実際には，この他の行動でも訴えられる理由になることはあります。

あなたが学生である場合，自分は不正行為で起訴される心配はまずないだろうと思っているかもしれません。しかし，残念なことに学生で臨床に携わっている者が訴えられることはあります。その際には，かえって弱い立場に立たされることになります。したがって当然のことながら，訓練を受けている段階から，援助専門職として不適切な実践をして訴えられることがないように慎重な配慮が求められます。実際問題として，たとえ専門領域の倫理規定に従い法律を守って活動していたとしても，不正行為として訴えられる可能性はあるのです。

事例 あなたは，十代のクライエントのカウンセリングを担当していました。介入は慎重に行われていましたが，クライエントは結局自殺してしまいました。クライエントの両親が，「自殺という最後の一線を越えないように，カウンセラーは現状をしっかりと把握して対処できたはずだ」とあなたを非難する可能性はあります。それに対してあなたは，自分が優れた，あるいは完璧な人であることを証明する必要はありません。しかし，援助サービスを提供するのに必要な知識と技術はもっており，それらを使っているということだけはきちんと示さなくてはなりません。あなたは，次のようなことを自問する必要があるでしょう。それは，「私は，自殺の可能性を予測できなくてはならなかったのだろうか」「クライエントの自殺の危険性を見抜けたとしても，自分は，それに対してどのように対処するのが最善策なのかがわかっているだろうか」という問いです。あなたは，誠心誠意援助し，必要な時はスーパービジョンやコンサルテーションを受け，自分の能力の範囲内で活動してきたことを示せなくてはなりません。また，自分の主張を裏づける面談記録もきちんと書きつづけている必要もあります。

不正行為による訴訟を防ぐ方法

クライエントと関わる場合，自らの限界を知り，それを受け入れ，自分の能力の範囲内でのみ行動することが援助専門職として賢明なあり方です。読者の皆さんには，本章を読むことで，そのことを明確に意識するようになっていただけたかと思います。すべての事例で最善の判断をすることは，常に可能とは限りません。しかし，あなたの援助専門職としての経験がどのようなものであれ，コンサルテーションを受けることを決して躊躇しないようにしてほしいと思います。同僚に相談することで異なった観点が開け，問題に新たな光を当てることができるようになります。あなたが賢明な判断ができるとしても，その判断について他の援助専門職の人から支持を得ておくことは有益です。そのような支持は，訴訟になった場合，あなたの介入は他の援助専門職の活動基準に合致しているものであったことを示すのに有効な証拠となるでしょう。なお，あなたが理論的根拠のない風変わりな療法を用いている場合，民事訴訟において敗訴せざるをえないといえます。裁判では，自らの介入について説明し，自己弁護するよう言われます。そのような時に自分の勘に頼って"正しいと感じた"ことを行ったと主張しても，ほとんど勝ち目はないのです。

　援助専門職として不適切な行為をしたとの理由で起訴されない保証がほしいのであれば，転職を考えるべきでしょう。メンタルヘルスの仕事では，専門職が絶対的に守られるという保証はないからです。しかし，不正行為として訴訟の対象となることからあなた自身を守る実際的方法は，いくつか存在しています。本章ではこれまでそのような方法を示してきましたが，それ以外にも重要な方法があります。それらを含めて，以下に訴訟から自らを守る方法に関するガイドラインをまとめて提示します。

- インフォームド・コンセントの手続きをとること。援助過程を神秘化しようとしないこと。援助専門職としての率直で正直である態度をクライエントに示すことは，真の信頼感を形成するのに多いに役立つ。
- クライエントとの間で，援助の枠組みを明確にする契約をしっかりと結ぶこと。クライエントの来談目的は何か，そして目標を達成するために最もよい援助の方法は何かをしっかりと考えること。
- クライエントが援助者を必要とする時に対応しなかったとして起訴される可能性があるので，職場を不在にする時は緊急時のための対応措置を示しておくこと。
- 自らの教育，訓練，経験の程度に合わせて実際にどのようなクライエントの援助をするのかを調整すること。自らの限界を超えた活動をしないように限界を設定

すること。
- 援助専門職としての能力を維持するための手段をとること。
- 援助活動の始めには，料金に関する取り決めを明確に提示すること。
- クライエントの援助計画を慎重に記録すること。
- 法律は援助専門職の活動に制限を与えるので，自らの勤務地の法律を知っておくこと。また，勤務先の機関の方針も知っておくこと。専門的組織の会員となり，専門領域の活動に関連する法律と倫理の最新の情報を得ておくこと。
- 守秘義務が禁忌となる事例以外では，守秘義務は守られなくてはならない。守秘義務には例外があることを心得ておき，その限界をクライエントに明確に伝えておくこと。秘密事項の開示が必要になった場合には必ず文書での同意を得ること。
- 法律で要求されているように，児童虐待が疑われる場合には通告すること。
- クライエントに自傷他害の恐れがあると専門的に判断した場合，クライエントや他者を危険から守る必要な手段をとること。
- 心理援助サービスを提供する替わりにクライエントから何らかのサービスや物品を受け取るようなサービスの交換は，それが文化的な標準である場合，あるいはクライエントから始めた場合でない限りはしないこと。援助サービスを物品や他のサービスと交換することは，期待通りの見返りが得られないということで，援助者とクライエントの両者に不満の感情を引き起こす可能性が高い。
- 現在のクライエント，過去のクライエント，またスーパーバイジーや学生との性的関係は避けること。
- 援助専門職が権力をもつ立場にいることを考慮して，クライエントや実習生との間で利害関係の葛藤が生じるのを避けるようにすること。
- クライエントとの間で友好的な人間関係を構成することはできる。しかし，その関係は，本来専門的職業の上でのものに留めるべきである。
- 自らの言動に注意を払ってクライエントを尊重すること。そうすることでよい関係を形成することが可能となる。
- クライエントが未成年の場合は，文書で親の同意を得ること。それが法律で定められていなくとも，それは，専門的援助活動として望ましい手続きである。
- クライエントのアセスメントをしっかりと行い，クライエントごとにアセスメント結果を記録しておくこと。
- 倫理的観点，あるいは法的観点から懸念される事柄がある場合には，いつでも，同僚やスーパーバイザーに相談する習慣をつけておくこと。継続スーパービジョンを受けられる社会的資源を見つけておくこと。
- 援助活動において採用している技法についての明確な理論的根拠をもつようにすること。自らが用いている技法の理論的根拠をクライエントにわかりやすく簡潔に説明し，そのことを話し合えるようになること。

- 援助サービスとして行っている活動を保護する明確な基準をもつようにすること。そして，その基準をクライエントに説明するようにすること。
- クライエントに対して実行できないような約束はしないこと。クライエントの努力と参加が援助過程の結果を決める重要な要素となることを，クライエントがわかるように伝えること。
- 何らかの機関や組織で働いている場合，あなたの専門的活動を保証する雇用主の法的責任を明記した契約を結ぶこと。
- 勤務する組織の方針に従うこと。もし同意できない方針があれば，まずはその理由を探りなさい。そして組織の方針の枠内で活動できるかどうかを考えなさい。効果的な援助活動をするためには，常に組織の方針に同意している必要はありません。そのことを心得ておくことも大切です。
- 規定となっている規則と事務文書の指示に従うこと。
- クライエントがなした進歩を査定すると共に，目標到達に向けての進歩の程度をクライエント自身が査定できるようにその方法を教示すること。そのような進歩の程度の確認を常にしていくこと。
- 不正行為で訴えられた場合に備えて保険に入ること。学生は不正行為の訴訟から保護されていないので，その点に留意すること。

　これらのガイドラインは，不正行為訴訟に巻き込まれる危険性を減じるのに役立つ面はあります。しかし，それに加えて自らの実践活動を自己評価する作業を継続すること，職場環境とクライエントに関連する法律，倫理，地域の規範についての最新情報を収集することが大切となります。不正行為に関連する問題を考えるための優れた教材として，Austin, Moline と Williams（1990）があります。

注意事項　本章では，倫理的問題を扱ってきました。この倫理的問題については，正答があらかじめ用意されているに違いないといった非現実的な期待をもつ学生がいます。それは，まったく現実に反する期待です。実際のところ，経験豊かな援助専門職は，心理援助といった人間相手の仕事は非常に複雑なものであって，絶対的な正答などあり得ないことを心得ています。むしろ経験豊かな援助専門職のほうが，学習を続けること，コンサルテーションとスーパービジョンを継続すること，謙虚であり続けることの重要性を正しく理解しているものです。

　本章で意図していることは，決して初心の学生や実習生を怖気づかせることではありません。そうではなく，倫理と専門職の原理に基づいて実践活動を発展させていく能力を高めることが目標となっています。そして，そのための考え方と

行動のあり方を習慣として身につけてもらうことが本章の目的となっています。心理援助の専門職としての活動は，危険が伴うものではありますが，しかしやりがいのある仕事でもあります。時として失敗をすることはあります。それは，仕方ないことです。したがって，失敗から学ぶことが何よりも大切です。そのためにスーパービジョンを十分に活用しましょう。そうすることで，失敗から学ぶことができるだけでなく，クライエントを害する危険性を最小限にとどめることもできるのです。

　初心者の皆さんが，あらゆることを知っていなくてはならないといった不安にとらわれたり，訴訟に巻き込まれるといった恐れにおののいたりすることがないように望んでいます。不正行為訴訟を回避する最もよい方法は，クライエントの利益となるように誠実に考えて行動することです。今後援助専門職として職業生活を続けていくということであれば，「自分は今何をしようとしているのだろうか。そして，それをする理由は何なのか。なぜ，それをしようとしているのか」ということを常に自分に問うようにしてほしいと思います。

9　復習のために

- 援助専門職の最近の動向として，倫理的観点を重視した専門的活動への関心の高まりがある。このような関心が高まっている原因のひとつとして，メンタルヘルスに関わる専門職が不正行為をしたとして訴えられることの増加がある。
- 倫理的判断は，その時その時で判断が変化していくプロセスである。学生の時には学生の立場として問題を考える。しかし，援助専門職としての経験を積むにつれて，その問題を学生の時とは異なる観点から検討することができる。
- 倫理的問題には明確な正答といったものは存在しない場合が多い。特に明確な判断が不可能な倫理的ジレンマに対処する際には，援助専門職としてのあなた自身の判断が求められる。倫理的ジレンマとは，本来そのようなものなのである。したがって，倫理規定を熟知しておくことは大切であるが，倫理基準を知っているだけでは倫理的問題を解決するのに十分ではない。
- 結局，援助専門職は，日々の実践において多くの難しい判断をせざるをえない。専門職として責任ある実践ができるためには情報を集め，それを参考にして堅実で合理的な判断をしていく必要がある。また，援助専門職として活動する限り，同僚やスーパーバイザーに相談することを躊躇してはならない。
- 専門職としての規定では，ほとんどの場合，能力を越えた実践を倫理違反である

と明示している。したがって、どのようなクライエントが自らの能力の範囲内であり、どのようなクライエントはリファーするのが適当なのかを判断することが重要となる。能力の範囲内のクライエントには最善を尽くすことが求められる。

- 研修生として、あるいは専門職として活動している場合、自らの訓練や経験の範囲を越えたクライエントを引き受けるように依頼されたり、介入方針を出すように求められたりすることがある。そのような場合には、自らの能力の範囲内でしか対応できないことをしっかりと伝えなければならない。
- 援助専門職としての能力を高めるためには、必要な時はいつでもスーパービジョンを受けることが重要となる。また、専門職として仕事をする限り、積極的に新しい技能と技法を学び続ける態度も重要である。学習を継続することは、自らの専門領域の最新動向を知るために必須の作業であることを忘れてはならない。
- クライエントの多くは、自らの権利や責任について考えたことすらない。したがって、援助専門職として、インフォームド・コンセントの手続きをしっかりと実施することが大切となる。それによってクライエントが賢明な選択をするのを援助し、それを通してクライエントを保護することが可能となる。
- 秘密保持は、援助関係の土台となるものである。クライエントには、専門的援助関係において語ったことを秘密にしておくように求める権利がある。しかし、秘密保持を破らなくてはならない時もある。それは、秘密を洩らさなければならない特別な理由がある場合である。したがって、クライエントには、専門的援助関係を開始する時点で、そのような秘密保持ができない理由とはどのようなものかを知っておく権利がある。そのため、援助専門職は、秘密保持に関する法律を学び、それに従うことが重要となる。
- 夫婦、家族、グループの面接をする場合には、秘密保持は特別な意味をもつ。
- 専門職としての倫理義務についてクライエントに説明し、クライエントを保護しなければならない。援助専門職として、このような義務の存在を知っておくことは重要である。
- クライエントとの関係は、個人的なものではなく、専門的なものであることが原則である。日常場面での付き合いと専門的援助関係が混同された場合、クライエントと援助者の双方の利益を害することがしばしば生じる。
- 援助専門職の仕事は、クライエントが自立できるように教えることであり、援助者に会い続けたいという気持ちを減じていくことである。クライエントの依存心を育んでしまうことは、倫理に反している。それは、援助とは逆のことである。
- 性的な魅力を感じることは、援助関係においては特殊なことではない。通常の過程で生じてくることである。したがって、援助専門職はそうした魅力を認識し、

クライエントを援助する方向でその魅力に対処することが重要となる。

- クライエントとの間の性的関係は，メンタルヘルスの専門職が不正行為で起訴される主要な原因である。援助者とクライエントの性的関係は，いくつかの理由で倫理に反する。そのような性的関係の背景には，専門職としての権力とクライエントの抱いた信頼感の濫用がある。そのような権力と信頼感の濫用が倫理に反する主な理由である。
- スーパーバイザーとスーパーバイジーとの性的関係，教員と学生との性的関係は，倫理に反する。そのような関係は，弱い立場にある学生やスーパーバイジーを傷つけることになるからである。それは，明らかな権力の濫用である。また，スーパービジョンや学習の過程を混乱させる要因にもなる。
- 同僚が倫理に反する行動をした場合，それに対処する仕方を知ることは重要である。しかしそれ以上に，あなた自身が倫理に反する可能性を認識することが重要である。倫理に反する行動は，一般的に微妙である。したがって，倫理的に正しい行動をしていくためには，自分自身に正直になり，常に自分の行動を見直す態度を保つことを忘れてはならない。
- 不正行為をしたとして，メンタルヘルスの専門職が訴訟の対象となることが増加している。専門職が訴えられることが増えているだけでなく，学生も訴えられる危険性がある。むしろ学生には，訴訟の対象になりやすい面がある。したがって，どのようなことが訴訟につながるかを理解し，訴えられることがないための方法を具体的に学ぶことが重要である。

10 これからすること

1. 実践活動において生じてくる倫理的問題について相談できる援助専門職の人を，少なくともひとりは見つけておくことが大切です。その人が経験した倫理的問題について話を聞き，それを参考にしましょう。その人は，倫理的問題にどのように対処するのでしょうか。あなたなら，その問題にどのように対応するかも考えてみましょう。
2. 地域の機関（児童保護施設など）を訪問して，これまでにどのような倫理的問題や法律的問題が報告されているのかを尋ねてみましょう。その機関が対処しなければならない主な倫理的問題とは，どのようなものでしょうか。その機関の職員は，援助専門職の不正行為の問題に関心をもっているでしょうか。援助専門職が不正行為を訴えられるといった最近の風潮は，その機関の活動にどのような影響を与えているでしょうか。そのようなことを尋ねてみるのもよ

いでしょう。

3. 研修先の現場などで経験した倫理的ジレンマのひとつを思い出してみましょう。その状況にどのように対処したのかを見直しましょう。そして再度，同じ状況に直面したとしたら，今度はどのように対応するでしょうか。考えてみましょう。

4. 本章の冒頭に示した"倫理的問題に関する質問項目"と，本章で取り上げた事例を見直して下さい。まず，あなたが直面する可能性の高い倫理的問題を選んでみましょう。そして，その中でも最も緊急性の高いものを選び出して，その問題に対するあなたの考えをまとめ，それを書き出してみましょう。もしあなたが現場での活動に参加しているならば，そこで起こり得る倫理的ジレンマをノートに書き留めておきましょう。その中であなたが関心をもった問題をスーパービジョンや授業の場で話題にしてみましょう。倫理的ジレンマを書き留める際には，どのようにしたら倫理的にみて適切な実践ができるのかを考えて，問題をまとめてみるのがよいでしょう。倫理的観点からみて適切な援助活動をする能力を向上させるために，今あなたができることは何でしょうか。考えてみましょう。

5. 倫理的問題に関して有用な文献を以下に示します。なお本書の最後部に引用文献および参考文献リストがあるので，それも参照して下さい。

　　メンタルヘルスの専門職における不正行為訴訟の原因について有用なハンドブックとしては，Austin, MolineとWilliams (1990) があります。ACAの倫理規定に関連するケースブックについては，HerlihyとCorey (1996a) を参照して下さい。APAの倫理規定に関連するケースブックについては，Canter, Bennett, JonesとNagy (1994) を参照してください。倫理に関連する広範なテーマを扱った総合的ハンドブックとしては，Bersoff (1995) があります。援助専門職における倫理的問題を扱ったテキストとしては，Corey, CoreyとCallanan (1998) があります。The Counseling Psychologist特別号であるMeara, SchmidtとDay (1996)，Bersoff (1996)，Ibrahim (1996)，Kitchener (1996)，Vasquez (1996) も参考になります。さまざまな観点から二重関係論争を扱っている書物としては，HerlihyとCorey (1997a)，CoreyとHerlihy (1997) があります。

第6章

価値観と援助関係

▶▶▶ この章で考えてほしいポイント

1. あなたは，どのような価値観に基づいて行動していますか。クライエントと関わる際に，その価値観がどのような影響を与えているのか気づいていますか。

2. あなたは，価値判断をせずにクライエントと接することができますか。援助過程においては，何らかの価値判断が必要となる場合があると思いますか。もし，価値判断が必要となると考えるなら，それはどのような場合でしょうか。

3. クライエントが行った判断が，あなたの価値観と異なっていたとします。そのような場合，あなたは，自分の価値基準を大切にしながらも，同時にクライエントが自ら判断し，選択する権利を認めることができますか。

4. あなたは，自分が正しいと信じていることを友人や家族に押しつけたくなりますか。もし，あなたに，自分の価値観を他者に押しつける傾向があるとしたら，それは，あなたが援助者としてクライエントと接する際に，どのような影響を与えるでしょうか。

5. あなたは，自分の価値観を他者に明示することと，それを他者に押しつけることの違いを区別できますか。

6. あなたは，援助専門職の仕事はクライエントのために決断してあげることだと考えますか。それとも，クライエントが自ら決断するのを助けることだと思いますか。

7. あなたは，クライエントが自ら決断をするのを見守ることができますか。特に，クライエントの判断が最善のものではないと思われる時でも，介入せずに見守ることができるでしょうか。

8. あなたとクライエントとの間で価値観に関して不一致が生じたとします。その場合，他の専門職にリファー（紹介）すべきか否かに関して，どのようにしたら最善の判断ができるでしょうか。

9. 価値観の相違のため，クライエントに援助的に関わることが難しくなっていると感じた時，どのように対処するのがよいでしょうか。

> 10. 援助過程の基盤となる基本的な価値基準とは，どのようなものでしょうか。効果的な援助をするために不可欠な本質的価値観とはどのようなものだと思いますか。あなたは，そのような価値観をどのようにクライエントに伝えますか。

1 この章のねらい

　この章では，あなたの価値観がどのようなものであるのかを明らかにした上で，それが援助専門職としての仕事に与える影響について学ぶことを目標とします。価値観が援助関係や援助過程にどのような影響を及ぼすのかを明確化することが，本章の最終的な目的です。その際，援助者が自らの価値観をクライエントに知らせることと，クライエントに特定の倫理綱領や人生哲学を教え込むことを混同しないことを特に強調します。両者の間には，根本的な違いがあります。以下において，判断の難しい具体的な状況を提示します。その提示された状況にどのように取り組むかによって，それぞれの価値観が浮き彫りになります。それと共に，その価値観が援助を効果的に行う妨げになることも見えてきます。読者の皆さんには，本章を読むことを通して，自らの価値観と，その価値観が効果的な援助の妨げになるあり方に少しでも気づいてほしいと思います。

　クライエントと援助者との間においては，さまざまな齟齬が生じます。しばしば生じる齟齬としては，性的な嗜好，家族に関する価値観，性別による役割行動，宗教に対する価値観，中絶問題，性に対する価値観などが挙げられます。

2 援助活動において価値観の果たす役割

　援助活動に関する専門書では，価値観が援助過程において果たす役割が重要なテーマとしてしばしば取り上げられています。そのことからも，援助専門職に関わる人々が，価値観に強い関心を持っていることがわかります。しかし，どのような価値観が援助を行う際に重要か，また援助関係の中で価値観がどのように扱われるべきかについては一致した見解がありません（Bergin, 1991）。

　Berginは，子育てとの比較を通して援助の過程を論じています。まず，相手との間で関係を築きます。そこに信頼関係が育まれた時点で，援助者は相手の価値観を大切にしながら成長を促すように導きます。つまり，援助の関係を通して，クライエントは自分の価値判断や自分の選択がどのようなものかを明確に知り，

それらを評価する方法を学びます。そして，成長して自由に自分で選択ができるようになるまで，新しい行動や考え方をさまざまな状況下で試みるのです。援助を受けている人が成長し，自立するに従って援助者は，次第に手を離していくことになります。援助者は，クライエントが自分でできることを，クライエントになり代わって行うことはしません。それは，子どもが育ち，親から自立して自分自身の価値観を確立していく過程と比較できるものです。

　援助の理論や実践の背後には，すでに何らかの価値観が埋め込まれています。それでは，援助過程の土台となる基本的な価値観とはどのようなものでしょうか。JensonとBergin（1988）は，メンタルヘルスに携わる専門職の価値観に関する全国調査をしています。それによると，心理的に健康なライフスタイルの維持や健康回復に向けての介入を導き，その成果を評価する活動において重要となる基本的価値観として次のような事柄が重要であるとの点では意見の一致がみられるとのことです。それは，"自分の行動に対しては責任を取る"，"ストレスに対処するための効果的な方策を身につける"，"愛情を与え，またそれを受け取る能力を育てる"，"他者の気持ちに配慮する"，"自分をきちんとコントロールできるように訓練する"，"人生の目的をもつ"，"率直で正直である"，"自分の仕事に満足感を覚える"，"自分は自分であるとの感覚を持ち，自分には価値があると思えるようになる"，"人間関係において成長し，他人への配慮と関係を育む力を身につける"，"結婚や家族やその他の関係に対して責任を持ち，自己への気づきを深めてより成長したいと思う"，"健康によい習慣を実践する"といったことです。これらの事柄は，援助関係の土台となる普遍的な価値観として考えてもよいと思われます。

　価値観が実践の中で果たす役割について考えるために，そして，自分の価値観を明確にする手段として以下の質問に答えてみて下さい。それぞれの文章を読み，援助専門職としての役割に関して，あなた自身の態度や信念に当てはまるかどうかを，3＝自分に当てはまる，2＝自分には当てはまらない，1＝わからない，の中から選び，記入して下さい。

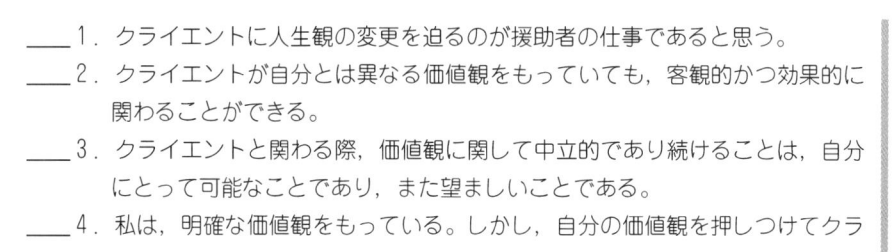

＿＿＿1．クライエントに人生観の変更を迫るのが援助者の仕事であると思う。
＿＿＿2．クライエントが自分とは異なる価値観をもっていても，客観的かつ効果的に関わることができる。
＿＿＿3．クライエントと関わる際，価値観に関して中立的であり続けることは，自分にとって可能なことであり，また望ましいことである。
＿＿＿4．私は，明確な価値観をもっている。しかし，自分の価値観を押しつけてクラ

イエントに影響を及ぼすことはないと確信している。

____5．クライエントへの押しつけにならない限り，自分の見方を表現したり自分の価値観を明らかにしたりすることは適切だと思う。

____6．知らず知らずのうちにクライエントに働きかけて，私自身がもっている価値観について考えるようにしてしまう傾向がある。

____7．もしクライエントと自分との間に大きな価値観の相違を見つけた場合，私は，そのクライエントを他の専門家にリファーすると思う。

____8．私は宗教的見解をもっており，それは，私自身の仕事のあり方に影響を与えるものである。

____9．妊娠した思春期のクライエントが中絶を選択肢のひとつとして考えていても，私は，その女性のカウンセリングをすることに困難を感じることはない。

____10．私は性役割に関しては特定の立場をとっており，それが自分のカウンセリングのあり方に影響を与えることはあると思う。

____11．同性愛のカップルをカウンセリングすることは，自分にとっては特に問題になることではない。

____12．価値観を明確にすることは，援助過程での中心的な課題であると思う。

____13．自分自身の家庭生活に関する考え方が，離婚を考える夫婦のカウンセリングを行う際に影響を及ぼすことはあると思う。

____14．クライエントが自分の子どもを残して一人暮らしを始めたいと願っていることを知っても，クライエント自身がそうしたいと決めたのならば，自分とそのクライエントの関係には影響がないと思う。

____15．私は，既成の価値基準を素直に受け入れることはなく，自らが納得して選び取ることで自分自身の価値観を形成してきた。

____16．浮気をしている既婚のクライエントが，配偶者にその事実を知らせたくないと思っていても，私は，そのクライエントと個別カウンセリングを行うことに特に困難は感じないだろう。

____17．自分の価値観によって，仕事における客観的な判断ができなくなることは絶対にないと確信している。

____18．最もよい仕事ができるのは，自分と同様の価値観を持つクライエントの援助においてである。

____19．クライエントが望むならば，所与の問題に関する自分の価値観をクライエントに喜んで披露するつもりである。

____20．私は，麻薬の注射でエイズに感染した人に対しても，援助的に関わることができる。

質問はいずれも，"正しい"か"誤り"かを明確に答えることができないものばかりです。これらの質問は，あなたが援助専門職として働く際に，価値観がどのように影響するのかについて考えるために用意されたものです。気になった項目を取り上げ，同僚とそのことについて話し合ってみましょう。本章では，以下において価値観に関するさまざまな問題を取り上げます。読者の皆さんには，そのような問題に対して，自分自身がどのような立場をとるのかを積極的に考えてほしいと思います。その際の基本的な問いは，"援助者は，自らの価値観を持ち込まずに援助の仕事をすることが可能なのかどうか"ということです。

3　価値観を提示することvs.押しつけること

　どの価値観を取り入れ，どの価値観を修正し，あるいは放棄し，どの方向に自らの人生を導くかを選択する最終的な責任は，クライエント自身にあります。ただし，何らかの選択する前にクライエントは，援助過程を通して自らの価値観について見直し，検討する方法を学ぶことはできます。援助者であるあなたがクライエントに対して自らの価値観を隠したり，押しつけたりしさえしなければ，あなたは，クライエントが自らの価値観を試すための実験台として重要な役割を果たすことができます。

　Patterson（1989）は，クライエントに何かを吹き込んだり，特定の価値体系や人生観を教え込もうとしたりすることに反対し，次のように述べています。

- 人々は，普遍的に受け入れられる，いくつかの価値基準を共有している。しかし，個人はそれぞれ独特な存在なのだから，価値観もまたその人独自のものとなる。
- 多くの情報の中から取捨選択して自らの人生観を形成するのは，本人の責任である。
- すべてのクライエントを感動させ，また納得させることのできる，完全で理想的な人生観を持とうと望むこと自体が非現実的なことである。
- 援助関係は，倫理教育をする場としては相応しくない。
- 通常，人は，たったひとつの情報源から倫理の体系や規定を一気に取り入れることはしない。

　ここでPattersonが強調していることは，正しいといえます。クライエントと共に作業をする中で，どうしても援助者自身の価値観を度外視できない場合があります。そのような場合，援助者は，自らの価値観についてクライエントと話し合うことを避けるべきではありません。Pattersonによれば，クライエントが望んだ場合，援助者は，自ら価値観を明らかにすることが必要です。また，援助者

自身が望ましいと判断した場合にも，自らの価値観を相手に知らせてもよいとPattersonは述べています。自らの価値観を提示することが援助関係や援助過程の質を高めることにつながると援助者側が判断した場合には，価値観を明らかにすることは適切であると考えられます。

援助の過程では，価値観の問題が生じることが避けられない場合があります。そのような場合には，クライエントの自律性を尊重しつつ，同時にその問題に正面から取り組むことが必要であるとBergin（1991）は指摘しています。彼は，その際，クライエントの価値観を無視し，否定することは倫理に反することであると述べています。また，クライエントの中心問題とは関係のない価値観に焦点を当てることも間違いであると主張しています。Berginは，援助者が価値観に関して開かれた態度をとり，クライエントと自由に価値観について話し合うことが重要であると述べています。

クライエントに自分の価値観を押しつけることが適切でないと知っていても，無意識のうちに自分と同じ価値観を共有する方向に進むように，クライエントに働きかけているかもしれません。どのような介入方法を用いても，クライエントは，援助者が何に価値を置いているのかについて手がかりを見つけてしまうものです。また，援助者の振舞いによっても，クライエントは，自分のしていることが援助者に好まれているか嫌われているかを察知します。クライエントは，援助者に認めてもらいたいので，自分自身の内面から導かれるというよりも，色々なヒントに反応して，援助者が好むと思われることをしようとするのです。

援助専門職は，個人的価値観に加えて，専門職として基本となる職業的価値基準も持つことになります。例えば，全国ソーシャルワーカー協会（NASW）の倫理規定（1996）は，このような基本的価値観として以下のような点を挙げています。

- **サービス**：第一の目標は，援助を必要としている人々を助け，社会問題に取り組むことである。
- **社会的正義**：社会の不正に挑戦する。
- **人間としての尊厳と価値**：人の尊厳と価値に敬意を払う。
- **人間関係**：人間関係が最も重要なもののひとつであることを認識している。
- **誠実性**：信頼に値する態度をとる。
- **有能性**：自分の能力の範囲内で実践を行い，自分の専門的知識や技術を発展させ向上させる。

米国カウンセリング協会（ACA）は，カウンセラーが自らの個人的価値観に気づくことの重要性を次のように表現しています。"カウンセラーは，自らの価

値観，態度，信念，行動を自覚し，それらが多様な人々から構成される社会にどのように適合するのかに注意を払わなければならない。それと同時に，自らの価値観をクライエントに押しつけることは避けなければならない"（ACA, 1995, A.5.b.）。このようにガイドラインでは，援助者が自らの専門的活動に影響を与えるような価値観をもつことを認めています。ただし，倫理的観点から援助者は，自らの価値観を提示することと，それを相手に押しつけることの違いを学ぶことが義務づけられることになります。

援助関係における価値観に関しての見解

援助者が中立な態度を保ち，自らの価値観を専門的関係から切り離して考えることはほとんど不可能であるというのが，私たちの見解です。したがって，無理に中立的態度を取ろうとすることは，かえって望ましくないと考えます。価値観は，援助過程に重大な影響を与えます。そこで，援助専門職は，適切と思われる機会をとらえて，自らの価値観を率直に表現することが重要となります。クライエントに注意を払い，クライエントが相談に来ている理由をじっくり考えるならば，価値観について話すべき適切なタイミングを示す手がかりを見逃すことはないでしょう。

しかし，私たちの見解に同意しない援助者もいます。私たちとは異なる極端な見解として，援助とはクライエントが社会的影響を受けるべき場だと考える援助者がいます。例えば，援助者側はあらかじめ明確で絶対的な価値体系をもっており，援助者の仕事は，クライエントにその世界観を取り入れるように促すことだと信じている援助者がいます。他方，クライエントに影響を与えることに過敏になりすぎて，強迫的なほどに中立であろうとする援助者もいます。そのような援助者は，自分の考えがクライエントの決断を汚染してしまうのではないかと恐れ，一切自分の価値観を明らかにしません。あるいは，価値観を押しつけないという意味を，どのような価値観ももつべきではないと誤解し，結果的に自分自身も特定の価値観をもつべきでないと結論づけてしまうこともあります。そして，援助を行う際にもっていなければならない基本的な価値観すらももとうとはしない場合もでてきます。

私たちは，援助者の主な仕事とは"援助を求める人々が自分のしていることを見つめ，それが自らの価値観にどの程度沿っているかを判断すること，そして現時点での行動がクライエント自身の求めるものをもたらしているかどうかを考えるのに必要な原動力を提供すること"であるとの立場をとります。このような立場からは，もしクライエントが自分の生活に満足していないなら，自分の行動を

見直したり，修正を加えたりするために，あるいは他の選択肢を選ぶために，援助関係を用いることができると考えます。まずクライエントは，自分自身に対して自分とは一体誰なのかを問わなければなりません。そして，どのように変化したいのかを決めるのはクライエント自身ということになります。

自らの価値観を表明すること

あなたが初心の援助者だとすると，自分の価値観を相手に押しつける傾向があるかもしれません。例えば，あなたが人工中絶に強く反対する立場を取るならば，クライエントには異なった考えをもつ権利があることを考える余地がないかもしれません。そのような信念に基づいて，無意識的に，あるいは意識的に人工中絶以外の選択肢を選び取る方向にクライエントを導いていくかもしれないのです。

　私たちの見解では，援助専門職の仕事は，クライエントが自分の価値観を明確化するのを助けることです。クライエントが，自分自身にとって，また周囲の人々にとってどうすることが一番よいのかを考え，その結果として最もよい選択ができるように援助することが援助専門職の取るべき態度であるというのが，私たちの見解です。クライエントが絶対的規範に従うのを手助けすること，あるいはクライエントを真人間に矯正することが自分の使命だと思い込んでいる援助者もいます。しかし，私たちは，そのようなひとりよがりの援助者がいることをたいへん残念に思います。

　私たちは，とりわけクライエントとの関わりに影響を与えそうな価値観についてはクライエント自身に話すことが望ましいと考えています。例えば，そのような私たちの価値観として，自分の生き方を見直しつつ生きることは，何もしないで生きるよりも望ましいということがあります。また，私たちは，人間は，運命を甘受する人生の犠牲者ではなく，意識して努力を重ねれば，自分の人生を大幅に変更することができるという前提に立っています。苦悩についても，それはしばしば大切な何かを探し当てるための材料になると信じています。クライエントが自らの苦悩を認め，それを表現する気になれば，その苦悩は未解決のままになっている重大な問題に取り組む糸口となります。さらに，それは，クライエントが自分自身を探るための貴重な材料となると思います。私たちが特にクライエントと共有したいと思っている価値観のひとつとして，自分で決定することの大切さがあります。自分で決定することとは，自分自身のために選択し，その選択の責任を受け入れることです。自分の決定を他者に委ねたがる人もいます。しかし，私たちは，クライエント自身が自らにとって最善の決断を導き出すのを援助することが重要であると考えます。

以上，私たちの価値観を示しましたが，それらは，私たちが表明する価値観の例です。さらに，価値観については，クライエントの行動がクライエント自身の価値観と一致していないように見えることもあります。それが原因でクライエントの援助が難しく感じられる場合には，そのような行動と価値観の不一致をクライエントに告げ，そのことに直面するように促します。

4　価値観に関するクライエントとの不一致

　援助者が自らの価値観をクライエントに提示することが，非常に役立つ場合があります。このことが特に当てはまるのは，クライエントとの間に大きな価値観の差があることに気づいた時です。もしあなたが，そのような価値観の不一致が原因となってクライエントと客観的に関わることが難しいと感じているなら，はじめからその人をクライエントとして受け入れるべきではありません。それは，倫理的にも適切なことです。いったん関係が成立してすぐに価値観の不一致に気づいた場合は，他の援助専門職にリファーする方がクライエントにとって利益になるでしょう。もし援助の関係が進んで，終結を迎える前にそのことに気づいた場合には，価値観の違いからあなたとクライエントが直面すると思われる困難について話し合うことができます。例えば，あなたのクライエントが型にはまった宗教的価値観に心酔し，よい人間になるにはどうあるべきかという独断的な理想像にしがみついているとします。もし，あなたがその価値観を共有していないなら，きっとそのクライエントの態度や選択を受け入れるのに困難を覚えるはずです。あなたは，自分が絶えずそのクライエントの価値観に疑いを持ち，その人の考えをもっと自由なものにさせようと頑張っていることに気づくでしょう。
　もうひとつ例を考えてみましょう。例えば，あなたがゲイの男性のカウンセリングを担当しているとします。クライエントは，恋人との関係や，恋人との間でのコミュニケーションにおける問題について話したいと思っているとします。クライエントと関わる中で，あなたは，自分には彼の性的指向を受け入れることが難しいことに気づいたとします。あなたは，この点について疑問を抱き，彼自身が取り組みたいと申し出ている事柄に集中できません。彼が話したいことの代わりに，あなたは彼の性的指向に焦点を当ててしまいます。彼がゲイであることをあなたは受け入れられません。同性愛は，あなたが道徳的に正しいと考えていることに反しているからです。これらの反応は，無視できないほど明白なものでした。その結果，あなたがクライエントを援助できていないということが，両者共

に認識するところとなりました。そのような場合，倫理的に適切な行動は，より客観的に彼と関わることのできる専門家にリファーすることです。その手続きとしては，自分の価値体系では適切な援助ができないことを伝え，他の専門家に紹介すること申し出ることになります。その際，クライエント側に何か非があるというような印象を与えないようにすることが重要です。その代わり，自分の価値観が邪魔をして，客観性を保ったり効果的に関わったりすることがいかに難しいかに焦点を当てるほうがよいでしょう。要するに，あなたがクライエントを他の専門家にリファーする必要性を感じる場合，目の前のクライエントが問題であるというよりも，むしろ自分の側に問題があることが多いのです。

Tjeltveit（1986）は，道義的，宗教的，または政治的価値観がクライエントの中心的な問題に関わっており，援助者の側が以下に示すような状況に陥った場合には，他の専門家にリファーすることが適切であると主張しています。それらは，"自分の能力の限界を越えている"，"クライエントの価値観に対して極端な不快感を持つ"，"援助者が客観性を保てない"，"援助者がクライエントに自分の価値観を押しつけようとしている"といった状況です。このような場合に望まれることは，その問題に関して自由に対応できる専門家，またはクライエントと価値観を共有する専門家に，クライエントをリファーすることです。ただし，単に価値観の不一致があるというだけでは，即座に他の専門家にリファーするということにはなりません。というのは，不一致を認めることを通して，かえって有意義な関わりをすることも可能だからです。価値体系の不一致が生じた時には，リファーすることを急ぎ過ぎないようにしましょう。まず，他の専門家へのリファーが必要と感じるのはクライエントのどの部分が関連しているのだろうかという問いを，自分自身でしっかりと考えてから判断を下すようにしましょう。

金銭的な問題やあなたの専門領域の限界によって，どうしてもリファーする場所が見つからないこともあると思います。こうした状況では，自分の価値観がクライエントとの関わりを妨げないように最大限の努力を払いながら援助を続けることになります。スーパービジョンを受けたり，同僚に相談したりすることで，自分が特定のクライエントと関わることができないと感じている理由が明白になるかもしれません。重要なのは，クライエントが自分と違う価値観をもつ権利を尊重することです。たとえあなたがクライエントのもつ価値観に賛成できなくても，自分の価値観を押しつけずにいることができるならば，きっとあなたは効果的にクライエントと関わることができるでしょう。

本章の残りの部分では，さまざまなクライエントと関わる中で出会うと思われ

る価値観の問題について考えていきます。これらの問題には，ゲイやレズビアン，家族の問題，性別による役割に関する価値観，宗教的・精神的な価値観，中絶や性に関する事柄が含まれます。

5 価値観の不一致が生じやすいテーマ

同性愛者の問題　価値観が援助過程の結果にどのように影響するかという問いは，しばしばゲイやレズビアンのクライエントと関わる時に表面化します。多くの援助者は，ゲイやレズビアンの問題について，盲点，偏見，誤解をもっています。Fassinger（1991b）は，ゲイやレズビアンと効果的に関わるために必要な態度，知識，技能をメンタルヘルスの専門職が身につけるべきだと強調しています。そしてFassingerは，「すべての実践家は，面接の中で，クライエントとの間でお互いの関係をじっくり話し合う時間を取るべきである。その話し合いの中で，お互いが心地よくいることができているのかを確かめ合い，介入の効果を確認し，そして，クライエントと協力関係の盲点となっているものがあるなら，それを明らかにする必要がある」と述べています。

　もし，あなたがゲイやレズビアンのクライエントと効果的に関わることを望むなら，まず同性愛についての自分の見解に疑問を投げかけてみることが重要です。あなたは，自分自身が抱いている偏見に気づく必要があります。今まで盲信してきた事柄の中には，実は根拠がないものがあったり，誤っているものもあったりします。したがって，まずは疑ってみることが必要なのです。あなた自身の価値観がクライエントとの関わりにどのような影響を与えるかに目を向けることが大切なのです。以下で述べる状況を自分自身に当てはめ，あなたの価値観が，下記の事例のクライエントであるアートとの関わり方にどのように影響するかについて考えてみましょう。

> **事例**　カウンセラーのあなたは，33歳のゲイの男性，アートと初回面接を行っています。彼は，しばしば自分がひとりきりで孤立していると感じるので相談に来たと言います。彼は，男性とも女性とも，親密な関係を続けることに困難を感じています。彼は，他者との関係が深まるにしたがって，他者が自分のことを嫌うようになるということを悩んでいました。人々が彼と知り合いになるにしたがって，彼を受け入れず，どこか彼を嫌うようになると感じていました。彼は，父親との関係が苦痛となっていました。あなたは，面接を通してそのことを知ります。彼は，父親とはほとんど連絡をとっていません。彼は父親ともっと

親しく関わりたいのですが，彼がゲイであることがそれを妨げています。父親は，アートが"変になってしまった"ことに対して罪悪感を覚えていることを彼に告げました。アートがなぜ"正常"でないのか，なぜ他の息子と同じように女性と知り合って結婚することができないのか，父親にはまったく理解できないのです。アートは，主に父親との関係について取り組みたいと思っており，また，自分が親しく関わりたいと思う人から拒絶されることへの恐れを克服したいとも思っています。彼は，自分がゲイであることを受け入れており，自分を気遣ってくれる人にそのような自分を受け入れてほしいのだと語ります。

あなたの立場 アートの状況に対するあなたの最初の反応は，どのようなものでしょうか。あなた自身の価値観に照らすと，あなたが彼と援助的関係を確立するのに困難を覚えると予想されるでしょうか。彼は，自分の性的指向を変えたくないと言っています。あなたは，その決断を尊重することができるでしょうか。アートとの関係をどのように続けていくかを考えてみましょう。そして，ゲイの男性に対するあなた自身の態度がどうかについてよく考えてみましょう。その際，あなたの立場がどのようなものであっても，自分の価値観を押しつける傾向がないかどうかをしっかりと考えてみて下さい。例えば，あなたが道徳やその他の理由で個人的に同性愛を受け入れることを難しく感じているとしたら，あなたは，アートに対して同性愛をやめて異性愛者になるように勧めるでしょうか。アートとのカウンセリングでは，焦点となる問題が多々あります。それは，拒絶されることへの恐れ，父親に関する苦悩，父親が変わってほしいという願い，男性とも女性とも親しくなることが困難であるということ，性的な指向性，そして価値観などです。あなたならどの問題に焦点を当てると思いますか。あなたがアートと一緒に探ってみたいと思う問題は，ほかにもありますか。

討論 臨床心理士の臨床的実践を調査し，同性愛者に対して偏見を持つ者と，逆に理解を示す者の両者の根底に流れる主なテーマは何かを探った調査結果があります(Garnets, Hancock, Cochran, Goodchilds, & Peplau, 1991)。それによると，援助的に有効なカウンセリングと，逆に有害なカウンセリングを分ける根拠となる事柄が見えてきました。援助専門職であれば，必ずゲイやレズビアンのクライエントと出会うといえます。上記調査では，そのことを前提として重要な指摘をしています。それは，同性愛のクライエントと接することによって必ず表面化するカウンセラー側の価値観や潜在的偏見が，どのように援助関係のあり方に影響を与えるのかを意識することが重要であるということです。下記の項目は，偏見に満ちた不適切な実践で生じる行動をまとめたものです。

- 無意識に，あるいは自動的にクライエントの問題を性的指向のせいにする。
- 本来は異性愛者であるべきであるとの前提に立ってクライエントに関わり，クライエントのゲイ，あるいはレズビアンとしての自己認識を軽視する傾向がみられる。
- 問題の本質が性的指向とは関係のない場合でも，援助における中心的な問題として性的指向に焦点を当てる。
- ゲイのクライエントが，他者に自分が同性愛であることを打ち明けることから生じる影響を過小評価する。
- ゲイやレズビアンのもつ関係の質や多様性について鈍感で，異性愛者の観点から問題解決をしようとする。
- ゲイやレズビアンの性的指向をつまらないもの，あるいは下品なものとみなす。
- レズビアンやゲイの親や子どもまでもが偏見や差別を受けていることについて鈍感である。

　上記調査を行った臨床心理士は，同性愛のクライエントに関して望ましく，的確な実践についても述べています。そのような配慮ある実践をしている援助専門職のあり方を以下に示します。

- 同性愛それ自体が精神病理や発達的問題はないと理解しており，ゲイやレズビアンも充実した人生を送ることができると認識している。
- ゲイのクライエントが社会的偏見や差別をしばしば経験していることを理解している。そして，クライエントが自分に対する否定的な見方を克服するのを援助するために，これらの知見を用いている。
- 援助者自身の性的指向や態度，間違った情報が援助の活動の妨げになる可能性があることを認識している。自らの限界を認識した上で，必要に応じてコンサルテーションを受ける。また，状況に応じて他の援助専門職にリファーすることをクライエントに提案する。
- クライエントの自律性を尊重している。クライエントの性的指向を変えようとする場合は，それが適切な介入であるのか，そしてクライエントがその変化を望んでいるのかをクライエント自身に確認する。
- クライエントがゲイあるいはレズビアンとして肯定的なアイデンティティを確立するのを援助する。
- クライエントの両親や兄弟が教育や支援を必要としていることを理解している。
- ゲイのクライエントのニーズや援助の問題についての情報を有している。コミュニティ内にある，ゲイやレズビアンに関するメンタルヘルスや教育のための社会的資源を活用する。

　マスメディアでしばしば報じられているように，ゲイやレズビアンにまつわる政治的問題は，否定的反応を呼び起こす傾向があります。あなたが保守的価値観

をもっているとしましょう。そのようなあなたが援助専門職としてゲイやレズビアンのクライエントと接した場合，すぐに困難に直面するでしょう。たとえ，あなたがこれまで，自分にも他者に対しても「誰でもその本人にぴったりとくる生き方をする権利をもっている」と明言していたとしても，実際にそうしたクライエントに出会った時には意外に困難を覚えるものです。知的レベルで受け入れることと，感情的レベルで受け入れることの間には差があるのです。もしあなたがゲイやレズビアンに対して知的レベルで，あるいは感情的レベルで否定的反応をすることがあったなら，あなたは，自らの価値観をクライエントに押しつける危険性があることを自覚しておく必要があります。

　自分の価値観がゲイやレズビアンのカウンセリングを行うにあたって妨げとなると思われるのならば，自分の限界を自覚することが求められます。そして，その限界を受け入れて適切なリファーをすることが重要です。そうすれば，長い目で見て自分自身に対してもクライエントに対しても，責任を果たしていることになります。

　同性愛に関するあなたの価値観を明確化する方法として，次の質問に答えてみて下さい。各項目の記述に，ほぼ同意する場合は3，判断がつかない場合は2，同意できない場合は1，を記入して下さい。

____ 1．ゲイやレズビアンのクライエントについては，自らもゲイやレズビアンであるカウンセラーが最も効果的な援助ができる。

____ 2．同性愛者のカウンセラーは，異性愛者のクライエントに自らの価値観を押しつける傾向があるように思える。

____ 3．養子を取りたいと願っているゲイやレズビアンの夫婦がいた場合，たとえ彼らが親として相応しい人物であるとしても，私は，彼らの援助をするのに困難を覚えるだろう。

____ 4．同性愛は，精神疾患の一種である。

____ 5．レズビアンやゲイの人々は，異性愛者と同じように，適応できる場合もあれば適応できない場合もある。

____ 6．同性愛は，道徳に反することである。

____ 7．私は，ゲイやレズビアンのクライエントをカウンセリングする場合でも，客観性を保つことは難しくない。

____ 8．私は，地域のゲイ・コミュニティにある社会資源をリファー先として利用できるだけの情報をもっている。

____ 9．ゲイやレズビアンのクライエントを効果的にカウンセリングすることができ

るようになるためには,特別な訓練や知識が必要であると感じる。
___10. 父親がゲイである家族に対して家族カウンセリングを実施することになっても,特に違和感を覚えることはない。

　質問に答え終えたなら,自分の反応に何らかのパターンがないかどうか探ってみましょう。以下に,ゲイやレズビアンをカウンセリングする際のカウンセラーの態度,知識,関心,方略に関する調査結果(Graham, Rawlings, Halpern, & Hermes, 1984)を示しましたので,それとあなた自身の結果とを比較し,自らの援助者としてのあり方を見直してみましょう。まずは,援助者としての態度についての結果です。

- 援助者の(以下略)88％が,同性愛は精神疾患でないという立場に同意した。
- 77％が同性愛者も異性愛者と同じように適応することができると感じていた。
- 74％が,レズビアンやゲイが養子をとることについて,親として相応しい人物ならば認められるべきであると感じていた。

次は,同性愛関係の知識に関しての結果です。

- 援助者は,同性愛者一般に対しては表面的に肯定的な態度であった。それにもかかわらず,文献に情報が載っているような内容であっても,同性愛に関する知識は非常に乏しかった。
- 援助者が問題だと感じている事柄として,"客観性"の欠如,同性愛者のリファー先に関する情報不足,同性愛者のクライエントへのカウンセリングの訓練の不足であった。特に同性愛者への援助の方法に関する訓練の必要性が強く求められていた。

家族の問題

事例 **不安定な母親**:ヴェロニカは,それまで抑圧された人生を送ってきていました。彼女は,17歳で結婚し,22歳までに4人の子どもをもうけました。そして現在は32歳で,大学に通って勉強しています。彼女は優秀な学生で,やる気もあり,学ぶことに熱心です。これまでやりそこなってきたものを発見し楽しんでいます。自分よりも若い仲間や教員は魅力的で,二度目の思春期を味わっているようです。また,彼女は,大学では周囲の者にちやほやされています。このような経験は,これまでありませんでした。家庭では,彼女が家事をすることは当たり前のように思われていました。家族のメンバーは誰もが,彼女が自分たちに何をしてくれるのかにしか興味を示しませんでした。他方,大学では,彼女は特別に扱われ,彼女の知性に対しても敬意が払われていました。
　ついにヴェロニカは,若い男性と不倫関係になりました。彼女は,夫および10

歳から15歳までの4人の子どもと別れる決意をしようとしています。あなたは，大学のカウンセリング・センターのカウンセラーです。彼女は，あなたのカウンセリングを受けに来ています。ヴェロニカは，自分はどうしたらよいのかわからなくなっています。若い男性への想いと家族に対する罪悪感との間で揺れ，混乱しています。彼女は，このような混乱状態を何とかしたいと思って来談しました。

あなたの立場　さて，ここで，あなた自身の価値観について考えてみましょう。もしヴェロニカがあなたに助言を求めてきたとしたら，何と言うでしょうか。彼女が夫と別れることについて，あなたはどう考えますか。4人の子どもと別れることについては，どうでしょうか。あなたは，「自分の好きなようにするのがよいでしょう」と勧めるでしょうか。もし，ヴェロニカがこの問題について熟慮した結果，「自分の成長と，よりよく生きるためには，苦しみを伴ったとしても，自分は家族と別れる必要があります」と言ったとします。その場合，あなたはどのような立場をとるでしょうか。あなたは，彼女の家族全員をカウンセリングセッションに連れてくるようにと，彼女に勧めようとするでしょうか。あなたが彼女に押しつけかねない価値観があるとすれば，それはどのようなものでしょうか。逆に彼女が迷いながらも，夫との関係を大切にして，家庭に留まることに決めたと語ったとしたら，あなたはどのような対応をするでしょうか。もし，あなたに親から捨てられたり，配偶者と別れたりした経験があるとしたなら，そのトラウマは，ヴェロニカと関わる際にどのような影響を与えるでしょうか。

事例　**危機状態にある家族**：妻，夫，そして3人の思春期の子どもがあなたの面接室に来ています。末っ子に関わった児童相談所から，その家族はリファーされてきました。末っ子は，窃盗という形で自己の内面の問題を行動化していました。彼が，家族の中で最も問題を表面化している問題児と見られています。夫は，あなたの面接室にしぶしぶ来た様子です。彼は，苛立っていました。来談に対して少なからず抵抗を示しており，「心理療法なんてものは信じていない」と言いました。息子がこうなった言い訳を並べ立て，夫婦や家族の中には大した問題はないと主張します。

　妻は，夫とよく喧嘩すること，家庭が非常に緊張状態であること，そして子どもたちが問題を抱えていることを語ります。彼女は，怯えており，家族に何かが起こるのを恐れていると言います。彼女は，自分自身や子どもたちをどう支えてよいかわからずにいます。ただし，家族関係を改善したいという気持ちは感じられます。

あなたの立場　面接室で家族全員と対した時，あなたはどのように感じるで

しょうか。家族全員が揃って来談したということで，何らかの希望を感じるでしょうか。しぶしぶながらでも父親がカウンセリングにやって来たという事実は，彼が問題に取り組む意志がある証拠と受け取ってよいのでしょうか。あるいは，あなたはこの家族には希望がないと感じるでしょうか。もしそうならば，あなたは夫婦に離婚を勧めますか。また，夫婦問題が子どもたちに悪影響を及ぼしていると見立てた場合は，別居あるいは離婚を勧めますか。

　家族を安定させること，夫婦関係をつなぎとめること，問題が生じた時の別居，離婚して新たな生活を始めることについての，あなた自身の価値観を考えてみましょう。あるカウンセラーは，「うーん，お二人は，お互いうまくいかないようですね。子どもたちは，お二人の言い争いによって傷ついていますね。お二人の関係は，どちらにとっても幸せでないように見えます。どうしてお二人は一緒にいて，互いに傷つけ合うことを続けているのでしょうか」と伝えるかもしれません。また，別の考えをもつカウンセラーは，「一緒にいるか別れるかは，お二人の決めることですよね。私としては，あなた方自身が夫婦関係を継続していく意志があるかどうかを決断してほしいと思っています。決断するにあたっては，さまざまな選択肢とそれぞれの結果をよく検討し，結婚生活を止めてしまうことを急がないように願っています」と述べるかもしれません。

　あなたは，このような場面で何と言うでしょうか。そこから，どのような価値観が浮き彫りになってくるでしょうか。それとの関連で見えてくるあなたの家族に関する価値観は，どのようなものでしょう。そのような，あなた自身の家族に関する価値観を，クライエントに対してどれくらい明らかにしますか。クライエントに尋ねられなくても，自らの価値観を明らかにしますか。もし，クライエントが自分たちの家族状況に関するあなたの考えを尋ねてきたら，どのように答えますか。また，自分たち家族はどうすべきかとクライエントから尋ねられたとしたら，あなたはどのように対応しますか。

事例　**不倫**：あなたのカウンセリングルームに，ある夫婦がカウンセリングを受けに来ています。最近，夫は，不倫していることを妻に告白しました。それによって，これまでも不仲であった夫婦関係は，さらに一層危機的様相を呈してきました。妻は非常に取り乱していますが，夫婦関係は続けたいと思っています。夫婦の間に倦怠感があり，結婚生活を続けるには努力が必要であることは認めています。しかし，努力するだけの価値があると妻は考えています。夫婦には子どもがおり，家族としてその地域では尊敬され，好感を持たれています。

　夫は，妻と別れ，新しく出会った恋人と暮らしたいと願っています。しかしそ

の反面，離婚を思い切れず，感情的な葛藤を抱え，どうしていいのかわからずに苦しんでいる状態です。彼は，まだ妻と子どもを愛しており，とても混乱しています。彼は，自分が中年期の危機を経験していることには気づいています。そのようなこともあり，その日その日で異なった結論に行き着き，日々揺れています。妻は，苦悩し，絶望感にさいなまれています。彼女は，全面的に夫に依存しており，他にサポートがありません。

あなたの立場 不倫に関するあなたの価値観は，どのようなものですか。不倫は裏切りの証だと思いますか。それとも単なる結婚問題の一部に過ぎないと思うでしょうか。また，それは，家族に関わる問題でしょうか。不倫は，男性や女性の成長や変化にはつきものなのでしょうか。中年期の危機の結果なのでしょうか。不倫を，その人の内面的な葛藤の現れとしてみるのは妥当なのでしょうか。ちょっと魔がさしただけのことであって，問題は，そこから抜けだせないことにあるのでしょうか。あなたは，この妻に何と言うでしょうか。夫には何と言いたいですか。あなたの価値観では，彼らに離婚することを勧めますか。試しに別居してみることを勧めますか。それとも，夫婦関係を続けるために努力するよう勧めますか。

あなたがこの家族の援助をする際には，あなた自身の家族体験が関わり方に影響を与える可能性があります。そこで，あなた自身が，これまで自分の家庭の中でこのような状況におかれたことがあったかどうかを考えてみましょう。もし，そのような経験があったならば，それは，この夫婦との関わり方にどのような影響を及ぼすと思いますか。もし，夫が「私は混乱しています。何としても答えが欲しいのです。あなたに，私の進むべき方向を示して欲しいのです」と言ってきたとしたら，あなたはどうするでしょうか。こうすべきであると答えを出したくなるでしょうか。あるいは，「これは，あなた自身の問題ですから，自分で答えを見つけなければなりません」と彼に伝えるでしょうか。あなたは，その夫婦に自らの価値観を話そうと思いますか。あるいは，彼らに過度に影響を与えることを避けるために，自らの価値観は語らずに自分の中に留めておくでしょうか。

性役割の問題

事例 **家庭内の性役割混乱**：フランクとジュディは，自分たちを"伝統的な夫婦"と表現しています。現在，彼らは，思春期にある2人の息子の子育てについて意見が対立し，葛藤状態にあります。そのような夫婦間の葛藤を解決

するために，夫婦カウンセリングを受けに来談しています。彼らは夫婦関係を見直しに来ているのですが，話題になるのは息子たちのことばかりです。ジュディもフランクも常勤の仕事を持っています。ジュディは小学校の校長として勤務するかたわら，母としてまた主婦としても日夜働いています。それに対して夫のフランクは，家の中の"女の仕事"をしようという気持ちはまったくないと言います。ジュディは，自分が家庭外の校長としての仕事に加えて家庭内での主婦としての仕事という，2つのフルタイムの仕事を持っているという意識はありません。

　ジュディもフランクも，伝統的な男性役割と女性役割というステレオタイプを何の疑いもなく受け入れており，それを見直そうといった気持ちはありません。2人とも，女と男が"なすべき"役割についてのはっきりした理想像をもっています。夫婦関係や，家庭での仕事の分配に関する不平等について話すよりも，むしろ息子との問題に注意を向けています。ジュディは，子どもたちの問題をどのように解決できるかについてのアドバイスが欲しい様子です。

あなたの立場　ジュディとフランクの夫婦は古い性役割にとらわれ，その役割に凝り固まっており，そのために夫婦間の緊張が生じていると言えます。もし，あなたがその性役割にとらわれている問題に気づいたとしたら，彼らにその点に気づくように注意を促すでしょうか。あなたは，フランクの持つ伝統的な性役割観に見直しを迫ることが自分の仕事だと思いますか。ジュディが夫婦間において平等な関係を求めるように促すことが自分の責任だと思うでしょうか。あなたがこの夫婦のカウンセラーになるとしたら，それぞれに対してどのようなことを伝えるでしょうか。あなた自身の価値観は，カウンセリングの方向性にどのような影響を与えるでしょうか。あなたなら，息子の行動よりも夫婦関係に焦点を当てるように促すと思いますか。性役割に関するあなた自身の状況や考え方は，カウンセリングの中にどのように影響するでしょうか。

討　論　もし，あなたが将来，援助専門職として夫婦や家族に関わることになるとするならば，覚えておいてほしいことがあります。それは，性役割に関するステレオタイプはそれなりの利点があって生じているものであり，それを変化させることは相当に難しいということです。そこで，夫婦や家族の援助をするのにあたっては，家族の適切な役割と責任，子育てをすること，女性の多様な役割，伝統的あるいは非伝統的な家族のあり方に関して，あなた自身の信念や考え方を見直しておく必要があります。そのような見直しを通して，ステレオタイプ化された性役割や親子間の責任分担などの問題について，あなたが現在持っている見方を明確化することができるでしょう。

ここで，Margolin（1982）が提唱している非性差別主義（non-sexist）の家族療法についてみておきましょう。この家族療法では，家族内の性役割期待やステレオタイプの性役割の否定的側面を意識化し，それへの直面化をどのように援助するのかに重点が置かれます。Margolinは，そのような援助を有効に進めるためのひとつの方法として，性による役割や立場の違いに関連する援助者自身の行動や態度を吟味することを提案しています。例えば，カウンセリングをしている最中に，夫婦で何らかの判断をするということになった時，カウンセラーであるあなたは，つい夫の方を見て話し，夫の決断を期待するという態度をとることがないでしょうか。逆に家庭の仕事や子育てが話題になった際には，妻の方を見て話すということはないでしょうか。このように援助者が，自らの偏った見方や価値観を知らず知らずのうちに示している可能性もあるのです。また，Margolinは，カウンセラーは次のような偏った態度をとりやすいと述べています。①結婚を続けることが女性にとって最良の選択であろうと仮定する。②女性の仕事については，男性の仕事ほど関心を示さない。③子育てはもっぱら母親の責任であるという考え方を受け入れるよう夫婦に促す。④妻の不倫に対しては，夫の不倫とは異なる反応をする。⑤夫の欲求を満たすことを，妻の欲求を満たすことよりも重要視する。

　さらに，Margolinは，夫婦や家族と関わる援助者に対して，次の2つの重要な問いを投げかけています。
- 家族が自らの問題に取り組む際に，明らかに性差別を前提とした解決に向けて動き出した場合，それに対してカウンセラーはどのように反応するのがよいでしょうか。
- カウンセラーは，家族が決めた性役割をどの程度容認するのがよいでしょうか。あるいは，どの程度再検討させたり，変更させたりするのがよいのでしょう。

宗教と精神世界の問題

　臨床心理士は，精神世界に関わる（spiritual）問題にはほとんど関心を示さないと言われてきました。しかし，現在では，臨床心理士を始めとして多くの心理援助専門職が人間の精神世界に関わる次元に注意を向けていると，Elkins（1994）は述べています。多くのクライエントが，人生における精神的，実存的問題に関しての援助を求めて相談にやって来ます。Elkinsは，"魂のこもった心理学"（soulful psychology）を提唱し，心理療法はそれ自体"癒し"を求める魂の旅であるべきだと結論づけています。

　MirantiとBurke（1995）は，クライエントの存在の核となる魂の問題を扱う心構えがあることが援助者には必要であると述べています。危機にある多くのク

ライエントにとって，魂に関わる領域は慰めと安らぎを与えるものであり，万策尽きたように見える時でも自分を支えてくれる主要な力となります。MirantiとBurkeによると，クライエントが経験する罪悪感や怒りや寂しさは抑うつや自己嫌悪を呼び起こしますが，それらは，精神的・宗教的領域における誤った解釈に起因していることがしばしばあるとのことです。援助者は，人生の転換期を迎えているクライエントに対して開かれたこころを保ち，一方的な決めつけをしないことが重要です。というのも，人々が人生の重要な決断をする際には，精神世界に関する信念や宗教的信念が主な力の源となり得るからです。この点に関して，MirantiとBurkeは，"そこでは，単に宗教的事柄を取り上げるか否かが問題なのではありません。しっかりとした心構えをもった思慮深いカウンセラーであれば，宗教的事柄の核にある魂の問題を適切に扱うことができるのです"（1995, p.3）と付け加えています。

事例 **保守的な宗教的価値観**：あなたのクライエントであるピーターは，強い保守的な宗教観を背景に持っています。彼は，善と悪，天国と地獄という枠組みで来世を信じており，所属する宗教団体の教えを疑いもなく受け入れてきました。これまで苦難な出来事に直面した際は，彼は祈り，神との関係の中で安らぎを見出すことができました。しかし，その後，彼は慢性のうつ病を患い，眠ることもできなくなりました。そして，極端な罪悪感を持つようになり，それに苦しみ，自分は神に罰せられる運命にあるという信念にとらわれるようになりました。彼は内科のクリニックに行き，睡眠をとるための薬物治療を求めました。その医師は，彼に心理カウンセリングを受けるよう勧めました。彼は，当初この提案に抵抗を示しました。というのも彼は，宗教を通じて安らぎを見出すべきだと強く感じたからでした。しかし，抑うつと不眠が続いたため，彼はためらいながらもあなたのカウンセリングを求めて来談しました。

ピーターは，自分の心と信仰する宗教の霊とが通じ合うように祈ることからカウンセリングを始めることを求めました。また，彼にとって特別な意味をもつ教典の中の言葉をあなたに示しました。さらに，あなたに会ってカウンセリングを受けることに関する罪悪感についても告白しました。それに加えて，あなたに自分の宗教的慣習を受け入れてもらえないのではないかとの懸念も表明しました。彼にとっては，そのような宗教的慣習は生活の中心となっているので，カウンセラーであるあなたがそれを受け入れるか否かは重大な問題でした。それとの関連で彼は，あなたの宗教的信念についても尋ねてきました。

あなたの立場 あなたはピーターとカウンセリングを行うことを難しいと感じますか。彼は，あなたを信じることと，カウンセリングの中で価値観を扱うこ

とに関して強い不安を感じています。あなたは，彼独特の考え方，特に罪と罰に恐れを抱く考え方に対してどのような反応を示すでしょうか。もし，彼の信念についてはっきりとした反対意見をもっているとしたら，あなたは，彼を受け入れることができるでしょうか。自らを信じ，自らが正しいと思うことをするようにと，彼に助言するでしょうか。あるいは逆に，自らの信仰を疑ってみるように促すでしょうか。

　ここで，あなた自身も何らかの宗教的信念をもっていると仮定しましょう。その際，ピーターが神に恐れを感じるのに対して，あなたの場合は神に慈愛を感じているとします。あなたは，お互いの宗教観に違いがあることを彼に伝えます。それと共に，彼の宗教的信念がどのように彼の人生の支えになっているのかを一緒に考えていきたいと提案します。そして，症状が信仰のあり方とも関連しているかもしれないので，その可能性も併せて探ってみたいとも言います。このように対応した場合，あなたはピーターに援助的に関わることができると思いますか。あなたは，ピーターをクライエントとして受け入れますか。

　次は，あなたがピーターと宗教的価値観をまったく共有していないとしましょう。あなたは，伝統的で保守的な信仰に耐えられず，そのような信念は人々にとって役立つどころか，むしろ危険でさえあると思っています。あなたがこのような価値観をもっているとして，はたしてピーターのようなクライエントを受け入れることができるでしょうか。あなたは，彼と客観的に関わることができると思いますか。それとも，彼が自分の世界観を放棄するように揺さぶりをかける手立てを探ろうとするでしょうか。

> **事例** **宗教的価値観をもつカウンセラー**：フランは，精神世界に深い関心を抱いている実習生です。彼女は，生きることの意味を見出すためには宗教が必要であると考えています。彼女は，クライエントに自分の価値観を押しつけたいとは思っていません。しかし，通常の初回面接では，少なくともクライエントの精神的・宗教的信念や経験について尋ねることは重要だと感じています。
>
> 　フランのクライエントのひとりであるドナルドは，ほとんどいつも抑うつ状態にあり，空しさを感じると彼女に話しています。彼は，生きる意味がわからないと訴えます。フランのアセスメントによれば，ドナルドは家庭で精神的あるいは宗教的な導きを受けることなく育っています。彼は，自分のことを無神論者であると言います。彼は，これまでおよそ宗教というものに関わったことはありませんでした。というのも，彼にとって，宗教的な考えは，毎日の生活における実際的な問題を解決するにはあまりに抽象的に思えるからでした。フランは，ドナル

ドの問題は人生の意味を見出すことができないことにあると見立てました。そして，その問題を解決するためには，宗教的考えにこころを開くべきだとドナルドに強く勧めたくなっている自分に気づいてきました。彼女は，自分の葛藤をスーパーバイザーに話しています。

あなたの立場　援助活動を続けていく中で，精神世界に関する考え方においてクライエントと価値観の不一致を経験することはあるでしょう。もし，あなたが宗教的価値観に関してはっきりした意見をもっているならば，クライエントにこれらの価値観を取り入れてほしいと思う傾向があると思います。露骨に価値観を押しつけなくても，密かにクライエントに自分の宗教的信念を説得したり，自分の望む方向にクライエントを導いたりしてしまうかもしれません。逆に，もしあなたが精神世界を重視することがなく，人生における大切なものとして宗教を見ていないならば，クライエントの精神的・宗教的信念について尋ねてみようという気持ちさえ持たないでしょう。

あなたが個人的にどのような宗教と関わっていようとも，クライエントと精神世界について話す場合には注意深く対処することが必要となります。あなたの価値観がクライエントへの関わり方にどのように影響を及ぼすかを考える際には，上記フランの状況を参考にして下さい。精神世界や宗教に関してあなたと根本的に異なった見方をするクライエントが来談したとしたら，その価値観の相違は，あなたにとって問題となるでしょうか。もし，スーパーバイザーにコンサルテーションを頼むとしたら，あなたが，さらに深めて明確化したい主要な問題はどのようなことだと思いますか。あなたは，客観性を保ちたいと思いますか。精神世界や宗教に関する信念や価値観に関するクライエントとの不一致を理由に，クライエントを他の専門家にリファーすることを考えるのはどのような時でしょう。

討　論　FaiveとO'Brien（1993）は，クライエントのアセスメントを行い，介入あるいはリファーするために必要となる宗教的信念体系に関する情報を収集するための質問紙を考案しています。Kelly（1995b）は，初回面接やカウンセリング過程の早い段階で，精神世界や宗教に関する次元のアセスメントをすることがまず必要であると指摘しています。クライエントの宗教についての情報がアセスメントに含まれることは，次のような目的にかなっています。①クライエントと宗教との関連性についての予備的な示唆を得ること。②その後の援助過程において援助者が話題にできる情報を収集すること。③精神世界や宗教についての関心を話しても大丈夫だということをクライエントに示すこと。

精神世界や宗教への関心を満たす方法はたくさんあります。その中から，ある

特定の方法を選択させることは援助者の仕事ではありません。しかし，多くのクライエントにとって，精神世界や宗教が意味のあるものであり，生きる力を与える可能性があることを意識しておくことは援助者の責任であると思います。クライエントが精神世界や宗教について話し始めたなら，それをしっかり聴くことは特に重要です。援助者は，クライエントの身体的健康や，健康に関する態度や生活習慣を確認します。それと同じように援助者は，義務として，クライエントの価値観や信念，そしてクライエントが人生において意味を見出そうとしてきた要素を確認する必要があるのです。アセスメント過程の一部として，クライエントの精神的・宗教的信念や価値観について尋ねるのは有意義なことなのです。もし，クライエントが何らかの信念や宗教的習慣に関心をもっていることが判明したならば，そこに焦点を当てて尋ねていくことになります。そこで鍵となるのは，クライエントの来談の目的から外れずに，クライエントの語りに沿って適切な質問をしていくことです。

　最近では，より多くの学生が宗教とカウンセリングの関係に興味を示すようになってきました。宗教の目的とカウンセリングの目的が同じであると思っている学生もいます。ある学生は，人生における意味を見出す方法として宗教が有効であり，そのことを人々に教える手段としてカウンセリングをとらえています。また，ある学生は，カウンセリング分野においては自分の信仰する宗教が他の学生や教員に認められないのではないかと不安に思い，自分自身の価値観を隠さねばならないと感じています。さらに，宗教を信じていない人々と客観的に関わることができないのではと不安を感じている学生もいます。

　Quackenbos, Privette, Klentz (1986) とBergin (1991) は，宗教は私たちの社会に大きな影響力を及ぼしているのにもかかわらず，カウンセリングの場からは締め出されていると指摘しています。上記文献では，宗教的価値観とカウンセリングの統合が提唱されています。例えば，牧師や僧侶はカウンセリングの厳しい訓練を受ける必要があり，逆に信仰のないカウンセラーは宗教的問題を扱う準備をしておく必要があると述べられています。宗教に関連する問題をもつクライエントは，数多くいます。そこで，Bergin (1991) は，そのようなクライエントを適切に援助するために，メンタルヘルスの専門職の訓練課程に価値観や宗教的問題に関する教育を取り入れるべきだとの意見を述べています。彼は，精神世界や宗教が心理的状況や社会的状況を改善するのに役立つ場合があると主張します。そして，その根拠となる数多くの文献を紹介しています。

　Peck (1978) は,『愛と心理療法』という題名の本を著した精神科医です。彼はそ

の著書の中で，心理療法家はクライエントの世界観にほとんど注意を払わない傾向があると指摘し，援助専門職はクライエントが示す世界観を明確に意識すべきであると述べています。彼は，世界観は常にクライエントの問題の重要な部分を構成しており，問題を改善するためには世界観の修正が必要となると指摘しています。Peckは，自分の指導する心理療法家に対しては，たとえクライエントが宗教を信じていないと言ったとしても，そのクライエントの宗教観がどのようなものであるのかを把握するようにとの助言を与えていると述べています。なぜならば，広い意味において，宗教とは，個人が世界をどのように見ているか，ひいては個人がどのように行動を決定するのかに関連する基本的な部分であるからです。

　さて，読者の皆さんは，ここまで読んできてどのように感じたでしょうか。宗教とカウンセリングの関係に関して，あなた自身の価値観はどのようなものでしょうか。はっきりしていないのであれば，できる限り自分の見解を明確化するように努力してみて下さい。そして，次の事柄について自問してみて下さい。それは，"宗教について深く掘り下げることは，正式な援助関係に含まれるだろうか"，"宗教的な次元を抜きにした援助過程は，完全なものといえるだろうか"，"援助の過程でクライエントが宗教の必要性を意識するようになった場合には，それを扱うのは適切だろうか"，"援助者がカウンセリングの中でこれは話すべき，これは話すべきでないといった判断を下している時は，その援助者の価値観をクライエントに押しつけていることになるだろうか"，"宗教上の悩みを抱えたクライエントを援助するためにはクライエントと同じ宗教的信念をもたねばならないだろうか"といった問いです。

中絶の問題

事例　**望まぬ妊娠**：19歳の大学生のコニーは，避妊具の使用について真剣に考えたことがありませんでした。彼女は"出たとこ勝負"の気ままな生き方を楽しんでいたからです。彼女は，体重が増えることを恐れて避妊用ピルも使いたがりません。彼女は中絶の経験があり，その時は辛い思いをしました。現在，彼女は再び妊娠しています。

　コニーは，もう一度中絶をしようかどうしようか迷っています。中絶しようと思う時もあれば，子どもを産みたいと思うこともあります。取りあえず両親に話すことを考えています。もし子どもを産むことにした場合，両親と一緒に生活する可能性があるからです。しかし，両親に話すという決断はまだできていません。彼女は，もうひとつの選択肢として，産んだ子を養子に出すことも考えています。

> 眠れない夜が続き，再びこのような状況に陥った自分を責めながら，なかなか決心できないでいます。友人に助言を求めたものの，意見はさまざまで，逆に混乱してしまいました。相談場面で彼女は，1年前に中絶を選んだことについて"正しいこと"をしたと思っていないと語っています。彼女は，今後どのようにしたらよいかという助言を，カウンセラーであるあなたに求めています。

　あなたの立場　あなたは，これらの情報から，どのようなことを彼女に伝えるでしょうか。彼女と共に考えるにあたり，あなたの対応としていくつかの可能性を挙げてみました。

- 両親に話すように彼女を促し，両親の口から彼女に何をすべきか助言してもらう。
- 彼女が感じている罪悪感にはどのような意味があるのかを彼女と共に考えていく。
- 彼女が1年前の中絶について"正しいこと"ではないと感じていることから，子どもを産みたいという気持ちに従うべきだと提案する。
- いまだに何をすべきかについて確信がもてていないことから考えて，もう一度中絶するように説得する。
- 子どもを産んで養子に出すことを勧める。
- あなたは中絶に関する明確な価値観（賛成／反対）をもっており，迷っている状態の彼女の援助はできないと考え，他の機関や援助専門職に彼女をリファーする。

　ここで，中絶に関するあなたの価値観について考えてみましょう。あなたは，道徳的，宗教的な理由で中絶に反対意見をもっているかもしれません。もしそうならば，彼女にそのことを告げるでしょうか。彼女に中絶を思いとどまらせ，他の選択肢を提案するでしょうか。中絶に関する自分の価値観とは切り離して，この事例を考えることができますか。もしあなたが，子どもを産むか否かの決断は子どもを宿している女性にあると信じているとしたら，その信念に従ってクライエントに決断をするように求めますか。彼女に中絶経験があるという事実は，彼女に対するあなたの態度に影響を与えますか。彼女が中絶を避妊の一手段として考えるとしたら，あなたはそのことを問題と考えますか。そして，そのように彼女が考える限り，彼女との援助関係を続けることができないと思いますか。

　中絶を考えているクライエントが来談したなら，自分の価値観と異なるので他の専門家にリファーすると，実習生が話しているのをしばしば耳にします。そのような実習生は，クライエントを動揺させたくないと思ったり，自分が客観的になれないことを恐れていたりします。あなたも同様に感じるかもしれません。もし，あなたがカウンセリングを続けてきたクライエントが突然妊娠したとしたら，あなたはどうしますか。その時点で彼女を他の専門家にリファーしますか。そう

したら彼女は見捨てられたと感じないでしょうか。

セクシュアリティの問題

> **事例** **老人ホームにおける性**：あなたは老人ホームで働いています。そこで何人かの独身の老年居住者が性的関係をもっていることがわかりました。スタッフ会議では，何人かのソーシャルワーカーが，監督不届きの状態が続いていることに不満をもっていることを明らかにします。あなたは，この会議でどのようなことを発言するでしょうか。独身の老年者の性交渉について，あなたはどう考えますか。容認するでしょうか。それとももっと厳しく監督する必要があるという意見に賛成しますか。あなたの価値観は，その場面での判断にどのように影響するでしょう。
>
> **思春期の性教育**：あなたは，思春期の子どもたちの施設で働いており，個人カウンセリングやグループカウンセリングを担当しています。そこでは多くの10代の若者が性的な面で放埓で，何人もの子どもが妊娠経験をしていることを知りました。中絶も頻繁に行われています。多くの少女たちは，既婚，未婚を問わず，出産を経験しています。施設の責任者は，望まない妊娠を予防するための総合教育プログラムを作るようあなたに依頼してきました。

あなたが任されたプログラムについて考える際，以下の質問について考えてみて下さい。10代の子どもたちが性的に放埓であることに関して，あなたはどのような価値観を持っていますか。児童や思春期にある子どもに避妊の詳しい情報を教えることについて，どのように思いますか。あなたの価値観は，作成されるプログラムの内容にどのような影響を与えるでしょうか。

あなたの性的価値観の査定　性に関するあなたの価値観について考えてみましょう。まず，あなたの価値観はどのようにして形成されたのか考えてみて下さい。クライエントと性的な問題について話し合うことは，あなたにとって容易なことでしょうか。それとも恥ずかしいことでしょうか。性的な事柄をクライエントと話す際に，自分自身の中に何か抵抗を感じることがありますか。あなた自身の性的経験（または経験不足）は，クライエントと関わる際どのように影響するでしょうか。あなたは，自分の性的価値観を前面に押し出すでしょうか。例えば，10代のクライエントが相手かまわず性的関係を結んでいたとして，たとえそれが両親への反抗からきていたとしても，とにかく彼女の行動を変えようとするでしょうか。あるいは，もし10代のクライエントが，避妊具を使わずに多くのパートナーと性交渉をしているとしたら，あなたはそのクライエントに避妊するこ

とを強く勧めますか。それとも禁欲することを勧めますか。あるいは，性交渉の相手をもっと選ぶべきだとクライエントに勧めるでしょうか。

　あなたは，自分には性に関しての偏見がなく，自分と異なる性的な態度や価値観を受け入れることができると思っているかもしれません。しかし，実際に自分を傷つけるような性的行為をしているクライエントを目の前にしたら，そのようなクライエントのあり方を変えたいと思うようになるかもしれません。気ままなカジュアルセックス，結婚前のセックス，複数の相手との性交渉，グループセックス，10代の性的関心，既婚者とのセックスなどに対するあなたの考えを探ってみるとよいと思います。一夫一婦制に対して，どのように考えますか。身体的な面だけでなく心理的な面でも冒険といえる，2人以上の人と並行して性的関係を持つということを，あなたはどう考えるでしょう。性に関するあなたの考え方は，クライエントと性的問題を話し合う際の方向性にどのように影響を及ぼすでしょうか。

　あなたとまったく相容れない性的価値観をもつ人に対して，客観的に関わることができるでしょうか。例えば，もしあなたが性的行為について非常に保守的な態度をもっているとしましょう。そのような場合，あなたは，クライエントの自由な考え方を受け入れることができるでしょうか。性に関する価値観の相違でクライエントとの関係に齟齬が生じた場合，あなたはどのように考えるでしょうか。カウンセラーとしての自分の価値観をクライエントが取り入れるように期待することはないでしょうか。

　逆に，あなたが性に関して自由な考えを持っているとすると，伝統的な価値観をもつ人に対してどのように反応するでしょうか。未婚のクライエントが，「自分はもっと性的な経験をしたいのだが，これまで受けてきた宗教教育のために，婚前交渉をしてはいけないという考えから抜けられない」と言っているとしましょう。そのクライエントは，性的な経験をするチャンスに遭遇するだけで罪悪感にさいなまれています。クライエントは，罪悪感を覚えることなくセックスを楽しめるようになりたいと思う反面，自分の価値観を捨てられないでいます。葛藤の中であなたに助言を求めています。あなたの価値観が自由なものであったなら，あなたは何と答えるでしょうか。クライエントの受けた道徳教育に挑戦したくならないでしょうか。クライエントが自分の価値観が原因で悲しみや不安を感じているのならば，そのような価値観は捨ててしまうように勧めるということはないでしょうか。クライエントが選んだ選択肢があなたの価値観と一致しないとしても，あなたはその選択を認めることができるでしょうか。

6 復習のために

- 援助者は,倫理的観点から,自らの価値観がクライエントに及ぼす影響をしっかりと認識すべきです。そして,援助者とクライエントの価値観が大きく異なる時には,そこで生じうる不一致について考慮すべきです。
- どのような判断をするのか,どのような価値観を取り入れるのか,そしてどのような価値観を修正し,あるいは放棄するのかという選択は,最終的にはクライエントの責任となります。
- 援助者があくまでも中立性を保とうとしたり,自らの価値観を専門的援助関係から排除しようとしたりするのは,不可能なだけでなく望ましくないことです。
- 援助者が自ら信じる価値観をクライエントに教示したり,それを取り入れるように促したりするのは,援助者の役割ではありません。
- 援助者がクライエントに自らの価値観を明らかにすることは,それが時宜を得たものであれば有効です。それは,価値観の押しつけとは逆の効果を生みます。
- クライエントと同じ価値観をもっていないというだけの理由で,その人に援助的に関われないということはありません。重要なのは,客観性を保ち,クライエント自身の選択する権利を尊重すべきだということです。
- 援助者の価値観が潜在的にクライエントの価値観と一致しないことは,しばしばあります。そして,そのような相違のためにクライエントを他の専門家にリファーしなければならない場合もあります。

7 これからすること

1. あなた自身の,援助過程に関わる基本的価値観を書き出してみましょう。あなたは,どのような状況で自分の価値観や信念をクライエントと共有したり,一緒に検討したりしたくなりますか。そのようにして価値観を扱うことが,援助とは逆の効果を生む状況を思い浮かべることはできますか。
2. クライエントと関わる上で,自分が客観的であることを妨げるような,あなた自身の個人的価値観について考えてみましょう。あなた自身が強い確信をもっている価値観を取り上げ,その見直しをしてみましょう。あなたと反対の価値観を抱いている人々のところに行って,あなた自身の価値観について検討してみましょう。例えば,あなたは同性愛者に対して不快感を感じるような価値

観をもっているとします。そうであるならば，大学キャンパスや地域のコミュニティにあるゲイ組織に行き，そこにいる人々と話をしてみましょう。

3. さまざまなクライエントとの関わりにおいて，あなた自身の価値観がどのような働きをしているのか，そして今後は，価値観を援助過程の中にどのように位置づけていきたいのか，じっくり考えてみて下さい。あなたの価値観は，援助活動をする上であなたにとってどのようにプラスに働くでしょうか。あるいはマイナスに働くでしょうか。あなたの価値観はどのように形成されたのかについても考えて下さい。あなたは，自分自身の価値観をどこで身につけてきたのでしょうか。本章で取り上げた問題に関して，どのような立場をとるのかはっきりしていますか。以下に，援助者の個人的価値観の役割に関するACA（1995）の倫理的ガイドラインを示します。「カウンセラーは，自らの価値観，態度，信念，行動を自覚し，多様な社会の中で，それらがどれだけ現実的であるのかを意識し，自らの価値観をクライエントに押しつけることを回避しなければならない」。このガイドラインを読んで思いついたことをまとめてみましょう。

4. 援助過程において宗教的価値観が果たす役割について扱った書物としては，BurkeとMiranti（1995），Kelly（1995b），Peck（1978）があります。精神世界や宗教的価値観について検討するための書物としては，Grimm（1994），Mattson（1994），FaiverとO'Brien（1993），Kelly（1994）があります。参考文献一覧については，巻末にある引用・参考文献の一覧を参照して下さい。

引用・参考文献一覧

American Association for Marriage and Family Therapy. (1991). *AAMFT code of ethics.* Washington, DC: Author.
American Counseling Association (1995). *Code of ethics and standards of practice.* Alexandria, VA: Author.
American Psychological Association. (1993). Guidelines for providers of psychological services to ethnic, linguistic, and culturally diverse populations. *American Psychologist, 48*(1), 45–48.
American Psychological Association. (1995). *Ethical principles of psychologists and code of conduct.* Washington, DC: Author.
Anderson, M. J., & Ellis, R. (1988). On the reservation. In N. A. Vacc, J. Wittmer, & S. B. DeVaney (Eds.), *Experiencing and counseling multicultural and diverse populations* (2nd ed.) (pp. 107–126). Muncie, IN: Accelerated Development.
Anderson, S. K., & Kitchener, K. S. (1996). Nonromantic, nonsexual posttherapy relationships between psychologists and former clients: An exploratory study of critical incidents. *Professional Psychology: Research and Practice, 27*(1), 59–66.
Arredondo, P., Toporek, R., Brown, S., Jones, J., Locke, D., Sanchez, J., & Stadler, H. (1996). Operationalization of multicultural counseling competencies. *Journal of Multicultural Counseling and Devlopment, 24*(1), 42–78.
Association for Counselor Education and Supervision. (1993, Summer). Ethical guidelines for counseling supervisors. *Spectrum, 53*(4), 3–8.
Association for Specialists in Goup Work. (1989). *Ethical guidelines for group counselors.* Alexandria, VA: Author.
Association for Specialists in Group Work. (1991, Fall). Professional standards for the training of group workers. *Together, 20*(1), 9–14. Alexandria, VA: Author.
Association for Specialists in Group Work. (1992). Professional standards for the training of group workers. *Journal for Specialists in Group Work, 17*(1), 12–19.
Atkinson, D. R., Morten, G., & Sue, D. W. (Eds.). (1993). *Counseling American minorities: A cross cultural perspective* (4th ed.). Dubuque, IA: Brown & Benchmark.
Atkinson, D. R., Thompson, C. E., & Grant, S. K. (1993). A three-dimensional model for counseling racial/ethnic minorities. *The Counseling Psychologist, 21*(2), 257–277.
Attneave, C. L. (1985). Practical counseling with American Indian and Alaska native clients. In P. Pedersen (Ed.), *Handbook of cross-cultural counseling and therapy* (pp. 135–140). Westport, CT: Greenwood Press.
Austin, K. M., Moline, M. M., & Williams, G. T. (1990). *Confronting malpractice: Legal and ethical dilemmas in psychotherapy.* Newbury Park, CA: Sage.

Avila, D. L., & Avila, A. L. (1988). Mexican-Americans. In N. A. Vacc, J. Wittmer, & S. B. DeVaney (Eds.), *Experiencing and counseling multicultural and diverse populations* (2nd ed.) (pp. 289–316). Muncie, IN: Accelerated Development.

Baird, B. N. (1996). *The internship, practicum, and field placement handbook: A guide for the helping professions.* Upper Saddle River, NJ: Prentice-Hall.

Bartell, P. A., & Rubin, L. J. (1990). Dangerous liaisons: Sexual intimacies in supervision. *Professional Psychology: Research and Practice, 21*(6), 442–450.

Beck, A. T. (1976). *Cognitive therapy and the emotional disorders.* New York: New American Library.

Beck, A. T. (1987). Cognitive therapy. In J. K. Zeig (Ed.), *The evolution of psychotherapy* (pp. 149–178). New York: Brunner/Mazel.

Beck, A. T., & Weishaar, M. E. (1995). Cognitive therapy. In R. J. Corsini & D. Wedding (Eds.), *Current psychotherapies* (5th ed.) (pp. 229–261). Itasca, IL: F. E. Peacock.

Becvar, D. S., & Becvar, R. J. (1996). *Family therapy: A systemic integration* (3rd ed.). Needham Heights, MA: Allyn & Bacon.

Bednar, R. L., Bednar, S. C., Lambert, M. J., & Waite, D. R. (1991). *Psychotherapy with high-risk clients: Legal and professional standards.* Pacific Grove, CA: Brooks/Cole.

Bennett, B. E., Bryant, B. K., VandenBos, G. R., & Greenwood, A. (1990). *Professional liability and risk management.* Washington, DC: American Psychological Association.

Bergin, A. E. (1991). Values and religious issues in psychotherapy and mental health. *American Psychology, 46*(4), 393–403.

Bersoff, D. N. (1995). *Ethical conflicts in psychology.* Washington, DC: American Psychological Association.

Bersoff, D. N. (1996). The virtue of principle ethics. *The Counseling Psychologist, 24*(1), 86–91.

Bitter, J. R. (1987). Communication and meaning. Satir in Adlerian context. In R. Sherman & D. Dinkmeyer (Eds.), *Systems of family therapy: An Adlerian integration* (pp. 109–142). New York: Brunner/Mazel.

Bitter, J. R. (1988). Family mapping and family constellation: Satir in Adlerian context. *Individual Psychology: The Journal of Adlerian Theory, Research, and Practice, 44*(1), 106–111.

Borders, L. D. (1991). A systematic approach to peer group supervision. *Journal of Counseling and Development, 69*(3), 248–252.

Borders, L. D., & Leddick, G. R. (1987). *Handbook of counseling supervision.* Alexandria, VA: American Association for Counseling and Development.

Brammer, L. M. (1985). Nonformal support in cross-cultural counseling and therapy. In P. Pedersen (Ed.), *Handbook of cross-cultural counseling and therapy* (pp. 87–92). Westport, CT: Greenwood Press.

Brammer, L. M. (1993). *The helping relationship: Process and skills* (5th ed.). Boston: Allyn & Bacon.

Brockett, D. R., & Gleckman, A. D. (1991). Countertransference with the older adult: The importance of mental health counselor awareness and strategies for effective management. *Journal of Mental Health Counseling, 13*(3), 343–355.

Burke, M. T., & Miranti, J. G. (Eds.). (1995). *Counseling: The spiritual dimension.* Alexandria, VA: American Counseling Association.

Butler, P. E. (1981). *Talking to yourself: Learning the language of self-support.* San Francisco: Harper & Row.

Calfee, B. E. (1997). Lawsuit prevention techniques. In *The Hatherleigh guide to ethics in therapy.* New York: Hatherleigh Press.

Canter, M. B., Bennett, B. E., Jones, S. E., & Nagy, T. F. (1994). *Ethics for psychologists: A commentary on the APA ethics code.* Washington, DC: American Psychological Association.

Carlson, J., Sperry, L., & Lewis, J. A. (1997). *Family therapy: Ensuring treatment efficacy.* Pacific Grove, CA: Brooks/Cole.

Casey, K., & Vanceburg, M. (1985). *The promise of a new day: A book of daily meditations.* New York: Harper/Hazelden.
Charlesworth, E. A., & Nathan, R. G. (1984). *Stress management: A comprehensive guide to wellness.* New York: Random House (Ballantine).
Chiaferi, R., & Griffin, M. (1997). *Developing fieldwork skills: A guide for human services, counseling, and social work students.* Pacific Grove, CA: Brooks/Cole.
Clay, R. A. (1996a). Psychologists' faith in religion begins to grow. *APA Monitor, 27*(8), 1 & 48.
Clay, R. A. (1996b). Religion and psychology share ideals and beliefs. *APA Monitor, 27*(8), 47.
Conyne, R. K., Wilson, F. R., Kline, W. B., Morran, D. K., & Ward, D. E. (1993). Training group workers: Implications of the new ASGW training standards for training and practice. *Journal for Specialists in Group Work, 18*(1), 11–23.
Corey, G. (1995). *Theory and practice of group counseling* (4th ed.) and *Manual.* Pacific Grove, CA: Brooks/Cole.
Corey, G. (1996a). *Case approach to counseling and psychotherapy* (4th ed.). Pacific Grove, CA: Brooks/Cole.
Corey, G. (1996b). *Theory and practice of counseling and psychotherapy* (4th ed.) and *Manual.* Pacific Grove, CA: Brooks/Cole.
Corey, G., Corey, C., & Corey, H. (1997). *Living and learning.* Belmont, CA: Wadsworth.
Corey, G., & Corey, M. (1997). *I never knew I had a choice* (6th ed.). Pacific Grove, CA: Brooks/Cole.
Corey, G., Corey, M., & Callanan, P. (1998). *Issues and ethics in the helping professions* (5th ed.). Pacific Grove, CA: Brooks/Cole.
Corey, G., Corey, M., Callanan, P., & Russell, J. M. (1992). *Group techniques* (2nd ed.). Pacific Grove, CA: Brooks/Cole.
Corey, G., & Herlihy, B. (1996a). Client rights and informed consent. In B. Herlihy & G. Corey (Eds.), *ACA ethical standards casebook* (5th ed.) (pp. 181–183). Alexandria, VA: American Counseling Association.
Corey, G., & Herlihy, B. (1996b). Competence. In B. Herlihy & G. Corey (Eds.), *ACA ethical standards casebook* (5th ed.) (pp. 217–220). Alexandria, VA: American Counseling Association.
Corey, G., & Herlihy, B. (1996c). Counselor training and supervision. In B. Herlihy & G. Corey (Eds.), *ACA ethical standards casebook* (5th ed.) (pp. 275–278). Alexandria, VA: American Counseling Association.
Corey, G., & Herlihy, B. (1997). Dual/multiple relationships: Toward a consensus of thinking. In *The Hatherleigh guide to ethics in therapy* (pp. 193–205). New York: Hatherleigh Press.
Corey, M., & Corey, G. (1993). Difficult group members—difficult group leaders. *New York State Association for Counseling and Development, 8*(2), 9–24.
Corey, M., & Corey, G. (1997). *Groups: Process and practice* (5th ed.). Pacific Grove, CA: Brooks/Cole.
Cormier, S., & Hackney, H. (1993). *The professional counselor: A process guide to helping* (2nd ed.). Boston: Allyn & Bacon.
Covey, S. R. (1990). *The seven habits of highly effective people: Restoring the character ethic.* New York: Simon & Schuster (Fireside Book).
Crawford, I., Humfleet, G., Ribordy, S. C., Ho, F. C., & Vickers, V. L. (1991). Stigmatization of AIDS patients by mental health professionals. *Professional Psychology: Research and Practice, 22*(5), 357–361.
Cummings, N. A. (1995). Impact of managed care on employment and training: A primer for survival. *Professional Psychology: Research and Practice, 26*(1), 10–15.
D'Andrea, M., & Daniels, J. (1991). Exploring the different levels of multicultural counseling training in counselor education. *Journal of Counseling & Development, 70*(1), 78–85.

Devore, W. (1985). Developing ethnic sensitivity for the counseling process: A social-work perspective. In P. Pedersen (Ed.), *Handbook of cross-cultural counseling and therapy* (pp. 93–98). Westport, CT: Greenwood Press.

Dinkmeyer, D. C., Dinkmeyer, D. C., Jr., & Sperry, L. (1987). *Adlerian counseling and psychotherapy* (2nd ed.). Columbus, OH: Charles E. Merrill.

Donigian, J., & Malnati, R. (1997). *Systemic group therapy: A triadic model*. Pacific Grove, CA: Brooks/Cole.

Doyle, R. E. (1992). *Essential skills and strategies in the helping process*. Pacific Grove, CA: Brooks/Cole.

Dworkin, S. H., & Gutierrez, F. J. (1992). *Counseling gay men and lesbians: Journey to the end of the rainbow*. Alexandria, VA: American Association for Counseling and Development.

Egan, G. (1994). *The skilled helper: A problem-management approach to helping* (5th ed.). Pacific Grove, CA: Brooks/Cole.

Elkins, D. N. (1994, August). *Toward a soulful psychology: Introduction and overview*. Paper presented at the meeting of the American Psychological Association, Los Angeles.

Ellis, A. (1985). *Overcoming resistance: Rational-emotive therapy with difficult clients*. New York: Springer.

Ellis, A. (1986). Rational-emotive therapy approaches to overcoming resistance. In A. Ellis & R. Grieger (Eds.), *Handbook of rational-emotive therapy* (Vol. 2, pp. 246–274). New York: Springer.

Ellis, A. (1988). *How to stubbornly refuse to make yourself miserable about anything—yes, anything!* Secaucus, NJ: Lyle Stuart.

Ellis, A. (1995). Rational emotive behavior therapy. In R. J. Corsini & D. Wedding (Eds.), *Current psychotherapies* (5th ed.) (pp. 162–196). Itasca, IL: F. E. Peacock.

Ellis, A., & Bernard, M. E. (1986). What is rational-emotive therapy (RET)? In A. Ellis & R. Grieger (Eds.), *Handbook of rational-emotive therapy* (Vol. 2, pp. 3–30). New York: Springer.

Ellis, A., & Dryden, W. (1987). *The practice of rational-emotive therapy*. Secaucus, NJ: Lyle Stuart.

Ellis, A., & Harper, R. A. (1975). *A new guide to rational living*. North Hollywood, CA: Wilshire Books.

Ellis, A., & Yeager, R. J. (1989). *Why some therapies don't work*. Buffalo, NY: Prometheus Books.

Emerson, S., & Markos, P. A. (1996). Signs and symptoms of the impaired counselor. *Journal of Humanistic Education and Development, 34,* 108–117.

Emery, G. (1981). *A new beginning: How you can change your life through cognitive therapy*. New York: Simon & Schuster (Touchstone).

Erikson, E. (1963). *Childhood and society* (2nd ed.). New York: Norton.

Erikson, E. (1982). *The life cycle completed*. New York: Norton.

Essandoh, P. K. (1996). Multicultural counseling as the "fourth force." *The Counseling Psychologist, 24*(1), 126–137.

Faiver, C. M., Eisengart, S., & Colonna, R. (1995). *The counselor intern's handbook*. Pacific Grove, CA: Brooks/Cole.

Faiver, C. M., & O'Brien, E. M. (1993). Assessment of religious beliefs form. *Counseling and Values, 37*(3), 176–178.

Farber, B. A. (1983). Psychotherapists' perceptions of stressful patient behavior. *Professional Psychology: Research and Practice, 14*(5), 697–705.

Fassinger, R. E. (1991a). Counseling lesbian women and gay men. *The Counseling Psychologist, 19*(2), 156.

Fassinger, R. E. (1991b). The hidden minority: Issues and challenges in working with lesbian women and gay men. *The Counseling Psychologist, 19*(2), 157–176.

Foos, J. A., Ottens, A. J., & Hill, L. K. (1991). Managed mental health: A primer for counselors. *Journal of Counseling and Development, 69*(4), 332–336.

Forester-Miller, H., & Davis, T. E. (1995). *A practitioner's guide to ethical decision making*. Alexandria, VA: American Counseling Association.
Fraser, J. S. (1996). All that glitters is not always gold: Medical offset effects and managed behavioral health care. *Professional Psychology: Research and Practice, 27*(4), 335–344.
Freudenberger, H. J., with Richelson, G. (1980). *Burn out: How to beat the high cost of success*. New York: Bantam Books.
Fujimura, L. E., Weis, D. M., & Cochran, J. R. (1985). Suicide: Dynamics and implications for counseling. *Journal of Counseling and Development, 63*(10), 612–615.
Gabbard, G. (April, 1995). What are boundaries in psychotherapy? *The Menninger Letter*, Vol. 3, No. 4, pp. 1–2.
Garnets, L., Hancock, K. A., Cochran, S. D., Goodchilds, J., & Peplau, L. A. (1991). Issues in psychotherapy with lesbians and gay men: A survey of psychologists. *American Psychologist, 46*(9), 964–972.
Getz, J. G., & Protinsky, H. O. (1994). Training marriage and family counselors: A family-of-origin approach. *Counselor Education and Supervision, 33*(3), 183–200.
Gilliland, B. E., & James, R. K. (1997). *Crisis intervention strategies* (3rd ed.). Pacific Grove, CA: Brooks/Cole.
Gill-Wigal, J., & Heaton, J. A. (1996). Managing sexual attraction in the therapeutic relationship. *Directions in Mental Health Counseling, 6*(8), 4–15.
Glosoff, H. L., Corey, G., & Herlihy, B. (1996). Dual relationships. In B. Herlihy & G. Corey (Eds.), *ACA ethical standards casebook* (5th ed.) (pp. 251–257). Alexandria, VA: American Counseling Association.
Goldenberg, H., & Goldenberg, I. (1994). *Counseling today's families* (2nd ed.). Pacific Grove, CA: Brooks/Cole.
Goldenberg, I., & Goldenberg, H. (1996a). *Family therapy: An overview* (4th ed.). Pacific Grove, CA: Brooks/Cole.
Goldenberg, I., & Goldenberg, H. (1996b). *My family story: Told and examined* (4th ed.). Pacific Grove, CA: Brooks/Cole.
Goodman, R. W., & Carpenter-White, A. (1996). The family autobiography assignment: Some ethical considerations. *Counselor Education and Supervision, 35*(3), 230–238.
Gottlieb, M. C. (1990). Accusations of sexual misconduct: Assisting in the complaint process. *Professional Psychology: Research and Practice, 21*(6), 455–461.
Graham, D. L. R., Rawlings, E. I., Halpern, H. S., & Hermes, J. (1984). Therapists' need for training in counseling lesbians and gay men. *Professional Psychology: Research and Practice, 15*(4), 482–496.
Gray, L. A., & House, R. M. (1991). Counseling the sexually active clients in the 1990s: A format for preparing mental health counselors. *Journal of Mental Health Counseling, 13*(2), 291–304.
Grimm, D. W. (1994). Therapist spiritual and religious values in psychotherapy. *Counseling and Values, 38*(3), 154–164.
Guy, J. D. (1987). *The personal life of the psychotherapist*. New York: Wiley.
Haas, L. J., & Cummings, N. A. (1991). Managed outpatient mental health plans: Clinical, ethical, and practical guidelines for participation. *Professional Psychology: Research and Practice, 22*(1), 45–51.
Hackney, H., & Cormier, L. S. (1988). *Counseling strategies and interventions* (3rd ed.). Englewood Cliffs, NJ: Prentice-Hall.
Hamachek, D. (1988). Evaluating self-concept and ego development within Erikson's psychosocial framework: A formulation. *Journal of Counseling and Development, 66*, 354–360.
Hamachek, D. (1990). Evaluating self-concept and ego status in Erikson's last three psychosocial stages. *Journal of Counseling and Development, 68*(6), 677–683.
Hanna, S. M., & Brown, J. H. (1995). *The practice of family therapy: Key elements across models*. Pacific Grove, CA: Brooks/Cole.

Hanson, C. E., Skager, R., & Mitchell, R. R. (1991). Counselors in at-risk prevention services: An innovative program. *Journal of Mental Health Counseling, 13*(2), 253–263.
Hatherleigh guide to ethics in therapy. (1997). New York: Hatherleigh Press.
Herlihy, B. (1996). When a colleague is impaired: The individual counselor's response. *Journal of Humanistic Education and Development, 34,* 118–127.
Herlihy, B., & Corey, G. (1992). *Dual relationships in counseling.* Alexandria, VA: American Counseling Association.
Herlihy, B., & Corey, G. (1996a). *ACA ethical standards casebook* (5th ed.). Alexandria, VA: American Counseling Association.
Herlihy, B., & Corey, G. (1996b). Confidentiality. In B. Herlihy & G. Corey (Eds.), *ACA ethical standards casebook* (5th ed.) (pp. 205–209). Alexandria, VA: American Counseling Association.
Herlihy, B., & Corey, G. (1996c). Working with multiple clients. In B. Herlihy & G. Corey (Eds.), *ACA ethical standards casebook* (5th ed.) (pp. 229–233). Alexandria, VA: American Counseling Association.
Herlihy, B., & Corey, G. (1997a). *Boundary issues in counseling: Multiple roles and responsibilities.* Alexandria, VA: American Counseling Association.
Herlihy, B., & Corey, G. (1997b). Codes of ethics as catalysts for improving practice. In *The Hatherleigh guide to ethics in therapy* (pp. 39–59). New York: Hatherleigh Press.
Hern, B. G., & Weis, D. M. (1991). A group counseling experience with the very old. *Journal for Specialists in Group Work, 16*(3), 143–151.
Herr, E. L. (1991). Challenges to mental health counselors in a dynamic society: Macrostrategies in the profession. *Journal of Mental Health Counseling, 13*(1), 6–10.
Hersch, L. (1995). Adapting to health care reform and managed care: Three strategies for survival and growth. *Professional Psychology: Research and Practice, 26*(1), 16–26.
Ho, D. Y. F. (1985). Cultural values and professional issues in clinical psychology: Implications from the Hong Kong experience. *American Psychologist, 40*(11), 1212–1218.
Hoffman, M. A. (1991a). Counseling the HIV-infected client: A psychosocial model for assessment and intervention. *The Counseling Psychologist, 19*(4), 467–542.
Hoffman, M. A. (1991b). Training mental health counselors for the AIDS crisis. *Journal of Mental Health Counseling, 13*(2), 264–269.
Homan, M. (1994). *Promoting community change: Making it happen in the real world.* Pacific Grove, CA: Brooks/Cole.
Hotelling, K. (1991). Sexual harassment: A problem shielded by silence. *Journal of Counseling and Development, 69,* 497–501.
Hutchins, D. E., & Cole Vaught, C. G. (1997). *Helping relationships and strategies* (3rd ed.). Pacific Grove, CA: Brooks/Cole.
Hwang, P. O. (1995). *Other-esteem: A creative response to a society obsessed with promoting the self.* San Diego, CA: Black Forrest Press.
Ibrahim, F. A. (1991). Contribution of cultural worldview to generic counseling and development. *Journal of Counseling and Development, 70*(1), 13–19.
Ibrahim, F. A. (1996). A multicultural perspective on principle and virtue ethics. *The Counseling Psychologist, 24*(1), 78–85.
Ivey, A. E. (1992). Caring and commitment: Are we up to the challenge of multicultural counseling and therapy? *Guidepost, 34*(9), 16.
Ivey, A. E. (1994). *Intentional interviewing and counseling: Facilitating client development in a multicultural society* (3rd ed.). Pacific Grove, CA: Brooks/Cole.
Jaffe, D. T. (1986). The inner strains of healing work: Therapy and self-renewal for health professionals. In C. D. Scott & J. Hawk (Eds.), *Heal thyself: The health of health care professionals.* New York: Brunner/Mazel.

Jensen, J. P., & Bergin, A. E. (1988). Mental health values of professional therapists: A national interdisciplinary survey. *Professional Psychology: Research and Practice, 19*(3), 290–297.

Jones, C. L., & Higuchi, A. (1996). Landmark New Jersey lawsuit challenges "no cause" termination. *Practitioner Focus, 9*(2), 1 & 13.

Jones, L. (1996). *HIV/AIDS: What to do about it.* Pacific Grove, CA: Brooks/Cole.

Kain, C. D. (1996). *Positive HIV affirmative counseling.* Alexandria, VA: American Counseling Association.

Karon, B. P. (1995). Provision of psychotherapy under managed health care: A growing crisis and national nightmare. *Professional Psychology: Research and Practice, 26*(1), 5–9.

Kelly, E. W. (1994). The role of religion and spirituality in counselor education: A national survey. *Counselor Education and Supervision, 33*(4), 227–237.

Kelly, E. W. (1995a). Counselor values: A national survey. *Journal of Counseling and Development, 73*(6), 648–653.

Kelly, E. W. (1995b). *Spirituality and religion in counseling and psychotherapy.* Alexandria, VA: American Counseling Association.

Kilburg, R. R. (1986). The distressed professional: The nature of the problem. In R. R. Kilburg, P. E. Nathan, & R. W. Thoreson (Eds.), *Professionals in distress: Issues, syndromes, and solutions in psychology* (pp. 13–26). Washington, DC: American Psychological Association.

Kitchener, K. S. (1996). There is more to ethics than principles. *The Counseling Psychologist, 24*(1), 92–97.

Kottler, J. A. (1991). *The compleat therapist.* San Francisco, CA: Jossey-Bass.

Kottler, J. A. (1992). *Compassionate therapy: Working with difficult clients.* San Francisco, CA: Jossey-Bass.

Kottler, J. A. (1993). *On being a therapist* (rev. ed.). San Francisco, CA: Jossey-Bass.

Kottler, J. A. (Ed.). (1997). *Finding your way as a counselor.* Alexandria, VA: American Counseling Association.

Kottler, J. A., & Blau, D. S. (1989). *The imperfect therapist: Learning from failure in therapeutic practice.* San Francisco, CA: Jossey-Bass.

Kottler, J. A., & Brown, R. W. (1996). *Introduction to therapeutic counseling* (3rd ed.). Pacific Grove, CA: Brooks/Cole.

Kramer, S. A. (1990). *Positive endings in psychotherapy: Bringing meaningful closure to therapeutic relationships.* San Francisco, CA: Jossey-Bass.

Kreiser, J. S., Domokos-Cheng Ham, M. A., Wiggers, T. T., & Feldstein, J. C. (1991). The professional "family": A model for mental health counselor development beyond graduate school. *Journal of Mental Health Counseling, 13*(2), 305–314.

Kübler-Ross, E. (1993). *AIDS: The ultimate challenge.* New York: Macmillan, Collier Books.

Lakein, A. (1974). *How to get control of your time and your life.* New York: New American Library (Signet).

Lauver, P., & Harvey, D. R. (1997). *The practical counselor: Elements of effective helping.* Pacific Grove, CA: Brooks/Cole.

Lawson, D. M., & Gaushell, H. (1988). Family autobiography: A useful method for enhancing counselors' personal development. *Counselor Education and Supervision, 28*(2), 162–167.

Lawson, D. M., & Gaushell, H. (1991). Intergenerational family characteristics of counselor trainees. *Counselor Education and Supervision, 30*(4), 309–321.

Lee, C. C. (1991). New approaches to diversity: Implications for multicultural counselor training and research. In C. C. Lee & B. L. Richardson (Eds.), *Multicultural issues in counseling: New approaches to diversity* (pp. 209–214). Alexandria, VA: American Association for Counseling and Development.

Lee, C. C., & Richardson, B. L. (1991a). *Multicultural issues in counseling: New approaches to diversity*. Alexandria, VA: American Association for Counseling and Development.

Lee, C. C., & Richardson, B. L. (1991b). Problems and pitfalls of multicultural counseling. In C. C. Lee & B. L. Richardson (Eds.), *Multicultural issues in counseling: New approaches to diversity* (pp. 3–9). Alexandria, VA: American Association for Counseling and Development.

Lewis, J. A., & Lewis, M. D. (1989). *Community counseling*. Pacific Grove, CA: Brooks/Cole.

Loar, L. (1995). Brief therapy with difficult clients. *Directions in Mental Health Counseling, 5*(12), 3–11.

Loesch, L. C. (1988). Preparation for helping professionals working with diverse populations. In N. A. Vacc, J. Wittmer, & S. B. DeVaney (Eds.), *Experiencing and counseling multicultural and diverse populations* (2nd ed.) (pp. 317–340). Muncie, IN: Accelerated Development.

Long, V. O. (1996). *Communication skills in helping relationships: A framework for facilitating personal growth*. Pacific Grove, CA: Brooks/Cole.

Lorion, R. P., & Parron, D. L. (1985). Countering the countertransference: A strategy for treating the untreatable. In P. Pedersen (Ed.), *Handbook of cross-cultural counseling and therapy* (pp. 79–86). Westport, CT: Greenwood Press.

Luciano, M. J., & Merris, C. (1992). *If only you would change*. Nashville, TN: Nelson.

Lum, D. (1996). *Social work practice and people of color: A process-stage approach* (3rd ed.). Pacific Grove, CA: Brooks/Cole.

Margolin, G. (1982). Ethical and legal considerations in marital and family therapy. *American Psychologist, 37*(3), 788–801.

Marino, T. W. (1996). The challenging task of making counseling services relevant to more populations. *Counseling Today*, pp. 1 & 6.

Martin, D. G., & Moore, A. D. (1995). *First steps in the art of intervention: A guidebook for trainees in the helping professions*. Pacific Grove, CA: Brooks/Cole.

Maslach, C. (1982). *Burnout: The cost of caring*. Englewood Cliffs, NJ: Prentice-Hall (Spectrum).

Matheny, K. B., Aycock, D. W., Pugh, J. L., Curlette, W. L., & Cannella, K. A. S. (1986). Stress coping: A qualitative and quantitative synthesis with implications for treatment. *The Counseling Psychologist, 14*(4), 499–549.

Mattson, D. L. (1994). Religious counseling: To be used, not feared. *Counseling and Values, 38*(3), 187–192.

May, R. (1983). *Discovery of being*. New York: Norton.

McCarthy, P., Sugden, S., Koker, M., Lamendola, F., Maurer, S., & Renninger, S. (1995). A practical guide to informed consent in clinical supervision. *Counselor Education and Supervision, 35*(2), 130–138.

McClam, T., & Woodside, M. (1994). *Problem solving in the helping professions*. Pacific Grove, CA: Brooks/Cole.

McGoldrick, M., & Gerson, R. (1989). Genograms and the family life cycle. In B. Carter & M. McGoldrick (Eds.), *The changing family life cycle: A framework for family therapy* (2nd ed.) (pp. 164–189). Boston: Allyn & Bacon.

Meara, N. M., Schmidt, L. D., & Day, J. D. (1996). A foundation for ethical decisions, policies, and character. *The Counseling Psychologist, 24*(1), 4–77.

Meichenbaum, D. (1977). *Cognitive behavior modification: An integrative approach*. New York: Plenum.

Meichenbaum, D. (1985). *Stress inoculation training*. New York: Pergamon Press.

Meichenbaum, D. (1986). Cognitive behavior modification. In F. H. Kanfer & A. P. Goldstein (Eds.), *Helping people change* (3rd ed.) (pp. 346–380). New York: Pergamon Press.

Meier, S. T., & Davis, S. R. (1997). *The elements of counseling* (3rd ed.). Pacific Grove, CA: Brooks/Cole.

Miller, G. A. (1992). Integrating religion and psychology in therapy: Issues and recommendations. *Counseling and Values, 36*(2), 112–122.

Miller, G. M., & Larrabee, M. J. (1995). Sexual intimacy in counselor education and supervision: A national survey. *Counselor Education and Supervision, 34*(4), 332–343.

Miller, I. J. (1996). Managed health care is harmful to outpatient mental health services: A call for accountability. *Professional Psychology: Research and Practice, 27*(4), 349–363.

Miranti, J., & Burke, M. T. (1995). Spirituality: An integral component of the counseling process. In M. T. Burke & J. G. Miranti (Eds.), *Counseling: The spiritual dimension*. Alexandria, VA: American Counseling Association.

Modrak, R. (1992). Mass shootings and airplane crashes: Counselors respond to the changing face of community crisis. *Guidepost: AACD Newsletter, 34*(8), 4.

Morrissey, M. (1996). Supreme Court extends confidentiality privilege. *Counseling Today*, pp. 1, 6, 10.

Mosak, H., & Shulman, B. (1988). *Life style inventory*. Muncie, IN: Accelerated Development.

Myers, J. E. (1990). Aging: An overview for mental health counselors. *Journal of Mental Health Counseling, 12*(3), 245–259.

Myers, J. E., Poidevant, J. M., & Dean, L. A. (1991). Groups for older persons and their caregivers: A review of the literature. *Journal for Specialists in Group Work, 16*(3), 197–205.

National Association of Social Workers (1996). *Code of ethics*. Washington, DC: Author.

National Board for Certified Counselors (1989). *Code of ethics*. Alexandria, VA: Author.

National Organization for Human Service Education (1995). *Ethical standards of the National Organization for Human Service Education*. Philadelphia: Author.

Nelson-Jones, R. (1993). *Lifeskills helping: Helping others through a systematic people-centered approach*. Pacific Grove, CA: Brooks/Cole.

Neukrug, E. S. (1994). *Theory, practice, and trends in human services: An overview of an emerging profession*. Pacific Grove, CA: Brooks/Cole.

Newman, R. (1996). Supreme Court affirms privilege. *APA Monitor, 27*(8), 44.

Newman, R., & Bricklin, P. M. (1991). Parameters of managed mental health care: Legal, ethical, and professional guidelines. *Professional Psychology: Research and Practice, 22*(1), 26–35.

Nichols, M. P., & Schwartz, R. C. (1995). *Family therapy: Concepts and methods* (3rd ed.). Boston: Allyn & Bacon.

Nolan, E. J. (1978). Leadership interventions for promoting personal mastery. *Journal for Specialists in Group Work, 3*(3), 132–138.

Nye, R. D. (1996). *Three psychologies: Perspectives from Freud, Skinner, and Rogers* (5th ed.). Pacific Grove, CA: Brooks/Cole.

Okun, B. F. (1997). *Effective helping: Interviewing and counseling techniques* (5th ed.). Pacific Grove, CA: Brooks/Cole.

Olarte, S. W. (1997). Sexual boundary violations. In *The Hatherleigh guide to ethics in therapy*. New York: Hatherleigh Press.

Patterson, C. H. (1985). *The therapeutic relationship: Foundations for an eclectic psychotherapy*. Pacific Grove, CA: Brooks/Cole.

Patterson, C. H. (1989). Values in counseling and psychotherapy. *Counseling and Values, 33*, 164–176.

Peck, M. S. (1978). *The road less traveled: A new psychology of love, traditional values and spiritual growth*. New York: Simon & Schuster (Touchstone).

Pedersen, P. (1990). The multicultural perspective as a fourth force in counseling. *Journal of Mental Health Counseling, 12*(1), 93–94.

Pedersen, P. (1991a). Concluding comments to the special issue. *Journal of Counseling and Development, 70*(1), 250.
Pedersen, P. (1991b). Multiculturalism as a generic approach to counseling. *Journal of Counseling and Development, 70*(1), 6–12.
Pedersen, P. (1994). *A handbook for developing multicultural awareness* (2nd ed.). Alexandria, VA: American Counseling Association.
Pines, A., & Aronson, E., with Kafry, D. (1981). *Burnout: From tedium to personal growth*. New York: Free Press.
Ponterotto, J. G., Casas, J. M., Suzuki, L. A., & Alexander, C. M. (1995). *Handbook of multicultural counseling*. Thousand Oaks, CA: Sage.
Pope, K. S., Keith-Spiegel, P., & Tabachnick, B. G. (1986). Sexual attraction to clients: The human therapist and the (sometimes) inhuman training system. *American Psychologist, 41*(2), 147–158.
Pope, K. S., Sonne, J. L., & Holroyd, J. (1993). *Sexual feelings in psychotherapy: Explorations for therapists and therapists-in-training*. Washington, DC: American Psychological Association.
Pope, K. S., & Vasquez, M. J. T. (1991). *Ethics in psychotherapy and counseling: A practical guide for psychologists*. San Francisco, CA: Jossey-Bass.
Powers, R. L., & Griffith, J. (1986). *The individual psychology client workbook*. Chicago: The Americas Institute of Adlerian Studies.
Powers, R. L., & Griffith, J. (1987). *Understanding life-style: The psycho-clarity process*. Chicago: The Americas Institute of Adlerian Studies.
Prieto, L. R. (1996). Group supervision: Still widely practiced but poorly understood. *Counselor Education and Supervision, 35*(4), 295–307.
Purkey, W. W., & Schmidt, J. J. (1996). *Invitational counseling: A self-concept approach to professional practice*. Pacific Grove, CA: Brooks/Cole.
Quackenbos, S., Privette, G., & Klentz, B. (1986). Psychotherapy and religion: Rapprochement or antithesis? *Journal of Counseling and Development, 65*(2), 82–85.
Remley, T. (1996). The relationship between law and ethics. In B. Herlihy & G. Corey (Eds.), *ACA ethical standards casebook* (5th ed.) (pp. 285–292). Alexandria, VA: American Counseling Association.
Rice, P. L. (1992). *Stress and health* (2nd ed.). Pacific Grove, CA: Brooks/Cole.
Ridley, C. R. (1995). *Overcoming unintentional racism in counseling and therapy: A practitioner's guide to intentional intervention*. Thousand Oaks, CA: Sage.
Riger, S. (1991). Gender dilemmas in sexual harassment policies and procedures. *American Psychologist, 46*(5), 499–505.
Rodolfa, E. R., Kitzrow, M., Vohra, S., & Wilson, B. (1990). Training interns to respond to sexual dilemmas. *Professional Psychology: Research and Practice, 21*(4), 313–315.
Rutter, P. (1989). *Sex in the forbidden zone*. Los Angeles: Jeremy Tarcher.
Saeki, C., & Borow, H. (1985). Counseling and psychotherapy: East and West. In P. Pedersen (Ed.), *Handbook of cross-cultural counseling and therapy* (pp. 223–229). Westport, CT: Greenwood Press.
Sage, G. P. (1991). Counseling American Indian adults. In C. C. Lee & B. L. Richardson (Eds.), *Multicultural issues in counseling: New approaches to diversity* (pp. 23–36). Alexandria, VA: American Association for Counseling and Development.
Salisbury, W. A., & Kinnier, R. T. (1996). Posttermination friendship between counselors and clients. *Journal of Counseling and Development, 74*(5), 495–500.
Satir, V. (1983). *Conjoint family therapy* (3rd ed.). Palo Alto, CA: Science and Behavior Books.
Satir, V. (1989). *The new peoplemaking*. Palo Alto, CA: Science and Behavior Books.
Satir, V., & Baldwin, M. (1983). *Satir: Step by step*. Palo Alto, CA: Science and Behavior Books.

Satir, V., Bitter, J. R., & Krestensen, K. K. (1988). Family reconstruction: The family within—a group experience. *Journal for Specialists in Group Work, 13*(4), 200–208.
Schultz, D., & Schultz, S. E. (1994). *Theories of personality* (5th ed.). Pacific Grove, CA: Brooks/Cole.
Seppa, N. (1996, August). Supreme Court protects patient-therapist privilege. *APA Monitor, 27*(8), 39.
Sheehy, G. (1976). *Passages: Predictable crises of adult life.* New York: Dutton.
Sheehy, G. (1992). *The silent passage.* New York: Random House.
Sheehy, G. (1995). *New passages: Mapping your life across time.* New York: Random House.
Shulman, B., & Mosak, H. (1988). *Manual for life style assessment.* Muncie, IN: Accelerated Development.
Slaikeu, K. A. (1990). *Crisis intervention: A handbook for practice and research.* Boston: Allyn & Bacon.
Sleek, S. (1994, December). Ethical dilemmas plague rural practice. *APA Monitor, 25*(12), 26–27.
Sleek, S. (1995, July). Group therapy: Tapping the power of teamwork. *APA Monitor, 26*(7), 1, 38–39.
Smith, D., & Fitzpatrick, M. (1995). Patient-therapist boundary issues: An integrative review of theory and research. *Professional Psychology: Research and Practice, 26*(5), 499–506.
Smith, D. C., & Maher, M. F. (1991). Group interventions with caregivers of the dying: The "Phoenix" alternative. *Journal for Specialists in Group Work, 16*(3), 191–196.
Sonne, J. L., & Pope, K. S. (1991). Treating victims of therapist-patient sexual involvement. *Psychotherapy, 28,* 174–187.
Stadler, H. A. (1990). Counselor impairment. In B. Herlihy & L. B. Golden (Eds.), *AACD ethical standards casebook* (4th ed.) (pp. 177–187). Alexandria, VA: American Association for Counseling and Development.
Stake, J. E., & Oliver, J. (1991). Sexual contact and touching between therapist and client: A survey of psychologists' attitudes and behavior. *Professional Psychology: Research and Practice, 22*(4), 297–307.
Stewart, D. W. (1995). Termination. In D. G. Martin & A. D. Moore (Eds.), *First steps in the art of intervention: A guidebook for trainees in the helping professions* (pp. 157–170). Pacific Grove, CA: Brooks/Cole.
Stoltenberg, C. D., & Delworth, U. (1987). *Supervising counselors and therapists: A developmental approach.* San Francisco, CA: Jossey-Bass.
Stone, M. L., & Waters, E. (1991). Accentuate the positive: A peer group counseling program for older adults. *Journal for Specialists in Group Work, 16*(3), 159–166.
Sue, D., & Sue, D. W. (1991). Counseling strategies for Chinese Americans. In C. C. Lee & B. L. Richardson (Eds.), *Multicultural issues in counseling: New approaches to diversity* (pp. 79–90). Alexandria, VA: American Association for Counseling and Development.
Sue, D. W. (1990). Culture specific strategies in counseling: A conceptual framework. *Professional Psychology: Research and Practice, 21*(6), 424–433.
Sue, D. W. (1992). The challenge of multiculturalism: The road less traveled. *American Counselor, 1*(1), 6–14.
Sue, D. W. (1996). Ethical issues in multicultural counseling. In B. Herlihy & G. Corey (Eds.), *ACA ethical standards casebook* (5th ed.) (pp. 193–200). Alexandria, VA: American Counseling Association.
Sue, D. W., Arredondo, P., & McDavis, R. J. (1992). Multicultural counseling competencies and standards: A call to the profession. *Journal of Counseling and Development, 70*(4), 477–486.

Sue, D. W., Bernier, Y., Durran, A., Feinberg, L., Pedersen, P. B., Smith, E. J., & Vasquez-Nuttal, E. (1982). Position paper: Cross-cultural counseling competencies. *The Counseling Psychologist, 10*(2), 45–52.
Sue, D. W., Ivey, A., & Pedersen, P. (1996). *A theory of multicultural counseling and therapy.* Pacific Grove, CA: Brooks/Cole.
Sue, D. W., & Sue, D. (1985). Asian-American and Pacific Islanders. In P. Pedersen (Ed.), *Handbook of cross-cultural counseling and therapy* (pp. 141–146). Westport, CT: Greenwood Press.
Sue, D. W., & Sue, D. (1990). *Counseling the culturally different: Theory and practice* (2nd ed.). New York: Wiley.
Sumerel, M. B., & Borders, L. D. (1996). Addressing personal issues in supervision: Impact of counselors' experience level on various aspects of the supervisory relationship. *Counselor Education and Supervision, 35*(4), 268–286.
Szasz, T. (1986). The case against suicide prevention. *American Psychologist, 41*(7), 806–812.
Tabachnick, B. G., Keith-Spiegel, P., & Pope, K. S. (1991). Ethics of teaching: Beliefs and behaviors of psychologists as educators. *American Psychologist, 46*(5), 506–515.
Thoreson, R. W., Miller, M., & Krauskopf, C. J. (1989). The distressed psychologist: Prevalence and treatment consideration. *Professional Psychologist: Research and Practice, 20*(3), 153–158.
Tice, C., & Perkins, K. (1996). *Mental health issues and aging: Building on the strengths of older persons.* Pacific Grove, CA: Brooks/Cole.
Tjeltveit, A. C. (1986). The ethics of value conversion in psychotherapy: Appropriate and inappropriate therapist influence on client values. *Clinical Psychology Review, 6*, 515–537.
Vacc, N. A., & Clifford, K. F. (1988). Individuals with a physical disability. In N. A. Vacc, J. Wittmer, & S. B. DeVaney (Eds.), *Experiencing and counseling multicultural and diverse populations* (2nd ed.) (pp. 169–188). Muncie, IN: Accelerated Development.
Vasquez, M. J. T. (1996). Will virtue ethics improve ethical conduct in multicultural settings and interactions? *The Counseling Psychologist, 24*(1), 98–104.
Watts, R. E., Trusty, J., Canada, R., & Harvill, R. L. (1995). Perceived early childhood family influence and counselor effectiveness: An exploratory study. *Counselor Education and Supervision, 35*, 104–110.
Wehrly, B. (1995). *Pathways to multicultural counseling competence: A developmental journey.* Pacific Grove, CA: Brooks/Cole.
Weikel, W. J. (1990). A multimodal approach in dealing with older adults. *Journal of Mental Health Counseling, 12*(3), 314–320.
Whiston, S. C., & Emerson, S. (1989). Ethical implications for supervisors in counseling of trainees. *Counselor Education and Supervision, 28*(4), 318–325.
White, J. L., & Parham, T. A. (1990). *The psychology of blacks: An African-American perspective* (2nd ed.). Englewood Cliffs, NJ: Prentice-Hall.
Wilcoxon, S. A., Walker, M. R., & Hovestadt, A. J. (1989). Counselor effectiveness and family-of-origin experiences: A significant relationship? *Counseling and Values, 33*(3), 225–229.
Wittmer, J., & Remley, T. P., Jr. (1994, Summer). A counselor-client contract. *NBCC News-Notes, 11*(1), 12.
Wolfgang, A. (1985). The function and importance of nonverbal behavior in intercultural counseling. In P. Pedersen (Ed.), *Handbook of cross-cultural counseling and therapy* (pp. 99–105). Westport, CT: Greenwood Press.
Woodside, M., & McClam, T. (1994). *An introduction to human services* (2nd ed.). Pacific Grove, CA: Brooks/Cole.
Wrenn, C. G. (1962). The culturally encapsulated counselor. *Harvard Educational Review, 32*, 444–449.

Wrenn, C. G. (1985). Afterword: The culturally encapsulated counselor revisited. In P. Pedersen (Ed.), *Handbook of cross-cultural counseling and therapy* (pp. 323–329). Westport, CT: Greenwood Press.

Wubbolding, R. E. (1988). *Using reality therapy*. New York: Harper & Row (Perennial Library).

Wubbolding, R. E. (1996). Working with suicidal clients. In B. Herlihy & G. Corey (Eds.), *ACA ethical standards casebook* (5th ed.) (pp. 267–274). Alexandria, VA: American Counseling Association.

Yalom, I. D. (1983). *Inpatient group psychotherapy*. New York: Basic Books.

Yalom, I. D. (1995). *The theory and practice of group psychotherapy* (4th ed.). New York: Basic Books.

索　引

あ行

アルコール依存（症）　15, 100, 189
インフォームド・コンセント　198, 199-201, 216, 236
　スーパービジョンと―　82
HIVの問題　207
援助過程
　―に関する著者の見解　100-107
　―モデル　108-110
援助者
　効果的な（望ましい）―　30-34, 91, 180
　正直であること　115, 117
　初心の―　140-183
　―の義務
　　警告し保護する―　206-210
　　守秘―　198, 201-208, 236, 239
　―の資質　116
　―の態度　28-30, 33, 50, 66, 91, 98, 115, 161-163, 247-249
　―の特質（特徴）　28-30, 33, 91, 102, 107, 108
　―の不安　56, 67-70, 82-83, 143-144, 223
援助専門職
　望ましい―のあり方　30-34
　―に適さないあり方　27-30
　―の職種　12
　―の欲求　13-20
　―を目指す動機　13-21
援助目標　134
思い込み　98-100, 144, 165

か行

カウンセラー教育学　37
カウンセリング心理学　37, 38
価値観　33, 192, 246-253, 273
　職業的―　43-45
　性的―　271
　―の不一致　253-255
家族の問題　40, 259-262
家族療法士　12, 38, 39
葛藤　114, 144, 145, 154
感受性　33, 58, 190
危機介入　115, 127, 130, 160
逆転移　145, 152-158
　―の兆候　157
教育訓練課程　37, 39, 53, 54, 55, 61, 225
共感　79, 115, 116, 117
　―能力　33
近親相姦　202, 227
クライエント
　危機的状況にある―　115, 116, 127
　自発性の乏しい―　111
　難しい―　111, 158-181
　難しい―のタイプ　166-180
　―との協働関係　111, 117
　―との性的関係　213, 226-231
　―との二重関係　212-231
　―との恋愛関係　229
　―の依存（性）　17, 176, 210
　―の権利　195-212
　―の行動方略　129-132
　―の自律性　210-212
　―の性的魅力（への性的感情）　223-227
　―の沈黙　143, 167-168
グループ・カウンセリング　151

—における守秘義務　206
グループ・スーパービジョン　83
グループ・ワーク　79
傾聴　57, 115, 116
契約　104, 119, 132, 167
限界設定　216, 217
現場研修・現場実習（インターンシップ）
　　58, 60-69
効果研究　39, 110
高齢者　97, 100, 156
コミュニティ　40, 41, 60, 61, 63, 104, 258
コンサルテーション　60, 193, 203, 212,
　　213, 216, 240

さ行

自己開示　57, 124-126
自己概念　41-42, 96
自己表現　73-78, 117
自己理解　6, 60, 84, 120, 129, 190
自殺　202, 208, 209, 210, 237
　　—防止　209
　　—予防　209
自傷他害の恐れ　201, 203, 206, 239
疾病利得　164
児童虐待　202, 239
社会システム　104
宗教（の問題）　28, 264-269
終結　133-135, 197, 211
受動的攻撃　177
守秘義務　198, 201-208, 236, 239
初回面接　112
職業選択　34-45
職業的価値基準　250
職種　12, 35, 36
信念　33, 95, 100, 138, 247, 266, 274
信頼関係　57, 109, 115-119, 126
スーパーバイザー　52, 69
　　効果的な—　79

　　—との性的関係　231, 232, 239
　　—との二重関係　231-233
　　—（や教師）との恋愛関係　232
　　—のための倫理綱領　78
スーパービジョン　62, 65, 69-86, 216, 240
　　効果的な—　82
　　不適切な—に対処する　78-83
　　—とカウンセリング（心理療法）　84-
　　86
　　—の2側面　72
精神世界（の問題）　264-269
精神分析　152
性的指向　253, 256, 257
性役割の問題　262-264
世界観　269
セクシュアリティの問題　271-273
セクシュアル・ハラスメント　231, 232,
　　233
説明責任　190
セルフ・トーク　102
ソーシャルワーカー　40, 198, 204, 212,
　　221, 230, 250
ソーシャルワーク　40
　　—の倫理規定　190-192
訴訟　191, 227, 236-238
卒後研修　59
尊重　33, 96, 115, 117, 236, 239

た行

達成動機　42
短期療法　111, 133, 145
知性化　179
中絶の問題　269-271
直面化　119-124
抵抗　110, 159-164, 180
　　—の類型　162-164
適性　26, 43, 61
転移　145-152

投影　145, 150, 151, 153, 156
統合的（アプローチ・枠組み）　92, 95, 102, 106-107
洞察力　33, 154
同性愛者の問題　255-259
特性（自分自身の）　12, 28-29, 32-34

な行

二重（多重）関係
　クライエントとの—　212-231
　個人的関係　217-220
　スーパーバイザーや教師との—　231-233
　性的関係　213, 226, 227-232
　贈与（贈物）　214, 220, 221
　日常的関係　212, 215
　ビジネス関係　212, 215, 231
人間性　33, 92
人間の本質　91, 95
能力　32-33, 41

は・ま行

ピア・グループ　87
評価　32, 52 70, 82, 129, 194
夫婦（結婚）・家族カウンセリング（療法）　39, 205
　—における守秘義務　205
不正行為　236-241
不倫　262
偏見　97, 100, 255, 257
防衛　111, 160, 179
報告義務　200
法的
　—基準　235
　—義務　185, 207-209
　—責任　208, 240
目標設定　126

や・ら行

予言の自己実現　98
リファー（紹介）　195-197, 217, 253, 254, 258, 267
理論　62, 92, 105
理論的志向性　92, 96, 102-105
臨床社会福祉学　37
臨床心理学　37, 38, 60
臨床心理士　12, 36-38, 232, 264
倫理
　—ガイドライン　82, 84, 191, 193, 212
　—（的）基準　192, 193, 195, 197, 212, 235
　—規定　190, 192, 198, 203, 207, 212, 214, 221, 228-231, 234, 235, 250
　—原則　190, 191, 192
　—的ジレンマ　191, 193, 194, 217
　—的責任　191, 208, 210, 226
　—的判断　192, 193-195
　—に反する同僚　234-235
恋愛感情　149
恋愛関係　229, 232
ロールプレイ　27
論理情動行動療法　162, 163

監訳者あとがき

　私が本書の原書に出会ったのは，第3版出版の翌年である1999年に遡る。1995年からスクールカウンセリング制度が試験的に公立中学に導入されるなど，当時は，日本においても臨床心理学への社会的注目が増してきた時期であった。それにともなって大学院における臨床心理学の教育訓練カリキュラムの充実が強く求められるようになっていた。しかし，日本の臨床心理学は，各学派を中心に発展してきていたために臨床心理学全体の共通基礎となるカリキュラムとは何かという議論がなされないままになっていた。

　本書37頁にあるように米国では，大学院博士レベルの教育訓練課程を前提とする援助専門職の学問として臨床心理学，カウンセリング心理学，臨床社会福祉学，カウンセラー教育学の4種がある。しかし，日本では，唯一臨床心理学が大学院（それも修士レベル！）の教育訓練課程を前提とする援助専門職の学問であった（現在でも，この状況は基本的には変わっていない）。したがって，心理援助の専門職の教育訓練という点で臨床心理学は，とても重要な役割を担っていた。しかし，その臨床心理学にあっても，上述したように各学派単位でしかものを考えられず，臨床心理学，あるいは心理援助専門職の統一的な教育訓練課程をどのようにしたらよいのかという発想をもてないでいた。

　そこで，私は，臨床心理学が発展している欧米の教育訓練の状況を調査することにし，1999年の夏にボストンを訪れ，ハーバード大学やボストン大学の関係者から話を聴いた。そのときにハーバード大学医学部付属病院に勤務していた堀越勝さんとあゆみさんにお会いした。米国の大学院で教育訓練を受けたお二人に臨床心理学の教育訓練の共通基礎を教えるのに適したテキストについて尋ねたところ，即座に紹介されたのが本書の原書である。お二人は，大学院の授業で原書をテキストに教育訓練を受け，それがたいへん役立ったということを具体的に説明された。（お二人が米国の大学院で原書を用いてどのような教育を受けたかについては，本書の姉妹書（後述）で詳しく解説されるので，そちらを参照ください。）

　そのときに原書をざっと読み，これは日本の状況にも適していると直観できたので，その翌年，私の大学院演習で本書の輪読をした。授業に参加した学生からもたいへん評判がよかったので，金剛出版編集部にご相談し，翻訳することで合意した。翻訳の作業としては，まず私の研究室に所属していた下記のメンバーが

各章の下訳を作成し，研究会で何度か読み合わせをした。それを，当時米国にいた堀越勝さんとあゆみさんにお送りし，お二人が原書に照らして訳のチェックと文章の修正を行った。さらに，私がお二人の訳を読み，監訳として日本の臨床心理学の状況および日本語としての自然さを考慮して文章全体の再構成を行った。

各章の下訳担当者（現所属）は，以下のとおりである。

第1章　束原麻奈美（東京大学大学院博士課程　臨床心理士）
第2章　渡辺由佳（横浜市立港湾病院小児科　医師・臨床心理士）
第3章　榎本真理子（東京大学大学院博士課程　臨床心理士）
第4章　水野将樹（東京大学大学院博士課程）
第5章　二井奏子（California State University　臨床心理士）
第6章　原田杏子（東京大学大学院博士課程）

このように翻訳の作業は3段階を経て行われており，またその間に堀越勝さんとあゆみさんが日本に帰国されるなどのことがあったので，完成までに思いのほか時間を要することとなった。しかし，それだけじっくりと時間をかけて丁寧に翻訳を行ったということでもあると思う。本書の翻訳が完成するのを辛抱強く待っていただいた小寺美都子さんと金剛出版には改めて感謝したい。

なお，原書は370ページを越えるものであり，翻訳に際しては1冊に収めきれなかった。そこで，原書を前半と後半に分け，前半を本書で訳出した。後半部分は『心理援助の専門職として働くために――臨床心理士・カウンセラー・PSWの実践テキスト――』という題名で，本書の姉妹書として同じく金剛出版より近刊予定である。本書に相当する原書の前半部分は，援助専門職となる際の個人的心構えを中心に記載されている。それに対して後半部分は，社会的な場面における援助専門職の役割や課題が記載されており，より専門的な内容となっている。本書を読まれた皆さんは，姉妹書も併せて読まれることをお薦めする。

2004年2月

下山晴彦

監訳者紹介

下山晴彦（しもやま・はるひこ）

1983年，東京大学大学院教育学研究科博士課程中退。
東京大学学生相談所助手，東京工業大学保健管理センター講師，東京大学大学院教育学研究科助教授を経て，現在，東京大学大学院教育学研究科臨床心理学コース教授。
教育学博士，臨床心理士。
著訳書に「臨床心理学研究の理論と実際」（東京大学出版会），「心理臨床の基礎1－心理臨床の発想と実践－」（岩波書店），「講座臨床心理学全6巻」（東京大学出版会　共編），「よくわかる臨床心理学」（ミネルヴァ書房　編），「心理療法におけることばの使い方」（誠信書房　訳），「専門職としての臨床心理士」（東京大学出版会　訳），他多数。

訳者紹介

堀越　勝（ほりこし・まさる）

1995年，米国バイオラ大学大学院（ローズミード・スクール・オブ・サイコロジー）臨床心理学博士課程卒業。現在，筑波大学人間学類心理学系講師。
臨床心理学博士，クリニカルサイコロジスト（ライセンス：米国マサチューセッツ州）。

堀越あゆみ（ほりこし・あゆみ）

1998年，米国アズサパシフィック大学大学院，臨床心理学修士課程卒業。
現在，ユーリーグカウンセリングセンターにて心理カウンセラー担当。臨床心理学修士。

心理援助の専門職になるために
臨床心理士・カウンセラー・PSWを目指す人の基本テキスト

2004年4月20日　発行
2024年11月10日　九刷

著　者　マリアン・コーリィ，ジェラルド・コーリィ
監訳者　下山　晴彦
発行者　立石　正信

発行所　株式会社　金　剛　出　版
印刷　平河工業社　　製本　誠製本
〒112-0005　東京都文京区水道1-5-16
電話　03-3815-6661　振替　00120-6-34848
ISBN978-4-7724-0822-6　C3011　Printed in Japan　©2004

臨床心理学レクチャー
臨床心理アセスメント入門
臨床心理学は、どのように問題を把握するのか

［著］＝下山晴彦

●A5判　●並製　●232頁　●定価 **3,740**円

臨床心理アセスメントの進め方を、
最新の知見も交えて解説しており、
総合的に心理的問題を把握するための枠組みが理解できる入門書。

臨床心理学レクチャー
認知行動療法入門
短期療法の観点から

［著］＝B・カーウェン　S・パーマー　P・ルデル
［監訳］＝下山晴彦

●A5判　●並製　●248頁　●定価 **3,520**円

基本的な考え方を概説したうえで、
初回から終結までの各段階で使われる方略や技法を
ケースに則して示す。

怒りを適切にコントロールする 認知行動療法ワークブック
少しずつ解決に近づくエクササイズ集

［著］＝ウィリアム・J・クナウス
［監訳］＝堀越 勝　［訳］＝浅田仁子

●B5判　●並製　●232頁　●定価 **3,300**円

あなたにとって有害な怒りに気づき、
怒りの問題から少しずつ解放されていくために取り組む、
認知行動療法エクササイズ集。

価格は10％税込です。

認知行動療法臨床ガイド

［著］=D・ウエストブルック　H・ケナリー　J・カーク
［監訳］=下山晴彦

●B5判　●並製　●420頁　●定価 **5,720**円

確かな治療効果のエビデンスに支えられた
認知行動療法の正しい型。
プロにこそ知ってほしい本物の認知行動療法の基礎知識！

山上敏子の行動療法講義

with東大・下山研究室

［著］=山上敏子　下山晴彦

●A5判　●並製　●284頁　●定価 **3,080**円

行動療法の大家・山上敏子が、
臨床経験から導かれた事例を援用しつつ
臨床の楽しさとともに語った、
若手臨床家のための実践本位・東大講義！

認知行動療法実践のコツ

臨床家の治療パフォーマンス(あなた)をあげるための技術(アート)

［著］=原井宏明

●A5判　●並製　●256頁　●定価 **3,740**円

OCD関連疾患、恐怖症などを主な対象とし、
エクスポージャーや動機づけ面接を中心とした行動療法を
長年実践してきた著者による治療論。

価格は10%税込です。

子どものための
認知行動療法ワークブック
上手に考え、気分はスッキリ

［著］=ポール・スタラード
［監訳］=松丸未来　下山晴彦

●B5判　●並製　●280頁　●定価 **3,080**円

子どものための認知行動療法ワークブック。
子どもでも理解できるよう平易に解説。
概説からワークシートを使って段階的にCBTを習得できる。

若者のための
認知行動療法ワークブック
考え上手で、いい気分

［著］=ポール・スタラード
［監訳］=松丸未来　下山晴彦

●B5判　●並製　●272頁　●定価 **3,080**円

「子どものための認知行動療法ワークブック」の若者版である。
こちらは中学生以上の思春期・青年期を
読者対象とする。

［決定版］子どもと若者の
認知行動療法ハンドブック

［著］=ポール・スタラード
［監訳］=下山晴彦　　［訳］=松丸未来

●B5判　●並製　●256頁　●定価 **3,520**円

子どもと若者の認知行動療法（CBT）に求められる
基礎知識とスキルをわかりやすく解説した
CBTガイド決定版。

価格は10％税込です。